本书获西南大学马克思主义学院出版基金资助，2023年度重庆市博士后
研究项目“人工智能时代劳动解放的现实困境与破解路径研究”特别资助。

人工智能时代
人的发展研究

邓春芝　吴玉龙　著

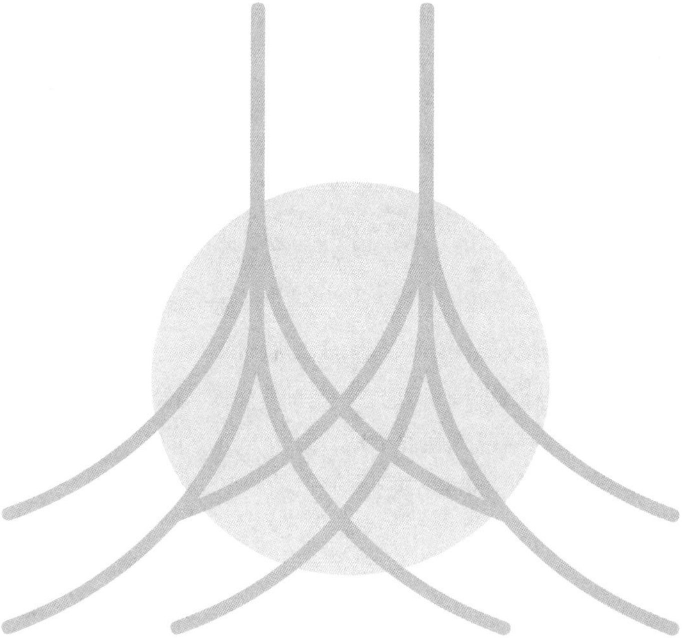

西南大学出版社
SWUPG
国家一级出版社　全国百佳图书出版单位

图书在版编目(CIP)数据

人工智能时代人的发展研究 / 邓春芝, 吴玉龙著. 重庆 : 西南大学出版社, 2025. 1. -- (马克思主义与人的发展理论研究丛书). -- ISBN 978-7-5697-2881-1

Ⅰ. C912.1-39

中国国家版本馆CIP数据核字第20251WN573号

人工智能时代人的发展研究

RENGONG ZHINENG SHIDAI REN DE FAZHAN YANJIU

邓春芝　吴玉龙　著

选题策划：段小佳
责任编辑：段小佳
责任校对：朱司琪
装帧设计：殳十堂_未 氓
排　　版：吴秀琴
出版发行：西南大学出版社（原西南师范大学出版社）
网址:http://www.xdcbs.com
地址:重庆市北碚区天生路2号
市场营销部:023-68868624
邮编:400715
印　　刷：重庆市圣立印刷有限公司
成品尺寸：170 mm×240 mm
印　　张：14.25
字　　数：240千字
版　　次：2025年1月　第1版
印　　次：2025年1月　第1次印刷
书　　号：ISBN 978-7-5697-2881-1
定　　价：88.00元

总 序

古希腊智者普罗泰戈拉宣称“人是万物的尺度”，马克思、恩格斯毕其一生追求“每一个个人的全面而自由的发展”，人的发展是人类孜孜以求的最高价值目标。在奔赴这一远景目标的漫长历程中，每一个阶段人的发展又是具体的、历史的，尤其是随着近代以来的文明昌盛和社会进步，人的发展问题愈益凸显，成为普遍关注而又常谈常新的重大理论与实践课题，既要回归马克思主义经典作家及其后继者，准确把握马克思主义人的发展理论的精髓，又要直面人的发展出现的现实难题，自觉运用马克思主义人的发展理论这一思想武器加以审视和分析，进而提出针对性破解之策。

“马克思主义基本原理与当代社会问题研究科研团队”于2021年3月正式成立，旨在根据学科建设的需要和学术骨干成长的需要，聚焦马克思主义基本原理学科领域的重大理论与实践问题，依托团队的力量群策群力，集体攻关，久久为功，形成一系列代表性学术成果，以支撑马克思主义基本原理学科建设和学术骨干的高质量发展。“马克思主义基本原理与当代社会问题研究科研团队”成员长期关注和研究人的发展问题，具有较好的历史积淀和理论基础，在西南大学马克思主义学院的大力支持下，经科研团队成员的反复集体研讨，拟以科研团队成员为主要依托，持续在人的发展领域深耕发力，用五至十年的时间推出并完成“马克思主义与人的发展理论研究丛书”，逐渐凝练形成学科研究特色与优势。

“马克思主义与人的发展理论研究丛书”主要聚焦“人的发展”主题的三个向度：一是马克思主义经典作家人的发展理论，拟从马克思、恩格斯、列宁的经典文本切入，深度发掘其内蕴的人的发展理论，准确把握不同历史时期马克思主义经典作家人的发展理论的精髓要义，进而系统呈现马克思主义人的发展理论的演进逻辑与精神实质，充分彰显马克思主义经典作家追求人类的彻底解放与人的自由而全面发展的价值取向；二是中国化时代化的马克思主义人的发展理论研究，拟立足于马克思主义中国化时代化的百年历程，探讨马克思主义人的发展理论在中国不同历史时期的赓续传承、守正创新，进而展现中国化时代化的马克思主义人的发展理论指引着人与社会发生深刻变革的百年图景；三是当今时代人的发展的现实问题研究，拟立足时代风云的新变幻和历史方位的新变迁，聚焦科技创新、社会进步进程中出现的人的发展的新问题，运用马克思主义人的发展理论的基本原理与科学方法展开探究，为深刻认识和有效解决人的发展的现实问题提供思路，彰显马克思主义人的发展理论在当代的思想穿透力，推动马克思主义人的发展理论的中国化时代化。

中国式现代化的实质是人的现代化。2023年，习近平总书记在出席中国共产党与世界政党高层对话会上发表主旨讲话，强调“现代化的最终目标是实现人自由而全面的发展”，在此背景下推出“马克思主义与人的发展理论研究丛书”可谓恰逢其时，且正值伟大的思想家马克思诞辰206周年，故也期待更多的研究者予以关注、共同研讨，为推动人的全面发展与社会的全面进步贡献力量！

是为序！

何玲玲

于西南大学

2024年5月5日

目　录

第一章

人工智能时代人的发展研究的出场

对人的发展问题的探究既是马克思关注的焦点，亦是马克思主义人学理论的重要主题。在马克思看来，人的发展深受技术发展的影响，技术演进构成了考察人的发展的重要维度。人工智能技术的产生在人类科技史上具有里程碑意义，随着这一技术的不断发展，人类开始进入了人工智能广泛影响生活、工作各领域的人工智能时代。人工智能在为人的发展创造种种有利条件的同时，也在一定程度上制约着人的发展，在人工智能时代，以马克思关于人的发展的主要思想为指导深入洞察人的发展问题，是理论和实践发展提出的必然要求。

一、人工智能及其发展演进

习近平总书记在致2018世界人工智能大会的贺信中指出："新一代人工智能正在全球范围内蓬勃兴起，为经济社会发展注入了新动能，正在深刻改变人们的生产生活方式。"[①]自1956年达特茅斯会议召开以来，人工智能技术的发展已走过六十多个年头。时至今日，在大数据等技术的助力下，人类逐步迈入人工智能时代。然而，熟知并非真知，当前社会对人工智能技术所产生的各种焦虑和恐惧，充分反映出人们对人工智能这一"日用而不觉"的技术的了解还较为有限。立足马克思主义的理论视野，系统梳理和回答什么是人工智能、人工智能的运行机理及其所带来的深刻影响等一系列问题，有助于更加全面准确地把握人工智能时代人的发展问题。

（一）人工智能及其时代

随着大数据、互联网以及深度学习、算法等新技术的兴起，人工智能正以迅猛的发展速度扩展至人们生产、生活诸领域，无论是在工业生产、医疗保健还是人们的日常家居生活中，都可见到它的身影。在深刻改变人的生产方式和生活方式的同时，人工智能也因其技术的复杂性与不确定性引发了许多社会问题，给人的本质彰显、人的价值实现等方面带来了诸多挑战。立足于马克思主义的立场、观点和方法对人工智能的内涵、本质等方面作出系统分析，还原其发展历程以及在现实生活的生根过程，这是探究人工智能时代人的发展问题的重要前提。

① 习近平致信祝贺2018世界人工智能大会开幕[J].中华人民共和国国务院公报，2018(30)：5.

1.人工智能的定义

《现代汉语词典》认为人工智能是:“计算机科学技术的一个分支,利用计算机模拟人类智力活动。”[①]人工智能具有属人性,体现在人工智能是由人所创造的,其推广与演进从本质上也必须以满足人的需要为价值目标,为人的发展所服务。可以从技术自身的演进和马克思主义理论这两个维度来把握人工智能的定义:

从技术演进的角度来看,人工智能根植于计算机科学,并融合了数学、光学、心理学等诸多学科成为一项综合性的技术。它的核心目标是模拟人脑的工作方式,进而开发出一种技术体系,这种体系可能比肩人类,甚至超越人类的智慧水平。目前,理论界认为人工智能将经历弱人工智能到强人工智能的发展阶段。弱人工智能是一种粗浅模仿人脑智能系统的技术,其拥有简单的程序和简单的操作模式,但它的运行必须依赖于人的使用,受到人的控制。例如,因接连轻松战胜都曾世界排名第一的韩国棋手李世石和中国棋手柯洁而红极一时的人工智能软件“阿尔法狗”(Alpha Go),即属于弱人工智能产品;“强人工智能”被誉为“人工智能领域的圣杯”[②],是一种更注重自我学习、自我理解,环境适应能力更强的人工智能发展阶段,它能够模拟人类的视觉、推理、语言、学习等方面的能力,表现出一定的自我意识和知觉,能够解决一些较为复杂的问题。在弱人工智能和强人工智能的基础之上,英国学者尼克·波斯特洛姆(Nick Bostrom)提出了“超人工智能”的设想。“超人工智能”是一种在社会交往、知识水平等各方面都远超人类的智能体,将超人工智能系统植入人类的大脑、假肢和感觉器官可以强化人们的智能,并带来一个无区别化的世界:人与机器之间无差别,或物理现实与虚拟现实之间无区别。

总体看来,经过自1956年达特茅斯会议提出人工智能以来60多年的发展,弱人工智能的产业化应用已经非常普遍,更高层次的人工智能应用场景正在拓展。但就目前来看,由于计算能力、材料科学、认知理论等方面的局限性,人工智能目前还仅仅适用于解决“规则(routine)十分明确的、定义(definition)十分清

① 中国社会科学院语言研究所词典编辑室.现代汉语词典[M].北京:商务印书馆,2016:1097.

② [英]玛格丽特·博登(Margaret A. Boden)著.人工智能的本质与未来[M].孙诗惠译.北京:中国人民大学出版社,2017:25.

晰的任务”[①]，一旦涉及解决复杂问题或者进行价值选择、价值判断时，就显得十分不足。故而，人工智能的普及和推广仍是一个任重而道远的过程。

从马克思主义理论视野出发，人工智能等技术产生得益于人类社会生产力的高度发展，体现了人类意识的能动性，是人的本质力量的对象化、现实化。人工智能作为科技创新在社会生产领域发展的最新成果，其广泛运用适应了人工智能时代人类社会的发展需要。人工智能是人类认识世界和改造世界的工具，有助于开拓新的生产领域和对象，推动社会生产率快速提高和生产力飞跃进步。马克思认为：“通过实践创造对象世界，改造无机界，人证明自己是有意识的类存在物。”[②]人工智能技术是人们的认识和改造世界能力不断发展的产物，与此同时，人工智能技术的发展和运用则进一步促使人们认识和改造世界的能力持续跃升。在人工智能技术的助力下，人们得以提高收集和处理各类信息的能力，提高分析复杂问题的效率，强化对客观世界的规律性认识，从而加快实现从“必然王国”到“自由王国”的前进步伐。

作为引领新一轮科技革命的核心技术，人工智能在模拟人的智能活动完成各种行为方面已经取得了突出的成就，但这能否说明人工智能已具有人的理性思维，能够和人一样进行理性实践？从技术层面看，学者霍金斯等在《人工智能的未来》一书中指出，无论是人工智能还是神经网络，对于复制人类智能的技术其实并没有成功。[③]马克思则认为：“我们的意识和思维，不论它看起来是多么超感觉的，总是物质的、肉体的器官即人脑的产物。”[④]换言之，人工智能具有属人性，是由人所创造的，其推广与演进从本质上也必须以人的生存发展需要为中心，为人的发展所服务，脱离了现实中人的实践活动，无论是理性还是智能都无从谈起。人类的意识是知情意等方面的内在统一，而这些是人工智能难以模仿的。更不用说人类意识具有社会性，随着社会实践的产生而不断发展，在自立、自主、自觉方面人工智能是难以模仿的。人工智能以机器语言为基础，其理性、逻辑性往往难以与人类的自然语言的语境相联系，更不用说人脑中难以被

① 参见郑勤华，熊潞颖，胡丹妮．任重道远：人工智能教育应用的困境与突破[J]．开放教育研究，2019，25(04)：10-17.

② 马克思恩格斯选集（第1卷）[M]．北京：人民出版社，2012：56.

③ [美]杰夫·霍金斯（Jeff Hawkins），[美]桑德拉·布拉克斯莉（Sandra Blakeslee）著．人工智能的未来[M]．贺俊杰，李若子，杨倩译．西安：陕西科学技术出版社，2006：7.

④ 马克思恩格斯选集（第4卷）[M]．北京：人民出版社，2012：234.

化约为数字信号的潜意识了。马克思认为,人类异于动物的关键在于人类具有“自我意识”。“自我意识”是人在与客观环境发生关系之时,把“自我”作为自反性认识对象而产生的认知结果,即“我对我的环境的关系是我的意识”[①]。

作为人肢体和感官的延长和延伸、体能和脑力放大的物质工具,人工智能在人的认识和实践活动中始终扮演着中介角色。正如列宁所指出的那样:“对于那种看来完全没有感觉的物质,跟那种由同样原子(或电子)构成但却具有明显表现出来的感觉能力的物质如何发生联系的问题,我们还需要研究再研究。唯物主义明确地把这个尚未解决的问题提出来,从而促进这一问题的解决,推动人们去作进一步的实验研究。”[②]人工智能的存在和发展也促进了认识科学的进一步发展,为马克思主义辩证唯物论提供了来自事实与理论层面的例证。

2. 人工智能的本质

人工智能的本质可以理解为对人类智能的模拟和延伸,它是科学家们利用计算机科学、数学、心理学、哲学等多学科的理论和技术,创造出一种能够模拟、应用和扩展人类智能的新技术。这种模拟不仅仅是简单的模仿,而是要通过机器学习和深度学习等技术,使机器能够“像人一样思考和行动”。具体来说,人工智能通过对大量数据的学习,训练出可以自主决策的模型,并可以不断地优化和完善这些模型,从而完成更为复杂的任务。其目的是让机器能够像人一样思考、行动,甚至在某些专门的领域超越人类的智能。人工智能的核心是通过算法和模型来模拟、应用人类智能,从而使机器能够自主地完成各种复杂的任务。人工智能可以应用于各种领域,如智能语音识别、智能图像识别、自然语言处理、自动驾驶等,通过模拟人类智能来实现对这些领域的智能化升级,为人类提供更加高效、便捷、安全的服务,深刻改变着人们的生活方式和工作方式,有助于推动社会的进步和发展。

3. 人工智能时代

“时代”是一个宽泛的概念,马克思主义视域下的“时代”从本质来说是“人类的全部‘生活活动’及其所创造的‘生活世界’具有相对的质的区别的社会发

---

① 马克思恩格斯选集(第1卷)[M]. 北京:人民出版社,2012:161页下注.

② 列宁选集(第2卷)[M]. 北京:人民出版社,2012:42.

展阶段。”①马克思主义划分时代的根本标准是社会矛盾的运动变化，而关于时代变迁的原因归根结底应该“到生产方式和交换方式的变更中去寻找”，“到有关时代的经济中去寻找”②。进入21世纪，人工智能蓬勃发展，引领人们的生产、生活、思维方式等发生深刻变革，推动人类社会迎来了人机协同、跨界融合的人工智能时代。以虚拟现实技术、万物互联、大数据应用等为代表的先进智能技术成为了定义人工智能时代的关键。在这样的时代，人工智能广泛应用于社会各领域，加速推进整个社会生产的高度信息化、智能化的进程。随着数字化的生产工具在生产和服务领域广泛普及和人工智能的广泛运用，人们随时随地均可获取各类信息。人们的生活模式、文化模式更加多样化，个性化不断加强，可供个人自由支配的时间大幅增加，活动的空间大幅拓展。

（二）人工智能的构成要素

人工智能的构成要素是人工智能研究的基础理论议题，理应是在研究过程中持续得到关注的研究对象。在一些人看来，大数据、算力和算法等是保证人工智能得以有效运行的基础和基本构成要素，在这些要素的统一协调中，人工智能不仅帮助人们做出精准决策，在一些情况下甚至还可以代替人们进行判断和行动，帮助人们做出选择。

大数据，又称海量数据或计量数据。麦肯锡全球研究所（McKinsey Global Institute）在《大数据：创新竞争力和生产力的下一个前沿》中将其定义为“通常指大小规格超越传统数据库软件工具抓取、存储、管理和分析能力的数据群”③；从承载内容来看，大数据是“大交易数据、大交互数据和大数据处理的总称”④；从技术层面来说，大数据就是“对海量数据的采集、存储、分析、整合、控制及与之相关的技术和产业”⑤，具有数据量大、处理速度快、数据种类多等特点。

大数据是人工智能得以运行的基础性要素。一方面，在机器学习中，算法

---

① 孙正聿著.马克思与我们[M].北京：中国人民大学出版社，2018：100.

② 马克思恩格斯文集（第3卷）[M].北京：人民出版社，2009：547.

③ Jamies Manyika，Chui M，Brown B，et al. Big Data：The Next Frontier for Innovation，Competition，and Productivity[J/OL].(2011-05-01).https://www.mckinsey.com/capabilities/mckinsey-digital/our-insights/big-data-the-next-frontier-for-innovation.

④ 陈桂香.大数据对我国高校教育管理的影响及对策研究[D].武汉：武汉大学，2017.

⑤ 陈庆修.叩开大数据机遇之门[N].学习时报，2014-10-13(010).

需要大量的数据来训练模型，以便在新数据中做出准确预测。大数据为人工智能提供了丰富的训练数据，使得人工智能可以不断地学习和改进。另一方面，人工智能技术之所以可以做出“自主决策”、体现出“智能化”行为，归根结底是因为其可以帮助快速处理和分析大数据，提取有价值的信息。例如，自然语言处理技术可以帮助快速分析社交媒体上的海量文本数据，提取关键信息。此外，通过将人工智能和大数据结合起来，可以创造出新的商业模式和产品。例如，在电商领域，通过分析大量的用户浏览和购买数据，人工智能系统可以为用户进行画像，推荐个性化的商品，提高用户的购物体验。

算力，也称计算力，是指数据的处理能力，由数据的计算、存储及传输三项指标决定。人工智能的计算力是指用于支持人工智能算法和模型运行所需的计算能力。随着人工智能技术的不断发展，算力也在持续增长。据统计，2021年我国智能算力规模达155.2 EFLOPS（即每秒百亿亿次浮点运算），预计到2026年智能算力规模将进入每秒10万亿亿次浮点运算（ZFLOPS）级别，达到1271.4 EFLOPS。[①]“2023年，中国人工智能服务器市场规模将达91亿美元，同比增长82.5%；智能算力规模预计达到414.1EFLOPS（每秒百亿亿次浮点运算），同比增长59.3%；2022—2027年期间，年复合增长率预计达33.9%。”[②]人工智能算力需求的高速增长，将有利于建立健全助商惠民的数字基础设施服务体系。

人工智能的计算力主要来自高性能计算机和云计算平台。高性能计算机可以提供强大的计算能力，支持大规模的人工智能训练和推理任务。而云计算平台可以将计算资源虚拟化，提供灵活、可扩展的计算服务，满足不同规模的人工智能应用需求。人工智能计算力的提升也推动了人工智能技术的发展。随着计算力的增强，人工智能算法和模型的精度和效率也在不断提高，从而加速了人工智能在各个领域的应用。

何谓算法？当前学界对于何为算法并未达成共识，计算机科学、数学、哲学等不同领域对于何为算法都有其各自的定义，因此很难获取一个能涵盖所有学

---

① 项立刚，刘欣项，徐天著.ChatGPT：读懂AI爆发背后的技术和产业逻辑[M].北京：中国人民大学出版社，2023：261.

② 中国新闻网.报告：预计2023年中国人工智能服务器市场规模将达到91亿美元[EB/OL].（2023-11-30）https://www.chinanews.com.cn/cj/2023/11-30/10120377.shtm.

科的确切概念。在计算机科学领域，算法通常指的是“为了解决一个特定问题或实现一个确定的结果而采取的一系列步骤”①，这一方法旨在特定情况下通过高效、快速的决策对所给定数据集做出最佳解释。算法又是人工智能的必不可少的构成要素。当前，得益于多元传感技术、新型通信技术和云储存技术的开发应用与发展，大数据通过对海量数据进行全样本分析把握事物的相关性，实现了通过算法对数据进行分析和建模，并得以在此基础上探究得出大数据背后所隐含的知识和模式，从而实现对客观规律的掌握。对人工智能技术的治理必然绕不开对算法的治理，算法治理是人工智能时代的治理新范式。②对算法治理的理解通常分为两个层面，一是对算法运行的治理，二是运用算法这种工具来辅助治理。也就是说，前者是将算法作为治理的对象，而后者是把算法当成一种治理工具。为了“推动人工智能在人们日常工作、学习、生活中的深度运用……创造更加智能的工作方式和生活方式”③，需要充分运用算法去规划和开展社会治理，让算法为社会治理和社会发展赋能。当然，对于人工智能来说，还具有其他要素构成，在这里就不一一赘述了。

（三）人工智能的发展阶段

1956年被称为人工智能诞生的元年。这年夏天，“人工智能”的概念在美国达特茅斯学院举办的人工智能研究会议上被正式提出。时至今日，人工智能已经走过了六十多年的历史，大致经历了比较大的几次发展高潮。当前，人工智能技术正处在新一轮的工业革命浪潮之中，德国、美国等发达国家都将“智能化”写进制造业改革升级的目标之中，中国共产党的二十大报告亦明确指出发展实体经济，推动工业化需要“推动战略性新兴产业融合集群发展，构建新一代信息技术、人工智能、生物技术、新能源、新材料、高端装备、绿色环保等一批新的增长引擎”④。为了进一步认识人工智能技术，需要对其历史作出大致的描绘梳理。

---

① DIAKOPOULOS N. Algorithmic Accountability［J］. *Digital Journalism*, 2015,3(3):398-415.

② 杜泽蒙，王斌.人工智能时代的算法治理：权力膨胀与风险［J］.湖南社会科学，2023，(05):84-93.

③ 习近平.在十九届中央政治局第九次集体学习时的讲话［N］.人民日报，2018-10-31(01).

④ 习近平.高举中国特色社会主义伟大旗帜 为全面建设社会主义现代化国家而团结奋斗——中国共产党第二十次全国代表大会上的报告［M］.北京：人民出版社，2022:30.

1.第一次发展高潮:20世纪五六十年代

1956年达特茅斯会议后,人工智能迎来了自己的发展元年。这一时期人工智能的主要研究方向是博弈、定理证明、机器翻译等,科学家们主要通过符号及其运行对人工智能进行研究。科学家们认为人工智能的发展是通过符号及其运行来实现的,通过符号并结合计算机程序的丰富处理,可以使机器表现一系列的智能行为,实现这一目的需要计算机事先编写出对应的程序,并通过一定方式来最终解决问题。这一阶段的代表性成果是,1956年学者Newll和Simon合作的Logic Theorist的程序可以证明《数学原理》中前52个定理中的38个,首先在定理证明方面取得突破。1957年,在一台IBM-704计算机上弗兰克·罗森布拉特(Frank Rosenblatt)模拟实现了一种他发明的叫做“感知机”(Perceptron)的神经网络模型。此后,1965年学者Robinson开辟了以计算机程序来模拟人类思维的道路。这些突破使科学家们相信,通过研究人类思维的普遍规律,计算机最终可以实现对人类思维的模拟。随着技术的不断演进,人工智能研究得以不断向前发展。

2.第二次发展高潮:20世纪七八十年代

20世纪七八十年代,人工智能迎来了第二次发展高潮。这一阶段,为了使机器具备解决实际问题的技能,人们开始概括不同行业内专家的专门知识与知识获取路径供机器进行学习,此项目被称作“专家系统”。“专家系统”项目研发的开展标志着人们开始通过概括和总结不同行业内专家的专门知识与知识获取路径,并将有关知识转换为知识库使机器进行学习,使机器发展出具备解决实际问题的技能。“专家系统”的优势在于可以让机器快速掌握专业知识,但缺点在于此时的机器只能解决特定的如专业性较强的理论型问题,而对于常识性问题的解决能力却很缺乏。

1977年,第五届国际人工智能联合会会议上提出了“知识工程”的概念,标志着人工智能研究出现了新的转折点,基于人工智能基础理论以及计算机科学的发展,多种人工智能实用系统实现了商业化,取得了较大的经济和社会效益。1980年之后,联结主义逐步成为人工智能研究领域的又一重要路线,其主要观点是人工智能技术可以通过构建大规模的神经元网络进行具体实现。在此期间,诞生了一系列的机器学习算法,包括神经网络、决策树等。

我国的人工智能研究开始于20世纪80年代初期,在理论和实践方面也取得了一定成绩。例如，1987年清华大学出版社出版了国内首部具有自主知识产权的人工智能专著。1987年，《模式识别与人工智能》杂志创刊。1989年，首届中国人工智能联合会议召开。1993年起，国家科技攀登计划将智能控制和智能自动化等项目纳入其中。①

3.第三次发展高潮：20世纪90年代—2010年

1990年之后，人工智能迎来了第三次发展高潮。在计算机科学的助力下，科学家把人工智能的发展重心置于数据的挖掘和处理方面。同时，基于思维训练法的深度学习人工智能研究也取得了重大进展。比如，1997年国际商业机器公司（简称IBM）深蓝（Deep Blue）超级计算机战胜了国际象棋世界冠军卡斯帕罗夫。深蓝是基于"暴力穷举"算法实现国际象棋领域的人工智能，通过生成所有可能的走法，然后执行尽可能深的搜索，并不断对局面进行评估，尝试找出最佳走法。

互联网技术的迅速发展，也加速了人工智能的创新研究，促使人工智能技术进一步走向实用化，人工智能相关的各个领域都取得长足进步。在2000年初，由于专家系统的项目都需要编码太多的显式规则，降低了效率并增加了成本，人工智能研究的重心从基于知识系统转向了机器学习方向。

4.第四次发展高潮：2011年至今

2011年，IBM Watson问答机器人参与Jeopardy回答测验比赛最终赢得了冠军。Waston是一个集自然语言处理、知识表示、自动推理及机器学习等技术实现的电脑问答（Q&A）系统，其胜利表明人工智能在处理自然语言、识别来源、找出和评估证据合并和排名假设等方面取得突破，亦说明人工智能在一定领域内已经有了超越人类的表现。2016年年初，Alpha Go与韩国围棋国手李世石对弈，Alpha Go最终获胜，人工智能再次引起公众关注。2016年也被称为人工智能新纪元的"元年"。2017年5月27日，人工智能系统Alpha Go Master与世界实时排名第一的棋手柯洁对弈，最终连胜三盘。可见，现今人工智能研究取得了新的突破性进展。2017年，中国香港的汉森机器人技术公司（Hanson Robotics）开发的类人机器人索菲亚，是历史上首个获得公民身份的机器人。索菲亚看起来就像人类女性，拥有橡胶皮肤，能够表现出超过62种自然的面部表情，其"大脑"中的算法能够理解语言、识别面部，并与人进行互动。2020年，OpenAI开发

① 胡昌昊.浅析人工智能的发展历程与未来趋势[J].经济研究导刊，2018(31)：33-35+196.

的文字生成(text generation)人工智能GPT-3,它是具有1750亿个参数的自然语言深度学习模型,比以前的版本GPT-2高100倍,该模型经过了将近0.5万亿个单词的预训练,可以在多个NLP任务(答题、翻译、写文章)基准上达到最先进的性能。2020年,马斯克的脑机接口(Brain-Computer Interface,BCI)公司Neuralink举行现场直播,展示了植入Neuralink设备的实验猪的脑部活动。

截至2023年,全球人工智能硬件市场(服务器)规模将从2022年的195亿美元增长到2026年的347亿美元,五年年复合增长率达17.3%;在中国,预计2023年中国人工智能服务器市场规模将达到91亿美元,同比增长82.5%,2027年将达到134亿美元,五年年复合增长率达21.8%。[①]世界和中国的人工智能及其产业化发展迅速,成果颇丰,发展和应用前景不可限量。

二、人的发展在人工智能时代的凸显

人的发展问题是马克思主义人学涉及的重点问题之一,这里所说的人是指"现实的个人",是"有生命的"、可以从事物质生产的人。马克思主义经典作家认为,人是包括个人、集体、社会或人类等多种不同的形式的类与个体、社会与个人的统一。马克思主义认为,人的发展主要体现在人的需要、劳动能力、社会关系以及自由个性等方面的发展。人的发展是在具体的时空境遇下展开的,每一时代的人的这些本质力量的发展都会烙上时代的印记。伴随着工业革命以来科学技术的演进和加持,人们看似已经获得了相对独立发展的能力和条件,但是这依旧是在特定的社会历史阶段和社会关系发展境遇中获得的。因此,考察人工智能时代人的发展问题,既需要分析人工智能时代社会发展所呈现的具体阶段与特征,也需将关于人的发展的一系列基本范畴纳入具体的时代和实践当中,以求达到对人工智能时代人的发展的立体考察。

(一)技术演进视角:考察人的发展的重要维度

正如马克思指出:"个人怎样表现自己的生命,他们自己就是怎样。因此,他们是什么样的,这同他们的生产是一致的——既和他们生产什么一致,又和他们怎样生产一致。因而,个人是什么样的,这取决于他们进行生产的物质条

① 操秀英.2027年我国人工智能服务器市场规模将达134亿美元[N].科技日报,2023-11-30(001).

件。”[1]人的发展是以社会发展为基础的，对于人的发展问题的探究需要将具体的社会历史条件相结合起来。立足历史唯物主义的理论视域，在对人的发展发挥重要作用的众多因素中，技术发展又是尤为重要的。因此，立足人类社会的技术形态变迁和技术演进视角探究人的发展问题，是马克思主义人的发展理论的题中应有之义。

在《政治经济学批判(1857—1858年手稿)》中，马克思将人的发展状况作为重要依据，把人类历史划分为“人的依赖关系”占统治地位、以物的依赖关系为基础的人的独立性、“人的自由全面发展”等诸阶段依序演进的过程。在人的发展三个历史演进过程中，生产力的发展起到了基础性的作用，而科学技术作为第一生产力在人的不同发展阶段所起的作用是有差异的。

1.人类社会的技术形态及其变迁

技术社会形态是“以生产力和技术发展水平以及与之相适应的产业结构为标准划分的社会形态”[2]。依据这一尺度，可将历史上曾经出现过的人类社会形态划分为石器时代、铜器时代、铁器时代、蒸汽时代、电气时代、电子时代等。若以不同时代人们的具体生产方式为标准，还可将石器时代归纳为捕鱼和狩猎为主的渔猎社会；在铜器时代与铁器时代，以铁器牛耕技术为代表的农耕技术有了很大的发展，农业在产业结构中占了主导地位，因而可称铜器与铁器时代为农业社会；在蒸汽时代和电气时代，工业经历了自手工工场、工厂手工业到机器大工业的发展阶段，在这一过程中工业在产业结构中占了主导地位，因此可称为工业社会；在电子时代，信息技术和信息产业在技术体系和产业结构中占了主导地位，因而可以称之为信息社会。[3]

第一，渔猎社会。人类以渔猎社会为主导的发展阶段大致从原始社会一直延续到奴隶社会初期。渔猎社会主要包括如下三个特征：其一，渔猎社会最显著的特征就是使用石头作为主要的生产工具。人们通过打制、磨制、雕刻等工艺，将石头制作成各种实用的工具，如切割器、矛头、箭头等，用以帮助人们狩猎、采集、加工食物，乃至建造简单的住所。“当时人们靠狩猎、捕鱼、畜牧，或者

① 马克思恩格斯选集(第1卷)[M].北京：人民出版社，2012：147.

② 赵家祥著.东方社会发展道路与社会主义的理论与实践[M].北京：商务印书馆，2017：20.

③ 赵家祥.全面把握马克思主义的社会形态划分理论[J].中国延安干部学院学报，2016，9(03)：5-15+42.

最多靠耕作为生。”[①]随着人的需要的不断发展，渔猎社会时期的人们开始学会了制陶与养殖家畜，待到渔猎社会末期，世界上已经出现了“带有铁铧的用牲畜拉的犁”[②]，标志着人类已经开始从“获取现成的天然产物为主”发展到了获取和“对天然产物进一步加工的时期”[③]。其二，渔猎社会中的人们通常生活在以血缘关系为纽带构成的氏族当中，并在氏族公社内共同生活、共同劳动。在这个时代，人们的生产力水平相对较低，必须依靠集体的力量才能生存下去。因此，部落成为人们生存和发展的重要保障。随着剩余产品的增加以及战俘的出现，在一些氏族内部出现了“潜在于家庭中的奴隶制”[④]。其三，石器时代的文化特征也非常明显。不同地区的石器文化各具特色，反映了当地人们的生活习惯、生产方式、环境条件等。例如，非洲的石器文化以大型狩猎工具为主，欧洲的石器文化则以细石器工艺为代表。这些不同的文化特征在石器时代的交流和融合中，逐渐形成了多元化的文化格局。

第二，农耕社会。从世界范围来看，人类以农耕社会为主导的发展阶段一直持续到18世纪工业革命的开启。与单纯依靠攫取现成的天然产品，完全受自然环境支配的渔猎社会相比，农耕社会的突出特征是“铁已在为人类服务”[⑤]。伴随着冶铁技术的不断成熟，大面积的田地耕作和广阔的森林开垦成为可能；在此基础上，手工业和农业开始分工，代表着当时手工业最高成就的织布业和金属加工业“显示出生产的日益多样化和生产技术的日益改进”[⑥]，农业也开始由生产基本的粮食、经济作物如谷物、豆料到开始加工农产品如植物油和葡萄酒。在农耕社会中，家庭是最基本、最重要的生产单位。农业生产通常以家庭为单位进行，家庭成员共同参与劳动，共享收成。“通过农业和制造业的家庭结合而聚居在各个很小的中心地点。”[⑦]由于人们通常定居在固定的土地上，农耕社会中家庭、家族和村落等社会组织形式相对稳定。这种稳定性有助于形成较为固定的社会关系和权力结构，在此基础上，人们的生活和生产方式通常与特

① 马克思恩格斯选集(第1卷)[M].北京:人民出版社,2012:148.
② 马克思恩格斯选集(第4卷)[M].北京:人民出版社,2012:34.
③ 马克思恩格斯选集(第4卷)[M].北京:人民出版社,2012:35.
④ 马克思恩格斯选集(第1卷)[M].北京:人民出版社,2012:148.
⑤ 马克思恩格斯选集(第4卷)[M].北京:人民出版社,2012:179.
⑥ 马克思恩格斯选集(第4卷)[M].北京:人民出版社,2012:179.
⑦ 马克思恩格斯选集(第1卷)[M].北京:人民出版社,2012:852.

定的地域和环境相适应，形成了丰富的文化传统和习俗。这些文化传统对于维系社会关系、规范行为和塑造价值观等方面具有重要作用。由于科学技术的落后以及农业生产与生俱来的地域性特征，农耕社会的生产和生活与自然环境密切相关。气候、土壤、水资源等因素直接影响到农业生产的收成和质量，进而影响到整个社会的经济发展。因此，农耕社会的发展必须与自然环境相适应，保持生态平衡。

第三，工业社会。伴随着工业革命的到来，人类社会总体迈向了以工业生产为经济主导的工业社会。由手工工场到工场手工业再到机器大工业，工业生产逐渐取代了传统的家庭和手工业生产，人们通过机器、技术和流水线等方式进行生产，效率大大提高。从生产力与生产关系辨证运动的角度看，以工业生产为主的资本主义社会“在它的不到一百年的阶级统治中所创造的生产力，比过去一切世代创造的全部生产力还要多，还要大”[①]。工业社会的生产力的快速发展离不开科技进步。人们在科学技术的推动下，不断改进生产方式、提高生产效率，创造了更多的物质财富。同时，科技还渗透到人们生活的方方面面，改变了人们的生活方式，带来了社会结构的深刻变化，传统家庭、家族和地缘关系逐渐被业缘关系所取代，人们的社会联系也逐渐丰富起来。同时，城市化进程加速，大量人口涌入城市，形成了新的社会阶层和群体。由大工业建立起的世界市场开始将资本主义生产方式由西欧扩张至全球，使以中国、印度为代表的东方落后国家日渐沦为资本主义的原料产地和商品倾销市场，逐步开辟了以“未开化和半开化的国家从属于文明的国家”“农民的民族从属于资产阶级的民族”“东方从属于西方”[②]为主要特征的资本主义世界历史。与此同时，工业社会的发展也带来了严重的资源环境问题。过度开发和污染导致资源日益枯竭，环境受到严重破坏，促使人们开始关注环境保护问题，正如恩格斯所呼吁的那样：“我们不要过分陶醉于我们人类对自然界的胜利。对于每一次这样的胜利，自然界都对我们进行报复。”[③]

第四，信息社会。信息社会主要指的是20世纪50年代之后的历史阶段。

---

① 马克思恩格斯选集(第1卷)[M].北京:人民出版社,2012:405.

② 马克思恩格斯选集(第1卷)[M].北京:人民出版社,2012:405.

③ 马克思恩格斯选集(第3卷)[M].北京:人民出版社,2012:998.

又有学者称这一时期为“后工业时代”[①]。其在继承和发展“工业社会”创造的巨大生产力的同时，亦呈现出一系列不同于以往社会形态的特征。互联网技术从固定互联网、移动互联网再到智能互联网的发展，意味着电子信息日益成为人类社会中的一种基本资源，多元化的信息类型及多样化的信息来源正成为人们生活中的常态；对各类信息的处理和发送技术构成了衡量生产力水平的重要标准，科学家、技术从业者的脑力劳动开始逐步取代体力劳动，在社会发展中起到不可或缺的作用；社会产业结构开始由制造业向以高新科技为核心的服务业转化。信息社会，在大数据、算力、算法等技术的加持下，人工智能技术在信息搜集、处理、分析等方面呈现出巨大的优势，并以迅捷之势向人们生活、生产、管理的各领域渗透。

人工智能的兴起和发展标志着人类在科学技术运用上取得了新的进步，意味着人类进入了人工智能技术广泛影响生活、工作各个领域的人工智能时代。随着数字化的生产工具在生产和服务领域广泛普及和人工智能的广泛运用，人们随时随地均可获取信息。人们的生活方式、文化形态更加趋于多元，个性化特征日益显著，个人可自主安排的时间及活动范围显著扩大。

2.技术演进视角下人的发展历程

第一，渔猎社会—农耕社会：人的发展建立在“人的依赖关系”基础之上。在渔猎—农耕社会中，人与人之间存在牢固的依赖关系。纵观人类历史，作为个体的人的生存发展始终要依靠一定的物质生产资料，由于这一时期生产力水平的限制，人类生存生产及生活所需要的各种条件只能依靠以血缘关系为核心构建的共同体才能存在。在这样的条件下，“各个小公社彼此独立地勉强度日，而在公社内部，单个的人则同自己的家庭一起，独立地在分配给他的份地上从事劳动”[②]。这种共同体的存在是血缘关系为基础的，带来了人对人的依附。自原始社会解体以来，奴隶社会中的奴隶与奴隶主、封建社会里农奴和地主之间，无不都包含着人身上的依附关系，造成了共同体对人的发展需要与能力的限制。此种情况下，人们的发展遭受着现实生产力与生产关系的双重压制。例如在东方社会中，公社所有制中公社成员与公社之间牢牢绑定在一起，以致个人的发展很难突破旧有生产关系的限制：“无论个人还是社会，都不能想象会有自

① [美]丹尼尔·贝尔(Daniel Bell)著.后工业社会的来临[M].高括等译.南昌:江西人民出版，2018:33.

② 马克思恩格斯选集(第2卷)[M].北京:人民出版社，2012:727.

由而充分的发展,因为这样的发展是同原始关系相矛盾的。"这构成了东方社会长期停滞的内在条件。[①]因此,在前资本主义社会阶段"个人可能表现为伟大的人物。但是,在这里,无论个人还是社会,都不能想象会有自由而充分的发展"[②]。

第二,工业社会—信息社会:人的发展以"物的依赖性为基础的人的独立性"为特征。在《政治经济学批判(1857—1858年手稿)》中,马克思揭示了工业社会以来人的发展所呈现的"二律背反"特征。一方面,伴随着资本主义机器大工业的繁荣发展,人类改造自然与社会以实现自身发展的能力不断提高,在相当程度上改变了渔猎—农业社会时期人与共同体之间的依赖关系;另一方面,"在资产阶级经济以及与之相适应的生产时代中,人的内在本质的这种充分发挥,表现为完全的空虚化;这种普遍的对象化过程,表现为全面的异化,而一切既定的片面目的的废弃,则表现为为了某种纯粹外在的目的而牺牲自己的目的本身。"[③]工人所创造的物化劳动同自己的活劳动相异化,体现在工人创造的产品(物化劳动)不归工人所有,而归资本家所有,并且成为资本家剥削和统治工人的手段。正如马克思所说,在物的依赖性社会,"劳动的客观条件对活劳动具有越来越巨大的独立性……社会财富的越来越巨大的部分作为异己的和统治的权力同劳动相对立"[④]。以物的依赖性为基础的社会的实质就在于,用物与物之间的关系掩盖人与人之间的社会关系。

第三,在未来社会条件下,人的发展将建立在"自由个性"基础上。在《共产党宣言》中,马克思与恩格斯对未来社会人的发展特征做出了预测,"代替那存在着阶级和阶级对立的资产阶级旧社会的,将是这样一个联合体,在那里,每个人的自由发展是一切人自由发展的条件"。[⑤]在《资本论》中,马克思进一步将个人全面发展的社会称作"自由人联合体"。这一目标的实现是一个漫长的奋斗过程,要求第二阶段创造出"普遍的社会物质变换、全面的关系、多方面的需要以及全面的能力的体系"[⑥]作为条件才能发展起来。

---

① 马克思恩格斯全集(第30卷)[M].北京:人民出版社,1995:479.
② 马克思恩格斯文集(第8卷)[M].北京:人民出版社,2009:136.
③ 马克思恩格斯文集(第8卷)[M].北京:人民出版社,2009:137-138.
④ 马克思恩格斯文集(第8卷)[M].北京:人民出版社,2009:207.
⑤ 马克思恩格斯选集(第1卷)[M].北京:人民出版社,2012:422.
⑥ 马克思恩格斯文集(第8卷)[M].北京:人民出版社,2009:52.

当下，以人工智能为代表的智能科技在经济、政治、社会和文化等方面发挥着深刻的影响，将为人的发展带来新的历史境遇和难得的有利契机。首先，人工智能的发展意味着信息、知识成为最重要的经济和社会资源，而信息、知识与农业社会的土地、工业社会的资本具有异质性，它具有不排他的可分享、可共享性，这有利于信息、知识在全社会范围共享，有利于促进“生产资料公有制”的实现；此外，在生产自动化、智能化背景下，大量的劳动可以交给智能机器完成，需要人亲自承担的工作日益减少，人们可以从被动、繁重、重复、单调的劳动中解放出来。“只有通过大工业所达到的生产力的极大提高，才有可能把劳动无例外地分配给一切社会成员，从而把每个人的劳动时间大大缩短。”[①]人工智能的合理利用还将有利于每个人依据个性特点和兴趣自由，自主地安排生产和社会活动，使人的主体性、创造性在劳动中得到最大程度的释放和发挥，从而为人摆脱一切束缚，实现自由全面发展创造条件。但是，在资本逻辑等因素影响和制约下，人工智能等技术发展可能为人的生存发展带来新的威胁和挑战。具体来看，人工智能技术的发展在使社会物质财富大幅度增加、企业利润率大幅提升的同时，也使得不少工人因为新技术的替代效应而导致就业能力和就业机会下降以及劳动收入减少；[②]不少劳动者在高新技术面前很焦虑，对生活水平的追求和与智能设备赛跑式的劳动使后现代社会的人们疲惫不堪。人工智能时代，“低头族”“手机控”的增多，也使得人与人之间丰富多彩的深层次交流互动通过智能机器变成了冰冷的对话、互动和交易，人与人之间在现实社会中甚至面对面都感觉到了疏离感与陌生感。

（二）人工智能时代人的发展的具体表现

历史唯物主义认为：“人类始终只提出自己能够解决的任务，因为只要仔细考察就可以发现，任务本身，只有在解决它的物质条件已经存在或者至少是在生成过程中的时候，才会产生。”[③]作为革命性、颠覆性的科技，人工智能技术正在以多种方式改变着社会、重塑着人，这些影响有积极的一面，也带来新的挑战。有鉴于此，全面把握人工智能对人的全面发展带来的积极与消极影响，将

① 马克思恩格斯选集（第3卷）[M].北京：人民出版社，2012：562.

② 黄播，鞠立新.人工智能时代的“劳动新异化危机”与劳动新解放论析[J].政治经济学研究，2023(03)：81-90.

③ 马克思恩格斯选集（第2卷）[M].北京：人民出版社，2012：3.

有助于把握人的发展问题在人工智能时代的呈现方式，为纾解相关理论与现实难题创造条件。

1. 人工智能时代人的发展面临多重机遇

其一，人工智能丰富了人生存发展所需的物质条件。马克思、恩格斯历来重视物质条件对于人的发展的基础作用，在《德意志意识形态》中，马克思、恩格斯指出："我们首先应当确定一切人类生存的第一个前提，也就是一切历史的第一个前提，这个前提是：人们为了能够'创造历史'，必须能够生活。但是为了生活，首先就需要吃喝住穿以及其他一些东西。因此第一个历史活动就是生产满足这些需要的资料，即生产物质生活本身"[①]。人的生存发展受到多方面因素的影响，其中生产力与生产关系又是最为重要的。从生产力的角度看，在人工智能技术的加持下，人工智能时代的劳动者无论是在劳动知识还是劳动技能方面，都更能胜任"复杂劳动"的需要，为劳动者从繁重的体力劳动中解放创造条件；人工智能技术使劳动资料呈现出"数字化"与"智能化"特征，能够更为精准地创造人们自我发展的各类条件；在人工智能时代，数据、信息、互联网正成为劳动对象的重要组成部分，处理此类"非实质化的劳动对象"[②]将不断提升人类应对复杂信息的能力，为人的发展提供前提。从生产关系的角度看，人工智能技术的广泛运用催生出"平台经济""共享经济""数字经济"等新型经济业态，相较于传统的工业经济，这些建立在"网络透明、自愿原则"基础上的经济形态反映和强化了社会主义公有制的部分内容；人工智能的普及将更加有助于推广各种智能化技术，使低技能劳动者得以共享经济发展成果；与此同时，人工智能时代中的人们更加倾向于合作生产，这将不断改善人与人在生产中的关系，"随着网络技术的快速渗透……经济人必然向社会人演化，人们发现只有与他人平等协作才能获得互利共赢的生存空间"[③]。

其二，人工智能可以激发人的发展天赋与潜力，促进人的能力发展。人工智能通过代替人的简单、重复性劳动（如无人售货、高效物流等），使人解放出来，获得尽可能多的自由时间来发展自身能力。同时，人工智能在将来还有可能直接延展人的能力。例如，一种名为"动力人体外骨骼"的智能穿戴设备通过

---

① 马克思恩格斯选集（第 1 卷）[M]. 北京：人民出版社，2012：158.

② 王琛伟. 新型生产关系的特点和形成路径[J]. 人民论坛·学术前沿，2024，(09)：27-34.

③ 杨培芳著. 挽在一起的手协同互利新经济哲学[M]. 北京：人民邮电出版社，2016：212.

可穿戴的外骨骼提供增强的运动辅助,可以帮助老年人和有运动障碍的人超越体能和身体的极限,过上更健康、更少受限制的生活。[①]在教学领域,人工智能技术也大力赋能于教育者与受教育者,通过大数据分析,人工智能可以为受教育者量身定制学习计划和方案,还可以为教育者制定差异化教学方案,增强教学过程的针对性,提升教学实效。

其三,人工智能可以丰富人的社会交往关系。马克思认为:"同他人直接交往的活动等等,成为我的生命表现的器官和对人的生命的一种占有方式。"[②]即交往活动也是人的生命活动的基本形式,对于人的生存和发展具有重要意义。人是社会性的动物,人的本质从其现实性而言,是一切社会关系的总和。人工智能的存在和发展对人的现实和虚拟交往关系进行了进一步全面而系统的丰富。在拓展人的现实交往关系方面,人工智能产品发挥着重要作用。例如各大平台应用个性化推荐功能,利用海量数据的积累,与用户历史行为建立的模型,这些应用主动给用户匹配符合其需求的信息内容。从而可以更快地了解交往对象的个人背景,提升人们的交往效率与交往体验。同时,人工智能还可以通过推进翻译系统的完善使得具有不同语言的人们实现快速话语沟通,为人们跨区域、跨国别交往创造条件。同时,在拓展人的虚拟交往关系方面,人工智能及虚拟和增强现实技术为人类交往创造了新的交往场域和全新的体验。第一,提升交往的即时性。传统虚拟社交媒体既可以进行文本互动,也可以进行音视频互动。文本交互中,交往双方在时间上可以具有同步性,也可以具有异步性,如微信、QQ等社交软件既能实现信息的异步传播,也能实现同步传播,生成与在传统媒体中截然不同的交往经历。第二,增强交往的在场性。在现实交往中,人和人之间主要采用"面对面"的形式,诸如眼神、言语、肢体动作进行直接交流。而通过网络社交媒介进行的间接交往将"面对面"的交往转变为"屏对屏"的交往[③],其在一定程度上会导致交往时信息传递的"失真"及"失焦"。特别是在VR设备的助力下,人们有可能将现实生活中的交往完全移植到虚拟交往场景中,实现肉体和数字虚拟化身的同时在场,实现言语、肢体言语、面部语言等

① 王阁.人工智能技术条件下人的解放问题研究[D].北京:中共中央党校,2021.

② 马克思恩格斯文集(第1卷)[M].北京:人民出版社,2009:190.

③ 姬雁楠,李本乾.社交虚拟现实重塑"云交往"的路径[J].中南民族大学学报(人文社会科学版),2022,42(03):118-124+186.

符号信息在技术装置影响下的同步还原。[①]但是,AI虚拟现实的沉浸式交往,还容易让人陷入比传统网络社交更大的“成瘾行为”,从而导致人们沉溺于虚拟世界的交往而变得更加疏离于现实世界中的人际交往[②],造成交往异化;另外,随着虚拟社交的发展,对于个人喜好等数据信息的搜集和运用,也必须置于有效的法律管制之下,以避免出现侵犯个人隐私的问题。

此外,人工智能对人的发展的影响还体现在其他方面和领域。例如,人工智能在一定程度上也促进了教育公平的实现。教育对于人的发展的作用主要体现在帮助人们掌握知识、技能,激发人的发展潜能等方面。工业化的生产模式和高新技术的运用促进社会各方面发展进步,也为教育的发展提供了新的条件和要求。当前,人工智能在帮助人类增加自由时间之余,也为学习和教育提供了便利,促进了教育公平的发展。所谓教育公平是指人们可以依据自身爱好、需求及身心发展的特征而选取受教育的方式方法及有关资源,在多元的评价体系中,立足非竞争的教育氛围激发内在潜能,进一步促进教育的深化和发展,促进人类文明的传播和传承。在人工智能时代,多样化的教学媒介出现使得移动学习、泛在学习成为重要的学习方式,个体可以从传统的以学校为代表的实体教育机构中转向混合、多样和复杂的学习格局中,在复杂的网络中找到与自己兴趣和爱好相同、教育背景或工作经历相似的人,也可以找到有价值的信息,构建自己的知识网络,选择适合自己的学习内容和学习路径,获得有价值的知识。在教学评估方面,人工智能的存在则提供了创新的评估方式和评估方法,能够通过评估负责任务的形式更准确、全面地分析学生表现,并提供即时反馈,进一步识别改进的领域。这使教育工作者能够更全面地了解学生的能力,在此基础上根据其特定需求调整教学策略。人工智能还可以帮助整合优质的教育资源,通过互联网和AI技术,将这些资源迅速、高效、低成本地传播到边远贫困地区。中央网信办等十部门发布《数字乡村发展行动计划(2022—2025年)》[③],其中明确提到了要深化乡村“互联网+教育”以及要完善国家数字教育资源公共服务体系。“当前我国不断建设新型信息基础设施,至2022年底,全

① 王阁.人工智能技术条件下的新型交往形式及其影响探析[J].中共福建省委党校(福建行政学院)学报,2023(02):135-142.

② 程宏燕,郭夏青.人工智能所致的交往异化探究[J].自然辩证法研究,2020,36(09):70-74.

③ 十部门印发《数字乡村发展行动计划(2022—2025年)》[J].乡村振兴,2022(02):20-21.

国移动通信基站总数达1083万个，其中5G基站为231.2万个。可以预见，越来越多的乡村学生将利用VR/AR、人工智能等技术，上一堂栩栩如生的'数智课堂'。"[①]通过互联网、人工智能等技术整合，可以把优质的教育资源辐射到边远贫困地区，用技术弥合差距，实现城乡地区教育协同发展。

2. 人工智能时代人的发展遭遇的多重挑战

人工智能的发展在给人的发展带来诸多机遇的同时，也给人的发展带来了新矛盾和新问题。例如，人工智能的应用有可能限制人的发展主体性的彰显和提升。人的发展主体性是指"现实的人"在发展过程中，依照自己的意愿对发展环境进行自主选择，并在可以有所选择和取舍的情况下对自身和所处的客观世界进行改造过程中所体现的能动性、创造性和超越性。人的发展主体性是一个不断提升的过程，但"人作为对象性的、感性的存在物，是一个受动的存在"[②]，因此人的发展主体性的提升往往还受制于现实客观条件。人工智能时代，技术的应用发展在为提升人的发展主体性创造诸多便利的同时，也对其形成了一些阻碍。例如，人工智能的应用有可能导致人的劳动被取代，引发失业危机。在现实社会中，一些生产者和企业为了降低生产成本并实现效率最大化，越来越倾向于在生产基础环节中大量使用人工智能。有关统计显示，2023年9月26日，国际机器人联合会（International Federation of Robotics）在德国法兰克福发布《2023年世界机器人报告》（World Robotics 2023 Report）（以下简称《报告》）[③]。《报告》显示：2022年全球工业机器人销量达到553052台，同比增长5%，再创历史新高；2017—2022年，全球工业机器人销量年均复合增长率约为7%。2022年全球在运的工业机器人累计约390万台，同比增长12%，2017—2022年全球在运工业机器人数量年均复合增长率约为13%。[④]依据马克思主义政治经济学的观点，在投入资本总数不变的情况下，用于购买机器设备的不变资本的增加，势必会导致用于购买劳动力的可变资本的减少。这就意味着，人工智能的广泛应用，必然造成一部分人的失业，而最先可能受到影响的是那些以简单、重复劳动为主，标准化程度较高的行业，诸如生产线装配以及一般加工零售业等，这些行

① 卢臻. 教育数字化发展提速 资源天平如何调节?[N]. 通信信息报，2023-07-05(006).

② 马克思恩格斯文集(第1卷)[M]. 北京：人民出版社，2009：211.

③ IFR. World robotics 2023report [EB/OL]. [2023-12-12]. https:/lifr. orglimg/worldrobotics/2023_WR extended version.pdf.

④ 王德生. 世界智能机器人产业发展动态[J]. 竞争情报，2024(01)：55-63.

业的从业人员大多是年龄在36~65岁的劳动者。有学者分析指出这类人群面临失业危机的原因在于“他们不仅人力资本水平较低，适应新技术、与之形成技能互补的潜力也较弱”。[①]这类人群的工资恰好又是家庭的主要收入来源，正面临着“上有老，下有小”的多重压力，一旦失业，无论对其个人还是家庭成员——尤其是子女的发展主体性会产生极其不利的影响。其中最直接的影响是引发人的精神焦虑、无助、抑郁甚至颓废，从而降低甚至失去发展自身的创造性。除此之外，失业所带来的生存危机同样会遏制人们的发展主体性，当前人工智能正以前所未有的速度渗透到生产生活的各个环节，失业则意味着与现实社会在一定程度上的脱节。被人工智能所“排挤”的失业人群，在择业阶段，不仅难以直接享有人工智能的发展成果，可能还会因无法适应智能社会的种种要求而遭受时代的排挤，陷入社会边缘化的危机之中，进而导致其发展主体性受到持续性压抑。

人工智能的应用还可能限制人的发展能力的提升。在马克思主义人学理论中，人是自然存在物、社会存在物和精神存在物的统一，有鉴于此，可以将人的发展能力划分为保证人的生存发展需要的劳动能力，满足人的社会存在需要的社交能力以及保证人的意识活动正常开展的认知能力等。人工智能技术的应用促进了社会进步和人类发展，但也带来一些意想不到的后果，即人工智能日益远离人类的控制，造成了人工智能技术与现实中的人的关系的颠倒，亦有学者称之为人工智能的异化，这种异化对人的发展能力的提升带来了严重限制。这意味着人类可能会逐步丧失部分提升自我能力和素质的机会，另一方面，人工智能技术尤其是以大数据和算法为基础的精准推送功能正通过各种智能手机和智能App的形式渗透到人们日常生活的各个方面中，从而扩大“信息茧房（Information Cocoons）”的负面效应，使人受困于封闭窄化的信息环境中，加深思想认知的片面性和单一性，认知和思考能力也会在泛娱乐化、泛消费主义的文化侵蚀中日益匮乏化；人工智能的过度使用还让人的“原子化”危机日益凸显，表现在青少年因沉溺于网络的虚拟世界而疏离现实世界，国际、人际、代际间的沟通障碍因数据鸿沟和算法鸿沟而无限放大，加深了人与人之间的疏离，势必不利于培养和发展人的社交能力。

---

① 孙望书，孙旭．人工智能将会“抢走”谁的工作？——异质劳动者的就业替代风险[J]．河北经贸大学学报，2024(02)：66-76.

当然，人工智能的应用对人的发展的阻碍还体现在需要、社会关系和个性自由多方面，这需要立足技术进步的发展趋势加以深刻把握和精准分析，进而有针对性地进行预前治理，使人工智能成为真正赋能人的发展的有益力量。

三、马克思人的发展思想是分析人工智能时代人的发展的理论武器

人工智能作为引领新一轮科技革命和产业变革的战略性技术，在改变社会生产方式、提升生产效率的同时，也在悄然影响着人们生活方式与思维方式，进而为人的发展提供新的机遇和挑战。正如前所述，马克思人的发展思想具有科学性与革命性等理论特性，对于分析人工智能时代人的发展问题提供了有力指导。总之，运用马克思关于人的发展思想来分析人工智能时代人的发展，具有必要性、可行性，有着重要的理论和实践价值。

（一）运用马克思人的发展思想分析人工智能时代人的发展的必要性

马克思人的发展思想不是对人的发展现象的简单描述，而是对人的发展本质规律和本质特征的深刻揭示。尽管在人工智能时代，人的发展面临的条件与19世纪的工业社会相比有着显著差异，但人的发展从本质上看依然是劳动的个人的发展，最大限度发挥人的主体性、使人的发展符合人性的基本诉求依然是人在谋求发展的过程中需要考虑的方向性问题。[①]在资本权力的过度介入并将人工智能的发展引向扭曲，使其或将成为威胁人的异己力量的今日世界，在社会主义现代化建设要求加强数字中国建设、培育新质生产力的今日中国，运用马克思关于人的发展思想分析人工智能时代的人的发展问题，在理论和实践层面都具有必要性。

1.批驳关于“马克思主义技术决定论”“马克思主义过时论”等错误论调的必然要求

马克思人的发展思想阐明了马克思对现实的人的发展能力、发展需要以及社会关系的高度重视，彰显了马克思主义深刻的人文旨趣，其基本内涵与价值

---

① 王海传，岳丽艳．论马克思人的发展的三个向度[J]．山东社会科学，2018(10)：127-131.

追求对人工智能时代人的发展仍然具有指导性意义。立足马克思人的发展思想，分析人工智能时代人的发展问题能够有力驳斥西方不合实际的错误论调，为批驳“马克思主义技术决定论”“马克思主义过时论”等错误观点提供有力论证。

持“技术决定论”的学者认为，马克思强调技术革新是社会进步的首要驱动力，技术的演变塑造了社会生产中的劳动组织架构，并由此对人类发展和社会变迁产生深远影响。事实上，当马克思在论述人的发展条件时，既强调包括科技在内的物质因素对人的发展的基础性作用，也认为人的整个精神生活、精神世界包括发展能力和需要等种种因素同样深刻影响着技术进步。可以说，“现实的人”及其发展是马克思人的发展思想真正的起点和归宿①，运用马克思人的发展思想分析人工智能时代的人的发展问题，既有助于展现人工智能应用给人的发展带来新的历史境遇，又可以揭示出人的需要、能力、社会关系等方面的发展，对于激活和强化发展人工智能的主体力量的主要意义。

持“马克思主义过时论”者认为在当代资本主义发展过程中马克思主义不再具有对现实的解释效力，“运用马克思根据自由资本主义社会正确提出的政治经济学的重要条件消失了”②。持这类观点的学者倾向于立足当代资本主义社会的变化和发展，把马克思的理论与现实社会之间割裂开来，主张马克思主义已经无法对时代的发展进行客观、准确的理解。这一观点犯了用孤立、静止、片面的观点看待马克思主义的错误。正如习近平总书记所言，我们今天仍然处于马克思主义理论刻画出来的社会历史时代，“马克思主义尽管诞生在一个半世纪之前，但由于它深刻揭示了客观世界特别是人类社会发展的一般规律，被历史和实践证明是科学的理论，在当今时代依然有着强大生命力，依然是指导我们共产党人前进的强大思想武器”③。作为一种把“实践”作为第一观点的理论，马克思主义及马克思主义者始终保有一种与时俱进的品格，在坚持马克思主义立场、观点、方法的基础上，在实践中自我发展、自我完善。运用马克思人

① 参见马克思恩格斯文集（第5卷）[M].北京：人民出版社，2009：208；马克思恩格斯全集（第19卷）[M].北京：人民出版社，1965：405.

② [德]尤尔根·哈贝马斯（Jürgen Habermas）著.作为“意识形态”的技术与科学[M].李黎，郭官义译.上海：学林出版社，1999：58.

③ 中共中央文献研究室编.习近平关于社会主义文化建设论述摘编[M].北京：中央文献出版社，2017：62.

的发展思想分析人工智能时代的人的发展问题，能够进一步展现马克思主义在现实中的生命力和鲜活存在，为反驳“马克思主义过时论”提供最真实、最有效的论据。

2. 马克思人的发展思想是回应人工智能时代人的发展难题的必然选择

在《资本论》当中，马克思揭示了资本逻辑对人的发展所造成的巨大影响。他认为，资本主义是围绕着作为“一种以物为中介的人和人之间的社会关系”[①]而运转的生产方式和社会制度，其最终目的是通过对活劳动的剥削以实现价值的无限增殖。资本追求价值无限增殖的运动规律就是资本逻辑。从与人的发展的关系来看，资本逻辑在一定程度上可能激发“人的自然力”、为促进人的发展创造一定条件，却会在更大程度上加速人的“异化”过程，让人日益沦为机器的附属品，进而导致人的畸形发展。

人工智能时代，资本逻辑宰制下的数据殖民主义同样在不同层面制约着人的正常发展。数据在人工智能时代有着不可或缺的作用。随着移动网络的普及，人工智能时代人们的各种互联网行为都可被浓缩到以0和1的组合而表现出来的比特形式之中，经由大数据和算法的对海量数据的分析，资本控制下的平台可以逐渐精准地把握用户的喜好和倾向，从而服务于资本的增殖逻辑。实际上，数据资源如果能够得到正常使用，势必可以彰显人的生存意义和促进人的全面发展，但在资本逻辑的驱使下，技术与资金层面都占据绝对优势的国家与数字寡头通过对数据的大规模收归、存储和运用从而获取“殖民利益”，这就是数据殖民主义的本来面目。从宏观层面看，仅在2020年，美国知名企业谷歌公司便占据了全世界约90%的搜索份额，以及欧洲市场97%的搜索份额，在印度、泰国、越南等国的市场份额也高达95%～97%。[②]

从微观层面看，数据殖民主义将会对人的发展造成极为不利的影响。首先，能进行“数据殖民”活动的主体通常是来自发达国家的企业和组织，他们掌握了绝对数量的数据和对数据的分析和运用权限，致使发展中国家在运用人工智能宣传本国政策主张、价值立场等方面均处于劣势地位，进而使发展中国家

① 马克思恩格斯文集(第5卷)[M].北京:人民出版社,2009:878.

② 吴清,李正豪.四年间被罚近百亿美元 谷歌在全球被反垄断“围猎”[N].中国经营报,2020-12-28(C03).

及其人民在科技领域继续沦为发达国家的附庸角色[①],从而阻碍人工智能的全球化发展;其次,对于个人而言,数据殖民主义意味着自己的兴趣、偏好乃至未知关联、发展趋势都将被数据殖民者一览无余。由此带来的信息泄露和隐私侵犯等风险,将进一步诱发人们对人工智能的技术焦虑,将在一定程度上阻碍人工智能技术的普及和传播;此外,伴随着数字殖民主义的发展,个人的喜好被平台掌握的程度也将日益加深,进而导致很多用户将精神寄托于虚拟社会,陷入由此带来的空虚、迷茫,最终对人的发展产生诸多不利影响。

面对上述问题,西方学界或是集中于分析数据殖民主义的成因[②],或是停留在对数据殖民主义局部的分析上[③],都未能找到解决数据殖民主义的科学方案。马克思主义学者从商品理论和劳动异化理论出发,揭示出数据殖民主义的罪恶本质,即"把人所有的生命活动都作为可以转化为数据资本的原材料,表现为对人的生活活动的剥夺"[④],并在此基础上立足马克思人的发展理论,从技术发展、政治引领、价值遵循等角度,为规避资本逻辑对人工智能与人的发展的影响提出了一系列行之有效的建议[⑤],彰显出马克思人的发展理论的时代穿透性,揭示了运用马克思人的发展思想分析人工智能时代的人的发展的必要性。

3.数字中国建设的新形势要求加强马克思人的发展思想的理论供给

习近平总书记指出,"我国现代化同西方发达国家有很大不同。西方发达国家是一个'串联式'的发展过程……我们要后来居上,把'失去的二百年'找回来,决定了我国发展必然是一个'并联式'的过程,工业化、信息化、城镇化、农业现代化是叠加发展的。"[⑥]相较于西方国家逐步发展的现代化历程,我国的现代化走的是工业化、信息化、城镇化、农业现代化同步发展的现代化道路。党的十八大以来,党和国家通过总结中国数字化发展五十多年来的成就和经验,立足于新时代的国情世情和全面建成社会主义现代化强国的重要历史任务,对建设

① 党盛文,林津如.人工智能算法的非殖民化伦理策略[J].道德与文明,2023(06):168-176.

② 常江,田浩.尼克·库尔德利:数据殖民主义是殖民主义的最新阶段[J].新闻界,2020(02):4-11.

③ [英]尼克·库德里(Nick Couldry),[美]乌利塞斯·阿里·梅杰斯(Ulises A.Mejias).数据殖民主义:大数据与当代主体关系的反思[J].宋郁雯译.国外社会科学前沿,2023(02):47-57.

④ 万立明,刘菁菁."数据殖民"的基本特征与主要影响[J].当代世界社会主义问题,2023(02):150-160+168.

⑤ 李梅敬.资本逻辑下的"数据殖民"风险及数字中国建设[J].理论月刊,2021(10):59-67.

⑥ 中共中央文献研究室编.习近平关于社会主义经济建设论述摘编[M].北京:中央文献出版社,2017:159.

数字中国作出全面部署，推动数字中国建设不断取得世人瞩目的成就，标志着中国已成为全球数字经济发展的重要引领国。[①]党的二十大报告进一步强调："坚持把发展经济的着力点放在实体经济上，推进新型工业化，加快建设数字中国。"[②]建设数字中国是党和国家为应对全球经济的数字化发展趋势采取的重大战略举措之一，人工智能技术在数字中国建设中扮演着驱动器的角色，表现在从算法、芯片到自动驾驶等领域不断加速新兴产业发展，并日益成为驱动产业转型升级、赋能数字经济发展的新动能。据相关数据统计，2020年人工智能行业核心产业市场规模超过1500亿元，预计在2025年将超过4000亿元，未来我国有望发展为全球最大的人工智能市场。[③]

人的发展是数字中国建设的价值追求，数字中国的最终建成离不开大量数字技能人才的支撑。依靠数字人才赋能数字中国建设，需要运用马克思关于人的发展思想对人工智能时代人的发展问题进行深刻剖析，并从"做强数字经济""发展数字政务""建设数字文化"[④]等领域入手，构建起"覆盖全民、城乡融合的数字素养与技能发展培育体系"[⑤]。实现人工智能时代人的全面发展，还需要坚持以人民为中心的价值取向，把最广大人民生存、发展的根本利益与需求作为数字中国建设的出发点和落脚点，既要满足青年一代数字人才的发展需求，提供和制定符合他们需要的基础设施和优惠政策，也要关注老年人、残疾人等"数字弱势群体"的发展需要，构建起相融合的数字素养与技能发展培育体系，贯彻落实"推动数字化理念深入人心，营造全社会共同关注、积极参与数字中国建设的良好氛围"[⑥]的战略目标。

上述目标的实现，都需要增强马克思人的发展思想的理论供给，既要清晰认识到正是由于资本逻辑的支配，人工智能在西方发达国家才会沦为少数资本家谋求自身利益的工具，在数字经济高速发展的同时造成了严重的失业问题，

---

① 中国电子信息产业发展研究院.2022全球数字经济发展水平评价报告[EB/0L].(2022-08-01)[2023-04-13].htps:/www.cni.com.cnigxxww/rmydb/202208/t20220801 401046.html.

② 习近平.高举中国特色社会主义伟大旗帜 为全面建设社会主义现代化国家而团结奋斗——在中国共产党第二十次全国代表大会上的报告[M].北京:人民出版社.2022:30.

③ 本刊编辑部.人工智能:数字经济"新赛道"[J].服务外包,2023(12):40-41.

④ 中共中央、国务院印发《数字中国建设整体布局规划》[N].人民日报,2023-02-28(001).

⑤ 中共中央、国务院印发《数字中国建设整体布局规划》[N].人民日报,2023-02-28(001).

⑥ 中共中央、国务院印发《数字中国建设整体布局规划》[N].人民日报,2023-02-28(001).

阻碍了以第一、二产业的工人为代表的人民群众的正常发展渠道，使数字经济的发展呈现出不可持续的疲态；也要正视当前数字中国建设中人的发展所面临的短板，坚持以人民为中心的价值指向，将数字中国建设所取得的一系列发展成果用于满足人民群众日益增长的发展需要，提升人民群众的发展主体性和发展能力，为数字中国建设提供强大的人才支撑。

（二）运用马克思人的发展思想分析人工智能时代人的发展的可行性

从唯物辩证法的角度看，现实性是由可能性转化而来的。运用马克思人的发展思想分析人工智能时代人的发展问题的现实条件，主要基于以下两种可能：首先，马克思人的发展思想具有跨越时空的普遍真理性与理论体系的开放性；其次，人工智能在技术基础、价值目标层面同马克思人的发展思想高度相通和契合，人工智能时代人的发展的现实需求，将在马克思人的发展思想的推动下从可能性转化为现实性。

首先，从理论特性来看，马克思人的发展思想的普遍真理性为分析人工智能时代人的发展问题提供了现实可能。这一思想虽然是19世纪的理论产物，但回答的是整个人类如何实现解放和全面发展的问题，马克思关于人的发展思想始终关注“从事实际活动的人”追求人的解放和全面发展，反映了社会和人类发展的基本规律，所以马克思人的发展思想必然对分析现实问题具有重要指导作用。

当前我国进入了以中国式现代化推进中华民族伟大复兴的新发展阶段，习近平总书记指出：“中国式现代化，深深植根于中华优秀传统文化，体现科学社会主义的先进本质，借鉴吸收一切人类优秀文明成果，代表人类文明进步的发展方向。”[①]马克思人的发展思想对中国式现代化同样具有指导作用。一方面，马克思人的发展思想指导下的中国式现代化要始终坚持以人民为中心，在以经济高质量发展为现代化首要任务的同时，也要保证发展成果由全体社会成员共享，立足人的需求与社会供给的矛盾运动，科学把握发展不平衡不充分问题，满足人民日益增长的多层次、多样化的需求；另一方面，从马克思人的发展思想角度看中国式现代化，中国式现代化的内在动力和必然要求是人的现代

① 习近平.正确理解和大力推进中国式现代化[N].人民日报，2023-02-08(001).

化。中国式现代化要在满足人民群众的物质生活需要和精神生活需要的基础上,以新需要的产生继续推动生产的发展,为人摆脱奴役走向自由、摆脱片面发展走向全面发展奠定基础。

其次,人工智能时代为促进人的发展提供新的可能。习近平总书记在新时代推动东北全面振兴座谈会上强调,要以科技创新推动产业创新,"积极培育新能源、新材料、先进制造、电子信息等战略性新兴产业,积极培育未来产业,加快形成新质生产力,增强发展新动能"[①]。所谓新质生产力,是相对于传统生产力而言,涉及新能源、新材料、先进制造和电子信息等新兴领域,以高技术含量推动科技与社会发展的人们改造世界的物质力量。培育和壮大新质生产力的核心标志是全要素生产率的大幅提升,特点是创新,关键在质优,本质是先进生产力,它具有"高科技、高效能、高质量"的三个显著特征。新质生产力要畅通教育、科技和人才的良性循环,实现劳动者、劳动资料和劳动对象的全面跃升。因此,这一概念的提出是"对人类发展历程中科学技术推动生产力发展的经验总结,也推动且有赖于未来产业的诞生、成长和壮大"[②]。新质生产力的提出是对马克思主义的创新,也是对马克思关于人的发展思想的创新性发展和创造性运用。

马克思人的发展思想认为生产力发展水平的提升与跃进是人的发展的重要动力,如果没有生产力的高度发展,"那就只会有贫穷、极端贫困的普遍化"[③]。作为引领第四次科技革命和产业变革的战略性技术,人工智能在为我国经济的高质量发展提供新动能的同时,也必将推动人的发展水平的不断提高,为实现人的全面发展创造条件。

其一,人的全面发展需要以发达的社会生产力与先进的社会生产关系作为支撑。人工智能赋予了实现智能化生产的真正灵魂,在极大地提高社会生产力的同时实现了人的能力的强化与升级,不仅降低了人在直接生产过程中的劳动强度和难度,还减少了人的体力劳动与脑力劳动的输出;人工智能时代以信息和数据为重要生产资料,这种无形的信息、知识可以跨时空地甚至无限地被人

---

① 牢牢把握东北的重要使命 奋力谱写东北全面振兴新篇章[N].人民日报,2023-09-10(001).

② 蒲清平,黄媛媛.习近平总书记关于新质生产力重要论述的生成逻辑、理论创新与时代价值[J].西南大学学报(社会科学版),2023(06):1-11.

③ 马克思恩格斯选集(第1卷)[M].北京:人民出版社,2012:166.

们分享,从理论层面上消除了实现更高层次“生产资料公有制”的障碍,为构建更高级的生产关系提供了条件。其二,人的个性发展是人全面发展的本质要求,人工智能技术的普及使越来越多的工作可以由智能系统代替人来做,从而增加了人的自由活动时间,将“劳动阶级”从不合理的社会分工和强迫劳动中解放出来,促使人能够按照自己的意愿,去从事真正令人感到享受和体现人的价值的活动。同时,必要劳动时间的普遍减少和自由时间的增加,人们可以利用普遍增加的自由时间,培养自己的兴趣和爱好,发挥自己的力量和才能,实现自己的个性发展以不断向自由全面发展迈进。其三,人工智能时代下人们的社交空间以及社交方式也得到了极大拓展,在此基础上人们可以在丰富的人际关系中提高自己的认知,为自由全面发展创造条件。

需要注意的是,当今世界资本主义发达国家在人工智能领域依旧占据着技术优势,在资本逻辑的支配下,人工智能同样会导致人的失业、沉迷、异化等问题。有鉴于此,当前必须把人工智能和人工智能的社会应用方式区别开来,立足本国国情和传统形成人工智能的社会主义应用,借助社会主义生产关系来驾驭资本逻辑,保证人工智能在提高社会生产力的同时也有助于人的全面发展。

(三)运用马克思人的发展思想分析人工智能时代人的发展的价值体现

习近平总书记指出,人工智能的发展和运用需要“从为人民创造美好生活的需要出发,推动人工智能在人们日常工作、学习、生活中的深度运用,创造更加智能的工作方式和生活方式”[①]。为了更好地实现这一目标,就需要对人本身,尤其是对人工智能时代人的发展有着更为全面和系统的研究。挖掘马克思人的发展思想的当代价值,对于从“人”的发展的角度出发实现好、维护好、发展好最广大人民群众的根本利益,在推进中国式现代化建设的同时实现人的现代化,具有重要意义。

首先,马克思人的发展思想为破解人工智能时代资本逻辑对人的发展的宰制提供理论依据。马克思人的发展思想深刻阐释了影响人的发展所面临的各种条件,这些条件包括科技为人的发展提供的基础性作用。如今,人工智能技

① 习近平在中共中央政治局第九次集体学习时强调 加强领导做好规划明确任务夯实基础 推动我国新一代人工智能健康发展[N].人民日报.2018-11-01(001).

术作为先进的生产工具将对人的发展产生重大影响。得益于人工智能技术的广泛运用,当代社会人的体力、智力获得了进一步发展,以及“个人得到充分发展的时间”[①]得到有效增加,从而将在客观上有利于人的全面发展。但是,由于受到资本逻辑的宰制,人的发展还面临着畸形化、片面化的异化风险。对于这些问题的回答,都需要回到马克思人的发展思想中找寻答案。

马克思指出:“代替那存在着阶级和阶级对立的资产阶级旧社会的,将是这样一个联合体,在那里,每个人的自由发展是一切人的自由发展的条件。”[②]这一观点为探究人工智能时代人的发展问题提供了价值指引。在这一思想的指引下,2023年10月18日,我国在第三届“一带一路”国际合作高峰论坛期间发布《全球人工智能治理倡议》(以下简称《倡议》),围绕人工智能发展、安全、治理三方面系统阐述了人工智能治理中国方案。《倡议》指出,“发展人工智能应坚持‘以人为本’理念,以增进人类共同福祉为目标,以保障社会安全、尊重人类权益为前提”[③],要求科技工作者不仅要把科技创新发展作为自身的专业成就目标,更要坚持以促进人的全面发展为价值追求,以人工智能的创新突破为人类美好发展的未来服务。《倡议》体现了中国共产党人对马克思人的发展思想的当代应用,使我们进一步直观认识到人的发展问题的表现形式,为解决人工智能时代人的发展提供了中国智慧与中国方案。

其次,马克思人的发展思想为推进中国式现代化进程中人的现代化发展提供了行动指引。现代化是几百年来世界各国竞相努力的方向,人的现代化发展是社会现代化的前提和目的,也是中国式现代化的本质和归宿。习近平总书记在《之江新语》一书中曾指出:“人,本质上就是文化的人,而不是‘物化’的人;是能动的、全面的人,而不是僵化的、‘单向度’的人。”[④]人的现代化发展是人在思想观念、思维方式到行为方式、生活方式实现从传统向现代的进步过程。当前我国已由高速增长阶段转向高质量发展阶段,随着人工智能时代的到来,迫切需要新一代人工智能等重大科技创新添薪续力。人工智能的发展为构建现代化基础设施体系,保证中国式现代化建设的持续推进作出了突出贡献。马克思

① 马克思恩格斯选集(第2卷)[M].北京:人民出版社,2012:790.

② 马克思恩格斯选集(第1卷)[M].北京:人民出版社,2012:422.

③ 外交部.全球人工智能治理倡议[EB/OL].(2023-10-20).https://www.fmprc.gov.cn/web/ziliao_674904/1179_674909/202310/t20231020_11164831.shtml.

④ 习近平著.之江新语[M].杭州:浙江人民出版社,2007:149.

人的发展思想以现实中存在的个人为对象，具有跨越时空的普遍真理性与开放性，将马克思人的发展思想运用于人工智能时代当中，将为推进中国式现代化进程中人的现代化提供现实路径。一方面，科技工作者、科学家等在开发和研究人工智能应用的过程中要赋予人工智能以人本精神，在人工智能的设计中彰显价值理性，避免人工智能的发展走向扭曲，才能实现人的可持续发展，最终走向人类的解放；另一方面，在人工智能技术运用过程中要坚持人工智能的人本导向。把满足人民美好生活的需要作为发展人工智能的出发点，坚持以人为本的人工智能发展理念，发展智能产业，建设智慧社会，加强人工智能同保障和改善民生的结合，持续推动民生福祉的改善，以人工智能赋能人的现代化发展。

最后，马克思人的发展思想也为弥合国际智能鸿沟提供认识工具。伴随着全球人工智能技术快速发展，人工智能对经济社会发展和人类文明进步产生深远影响，人类正逐步进入人工智能时代。人工智能在给世界带来巨大机遇的同时，也将引发难以预知的各种风险和复杂挑战。基于国际智能鸿沟的存在而产生的数据霸权主义就是其中的典型代表。国际智能鸿沟是指不同国家和地区之间在运用大数据及人工智能技术和产业方面的巨大差异。在人工智能和大数据领域拥有先发技术优势和产业优势的少数发达国家，正凭借其数据霸权，进一步强化实施霸权行径的工具优势。但对于落后的发展中国家而言，国际智能鸿沟的存在将导致其发展话语权被忽视或边缘化，剥夺了落后地区人民获得与发达国家人民平等发展条件的机会。更有甚者，一些发达资本主义国家还会利用其在数据和算法层面的优势进行信息煽动，大肆传播谣言或有害信息，推动虚假叙事的迅速发酵，直接对发展中国家的舆论场产生负面影响，其所传播的自由主义、享乐主义、个人主义、消费主义等思潮还会对青少年以及身心不成熟者的发展产生不良影响。

面对旧的国际政治经济秩序所主导的国际智能鸿沟和数据霸权主义，我国在《全球人工智能治理倡议》提出，“发展人工智能应坚持相互尊重、平等互利的原则，各国无论大小、强弱，无论社会制度如何，都有平等发展和利用人工智能的权利。”[①]世界历史的形成与拓展为人的发展提供了机遇与挑战，机遇表现在世界历史加速了技术与观念的交流，通过发展社会劳动生产力的形式在一定程

① 外交部.全球人工智能治理倡议[EB/OL].(2023-10-20).https://www.fmprc.gov.cn/web/ziliao_674904/1179_674909/202310/t20231020_11164831.shtml.

度上提高了落后国家和地区人们的生活发展水平，奠定了人的发展的物质基础；挑战表现在世界历史的形成是以资本主义生产关系及制度为主导的，其最终目的是要固化社会、区域发展鸿沟，不断巩固资本主义国家的霸主地位。有鉴于此，马克思指出，人的自由全面发展需要打破地域、民族和阶级的各种限制，只有“以生产力的普遍发展和与此相联系的世界交往为前提”①才能建立起“每个人的自由发展是一切人的自由发展的条件”②的自由人联合体。运用马克思人的发展思想分析人工智能人的发展问题，为弥合国际智能鸿沟提供了认识工具，使我们得以透视人工智能时代人类社会发展所面临的机遇与挑战，也为立足现实谋求共同发展的解决之道提供了方向。

---

① 马克思恩格斯选集（第1卷）[M]. 北京：人民出版社，2012：166.

② 马克思恩格斯选集（第1卷）[M]. 北京：人民出版社，2012：422.

第二章

人工智能时代人的需要的发展

马克思关于人的需要思想对“人的需要”的本质意涵、内容架构、实现途径与价值取向等多维内容进行了深刻阐释，阐明了“现实的人”的需要与满足需要的各要素之间的矛盾构成了生产力发展和整个人类社会历史发展的内在动因，从而揭示了社会进步和人的发展的客观规律，在历史唯物主义理论体系中占有重要的位置。马克思关于人的需要思想也为探究人工智能时代人的需要的发展问题奠定了重要基石。近年来，人工智能迅速崛起并持续迭代，推动人类社会经历着智能革命的嬗变，逐步迎来了人工智能时代。人工智能技术的深度应用和广泛参与，重塑着人的生产和生活格局，引起人的需要的内容加速更新、需要的满足对象与范围日益拓展及其实现方式愈加丰富多元等方面的新变化。但由于资本逻辑的支配，人的需要发展同时也面临着诸多困境，给人的生存发展带来严重危机。对此，必须坚持马克思关于人的需要思想的理论指导，扬弃资本逻辑支配下人的需要发展的异化风险，并充分发展和利用人工智能技术满足人民的美好生活需要，不断趋向于人的自由全面发展的理想。

一、马克思关于人的需要的主要思想

在对人的需要问题的历史唯物主义构建与阐释中，马克思主要表达了“人的需要是人的本性”“人的需要是一个完整体系”“人的需要根植于实践”，以及“人的需要是推动人类社会发展的内在动力”等重要观点和思想，廓清了“人的需要”的本质意涵、内容架构、实现途径与价值取向等多维内容，并对资本主义社会条件下人的需要的异化进行了揭示与批判，为解析人工智能时代人的需要的发展问题奠定了重要基石、提供了方法论指导。

（一）人的需要是人的本性

何谓人的本性？论及人的本性是一个比较宏大的议题，对于人的本性概念的阐释也是众说纷纭。实际上，对人的本性的探讨其实质上就是追问人得以延续和发展的根据所在。在人类社会历史上，马克思从历史唯物主义视域出发，基于对人的需要的挖掘和剖析廓清了人的本性。在马克思看来，把人和社会“连接起来的唯一纽带是自然的必然性，是需要和私人利益”[①]，解密人的生存发展的内在根据，要着眼于人的需要并自觉意识到人的需要的丰富性和社会历史

① 马克思恩格斯文集(第1卷)[M].北京:人民出版社,2009:42.

性。需要的满足是人赖以生存发展的前提,在人不断追求满足自身需要的多样化实践中,人类社会历史也得以真正开启。

关于人的需要,马克思在其思想体系的自觉构建中,结合自己所处的社会历史环境曾有过多番论述。譬如,在《1844年经济学哲学手稿》中,马克思就明确指认,"粗陋的共产主义"试图从"卑鄙性""财产就是盗窃"来揭露私有财产,"但是,因为它还没有理解私有财产的积极的本质,也还不了解需要所具有的人的本性"。[①]在与恩格斯合著的《德意志意识形态》中,马克思进一步指出,人们"的需要即他们的本性,以及他们求得满足的方式,把他们联系起来(两性关系、交换、分工),所以他们必然要发生相互关系"[②]。依据马克思的论述,需要不仅是人"是其所是"的确证,也是"人对物质生活条件和精神生活条件依赖关系的自觉反映"[③]。需要是对人的本质力量的确证和彰显,并且在满足需要的实践活动中,人的本质力量也得以进一步充盈和丰富起来。马克思恩格斯明确指出:"首先应当确定一切人类生存的第一个前提,也就是一切历史的第一个前提,这个前提是:人们为了能够'创造历史',必须能够生活。但是为了生活,首先就需要吃喝住穿以及其他一些东西。因此第一个历史活动就是生产满足这些需要的资料,即生产物质生活本身。"[④]因此,人的需要不仅直接决定着人的生存发展,而且也是作为人类社会历史发生的重要前提。从严格意义上来讲,人的本性、人性与人的本质是对人在不同层次所做的规定,各有所侧重。但正如马克思所说,人的"每一种本质活动和特性,他的每一种生命欲望都会成为一种需要"[⑤]。人的本性是最具包容性的,人的本质和人性都可以成为人的需要,从而成为人的本性,所以只有在这个意义上才可以将人的本性归结为是人自身为了摆脱和超越动物的本质、保持和传承善良的本性所生发的特性。[⑥]

人的需要与动物的需要有着截然分别。动物的需要源于自身的本能使然,完全受限于自然界。对于人来说,"自然界,就它自身不是人的身体而言,是人

① 马克思恩格斯文集(第1卷)[M].北京:人民出版社,2009:185.

② 马克思恩格斯全集(第3卷)[M].北京:人民出版社,1960:514.

③ 余源培.人的需要和人的全面发展——对我国全面建设小康社会的一种哲学审视[J].学术月刊,2002(11):5-12.

④ 马克思恩格斯选集(第1卷)[M].北京:人民出版社,2012:158.

⑤ 马克思恩格斯文集(第1卷)[M].北京:人民出版社,2009:321-322.

⑥ 张奎良,魏金华.马克思人的需要本性概念的科学意义[J].理论探讨,2015(04):43-47.

的无机的身体”[①]，其依靠自觉的实践活动满足和发展着自身的需要。人的生活并不仅限于活下去，而是要活得更好，在满足基本生存需要的同时，也在追求发展需要，渴望探明与获得生命的意义，这就与动物的需要发生了根本分殊。尽管人的需要的满足也依赖于自然界，但是在获取物质生活资料的方式上又与动物有着天壤之别。确如马克思所指出的那样，“需要和享受失去了自己的利己主义性质，而自然界失去了自己的纯粹的有用性，因为效用成了人的效用”[②]。人不仅能够直接地从自然界获得现成的物质生活资料，而且能够利用各样的劳动工具，对自然物进行改造和塑形，进而获得满足自身需要的各种生产资料和生活资料，因而人在满足自身需要的过程中深刻体现人的能动性和创造性，这是动物所根本欠缺的。另一方面，人的需要还具有社会历史性，马克思对此曾指出，“人的需要在何种程度上成为合乎人性的需要，就是说，别人作为人在何种程度上对他来说成为需要，他作为最具有个体性的存在在何种程度上同时又是社会存在物”[③]。这实际上就说明了，人所处的那个社会历史阶段的环境和条件等因素对人的需要的满足和发展产生着重要影响。只有在社会生产关系与生产力相互适应的前提下，人的生存发展的多样化需要才能得以充分实现。从人类社会长期的历史实践来看，人的需要的满足离不开科技进步的有力推动。科技不断向前进步，推动生产力水平逐步提高，使人与人交往的空间和范围日益拓展，各种社会联系也逐步丰富起来，这为人的需要的发展和满足提供了重要条件。

人的需要同欲望又具有严格区分。人的欲望是纯粹主观的东西，在这一点上同需要有着根本不同。正如莱恩·多亚尔、伊恩·高夫认为，“想要”和“欲望”是充满主观意图的，依赖于人的思想的作用，但人的需要却恰恰相反，其真实性就在于依赖于“世界的本来面目”。[④]马克思也曾指出：“我们的需要和享受是由社会产生的；因此，我们在衡量需要和享受时是以社会为尺度，而不是以满足它们的物品为尺度的。因为我们的需要和享受具有社会性质，所以它们具有相对

---

① 马克思恩格斯文集(第1卷)[M].北京:人民出版社,2009:161.

② 马克思恩格斯文集(第1卷)[M].北京:人民出版社,2009:190.

③ 马克思恩格斯文集(第1卷)[M].北京:人民出版社,2009:185.

④ [英]莱恩·多亚尔(Len Doyal),[英]伊恩·高夫(Ian Gough)著.人的需要理论[M].汪淳波,张宝莹译.北京:商务印书馆,2008:55.

的性质。”[①]需要作为人的生命活动和本性的直接反映，是自然界长期发展的产物，满足人的需要的对象，满足需要的过程和结果都不以人的主观意志或愿望为转移。但是，在需要的选择和实现方式等方面又表现出了人的主体能动性。其次，人的需要的满足还受到特定社会历史阶段、自然环境等因素的制约和影响。需要作为驱动主体作用于客体的内在动因，表现为主体与客体的客观联系。[②]换言之，人的需要的满足以及由此产生的新的需要都无法在脱离外部世界的情况下而得以独立进行。所以，在这一点上，更加确认了人的需要的产生、发展和满足是不以人的主观意志为转移的。总之，人的需要是不同于人的主观愿望如欲望、动机、目的等范畴的。

人们为了满足自身生存发展的多样化需要，进行了各种实践，构建起了多样化的社会交往关系和社会关系网络。对此，马克思在论及社会革命与人的需要之间的内在关联时也指出："每一种革命和革命的结果都是由这些关系决定的，是由需要决定的。"[③]与此相对应的是，既已形成的各种社会关系又以其自身的性质和内容进一步规定和制约着满足人的需要的实践。因此，满足人的需要所进行的一切活动不仅成为人的生命的直接反映，也成了人之为人的内在规定。在私有制条件下，统治阶级遏制和限制广大劳动群众的需要发展，用片面的需要取代全面的需要、用虚假的需要取代真实的需要，导致人的需要处在被极度异化的困境之中，使人的本性泯灭和丧失。对此马克思指出，只有在社会主义条件下，人的需要才能得以解蔽、彰显和发展，人的本质力量将得到新的证明、新的充实。[④]

（二）人的需要是一个完整体系

人的需要是丰富多样的，表现为一个具有丰富类型和层次的完整体系。这也意味着，随着人的多层次和多维度需要的满足，对于人的本性的发展和完满也具有促进意义。就单个人的需要的发展情况来说，也具有多样性和差异性，即使是同一个人在不同的社会发展阶段和社会场景之中，其当时所表现出来的需要状况也可能有所不同。在特定的社会历史条件下，反映当时人的最主要、

① 马克思恩格斯选集（第1卷）[M].北京：人民出版社，2012：345.
② 李德顺著.价值论——一种主体性的研究[M].北京：中国人民大学出版社，2013：44.
③ 马克思恩格斯全集（第3卷）[M].北京：人民出版社，1960：439.
④ 马克思恩格斯文集（第1卷）[M].北京：人民出版社，2009：223.

最迫切的需要会占据主导地位,成为支配人有意识活动的内在驱动力量。随着社会生产力的发展,人所具有不同层次和结构的需要内容就会陆续展现出来。从需要的起源、对象、主体等不同角度出发,可以将需要划分为不同类型。当然,关于需要内容和体系的划分还有为人们所熟悉的马斯洛的需要层次理论。根据马斯洛的观点,需要对于人和社会的发展有着促进作用,他将人的需要按照由低到高的次序划分为生理需要、安全需要、爱与归属的需要、尊重的需要以及自我实现的需要等多个层次,但这样的需要理论又有其理论缺陷,其"扭曲了现实中人们处理这些需要之间关系的本来面目。同时,由于未能深入辨析好与正当的微妙差异,他又把任何需要在冲突情况下都会面临的'正当'考虑,说成是与其他四层次需要并列的'安全'需要,在某种程度上遮蔽了正当(正义)约束人们行为的底线效应,导致他的需要学说陷入了自败的悖论"①。

当然,马克思也从不同的角度对需要的层次和结构进行过划分,在内涵和逻辑上明确人具有自然需要、社会需要和精神需要等类型。同时,还指明了人的需要具有历史、现实和未来等多维向度,是一个不断由低级向高级、片面到全面的递进发展过程,表现为一个由生存需要、享受需要、发展需要等多层级结构的丰富内容体系。在马克思看来,人既具有自然属性又具有社会属性,不仅有为了延续自身生命存在的物质需要,还有超越肉体本身的社会需要和精神需要。不同于唯心主义的哲学家从人的主观愿望和精神出发,马克思立足于人类社会发展的高度明确指认,"第一个需要确认的事实就是这些个人的肉体组织以及由此产生的个人对其他自然的关系"②。在他看来,人首先是自然存在物,生命延续是人赖以存在发展的前提,而为了实现生命的延续首先就必须解决维持肉体生存的问题,满足吃喝住穿等物质需要。③因而,这也深刻指明了,人的需要体系中,物质需要的满足是首当其冲的、是维续人的生命存在的前提,也是人的其他需要得以满足的根基所在。当然,动物也有物质需要,但是动物仅是以其本能获得自然的恩赐,而人为了满足自身的物质需要则必须从事生产和再生产,因此在这个问题上人与动物就完全区别开来。同时,在马克思看来,自然界对人的需要的满足发挥着基础性作用,对此他曾明确指认,"自然界,就它自

① 刘清平.马斯洛需要学说的悖论剖析[J].贵州大学学报(社会科学版),2023(02):13-22.

② 马克思恩格斯选集(第1卷)[M].北京:人民出版社,2012:146.

③ 马克思恩格斯选集(第3卷)[M].北京:人民出版社,2012:1002.

身不是人的身体而言,是人的无机的身体。人靠自然界生活”[①]。其次,人具有社会需要。马克思强调,“当人开始生产自己的生活资料,即迈出由他们的肉体组织所决定的这一步的时候,人本身就开始把自己和动物区别开来”[②],人不仅仅是自然存在物,而且还是社会存在物,人的需要不仅在其所进行的各种社会活动中得以满足,而且还产生了生产劳动、社会交往等多方面的社会需要。再次,人还具有精神需要。依据马克思的观点,需要不仅仅是人对物质生活资料依赖关系的反映,同时也是“精神生活资料依赖关系的自觉反映”。在他看来,精神需要构成了人的需要体系的重要内容,并且精神需要又成为人与动物区分的又一本质差异,对此他明确指出,“动物和自己的生命活动是直接同一的。动物不把自己同自己的生命活动区别开来。它就是自己的生命活动。人则使自己的生命活动本身变成自己意志的和自己意识的对象。他具有有意识的生命活动”[③]。人的精神需要与物质需要、社会需要一样,具有开放性和发展性,当基本的物质需要获得满足后,人们会追求更高层次的精神需要。随着社会进步和文明的发展,人们在精神层面的需要将会不断增多,其内涵和表现形式也会更加丰富。在这里,必须明确的是,尽管物质需要相对于社会需要、精神需要具有一定的基础性、先在性,但是也不能把后者完全排除于前者的范围之外,既要看到人的需要具有丰富而多元的结构,以及每种类型需要的区别,又要认识到各种类型需要之间所具有的紧密联系。

马克思认为,“现实的人”的需要之所以是“现实的”,是因为其需要本身还是不断变化发展的过程。正如马克思指出:“物质生活的这样或那样的形式,每次都取决于已经发达的需求,而这些需求的产生,也像它们的满足一样,本身是一个历史过程,这种历史过程在羊或狗那里是没有的。”[④]在不同的社会历史条件下,需要的表现形式和满足方式也是有差异性的,有不同的衡量标准和评价体系。马克思认为,不仅人的需要依赖于既有的需要及其满足需要的条件,而且“已经得到满足的第一个需要本身、满足需要的活动和已经获得的为满足需要而用的工具又引起新的需要,而这种新的需要的产生是第一个历史活动”[⑤]。

① 马克思恩格斯选集(第1卷)[M].北京:人民出版社,2012:55.
② 马克思恩格斯选集(第1卷)[M].北京:人民出版社,2012:147.
③ 马克思恩格斯选集(第1卷)[M].北京:人民出版社,2012:56.
④ 马克思恩格斯文集(第1卷)[M].北京:人民出版社,2009:575.
⑤ 马克思恩格斯选集(第1卷)[M].北京:人民出版社,2012:159.

因而,需要不是存在于主观愿望中那种静止、抽象的观念,而是一个不断发展的社会历史过程。随着人类社会生产水平的逐步提高,人的需要的层次结构也就不断完善发展起来。从人类社会较长时期来看,在生产力水平比较低下的社会历史时期,人的需要满足的对象比较单一,而其满足方式也主要是靠直接获取自然资源。进入比较高的社会发展阶段,随着人制造和使用工具的水平提高,生产力水平逐步发展,满足需要的对象也开始日益丰富起来。在马克思看来,在资本主义社会,生产力发展水平跃升到了一个新的台阶,其总和超过以往社会的总和,人的需要可以选择的对象和范围也就日益丰富起来,但由于私有制的禁锢人的需要发展也是极为有限的。进入共产主义社会,生产力高度发达,人的需要及其满足需要的对象、方式也更加丰富多样,到那时人们将"在最无愧于和最适合于他们的人类本性的条件下来进行这种物质变换"[①]。

马克思认为,根据需要的发展特性,还可以将人的需要划分为生存需要、享受需要和发展需要等多种层级和结构。正如恩格斯在论及"人制造最广义的生活资料"与自然的关系时提出,"一有了生产,所谓生存斗争不再单纯围绕着生存资料进行,而是围绕着享受资料和发展资料进行"[②]。实际上这就指明了,人的基本生存需要得到满足后,就会追寻享受需要和发展需要等更高层次的需要。马克思指出:"饥饿是自然的需要;因此,为了使自身得到满足,使自身解除饥饿,它需要自身之外的自然界、自身之外的对象。饥饿是我的身体对某一对象的公认的需要……是使我的身体得以充实并使本质得以表现所不可缺少的。"[③]生存需要的满足是人的其他活动得以开展的前提,对此马斯洛也曾指认,"假如一个人在生活中所有需要都没有得到满足,那么是生理需要而不是其他需要最有可能成为他的主要动机"[④]。但是,人的需要不能只停留在生存需要的最基础层次,还必须超越生存需要,上升发展到享受需要和发展需要等高层次。确如弗洛姆指出,作为人,"只满足本能需要并不能使他完全快乐;这些满足甚至不足以使他健全"[⑤]。随着人的吃喝住穿等一般生存需要得到满足后,在此基

① 马克思恩格斯文集(第7卷)[M].北京:人民出版社,2009:928-929.

② 马克思恩格斯全集(第26卷)[M].北京:人民出版社,2014:756.

③ 马克思恩格斯文集(第1卷)[M].北京:人民出版社,2009:210.

④ [美]亚伯拉罕·马斯洛(Maslow,A.H.)著.动机与人格[M].许金声,程朝翔译.北京:中国人民大学出版社,2009:19.

⑤ [美]艾里希·弗洛姆(Erich Fromm)著.健全的社会[M].孙恺祥译.上海:上海译文出版社,2011:22.

础上,人的需要又会产生出旨在追求生活品质提升和精神境界提高等方面更高层次的需要。享受需要的产生就意味着一种更加健康文明的生活方式的确立,其根本奠基于社会生产力的显著发展基础上。发展需要是更高层次的需要,是在满足基本需要的基础上追求个人能力与素质全面提高并促进人类社会发展的需要。在马克思看来,人的需要内容具有多样性与丰富性,而需要满足的最终目的在于实现人的自由全面发展。随着人的需要不断满足和发展,其自由个性将逐步确立起来,最终实现自身的解放和全面发展。

(三)人的需要的满足根植于实践

马克思认为,一切历史所发生的第一个前提就是要解决人类生存下来的问题,指出“人们为了能够‘创造历史’,必须能够生活。但是为了生活,首先就需要衣、食、住以及其他东西。因此第一个历史活动就是生产满足这些需要的资料,即生产物质生活本身,而且,这是……一切历史的基本条件”[①]。在这里,马克思阐明了这样一个事实,在需要的作用下,人开始有意识地进行实践活动,这也促使其迈出了创造历史的第一步。这是因为,自然界并不能自动满足人的需要,这就需要主体充分依循实践的客观规律实现与自然的物质变换过程,从而构建起一个属人的世界。所以,在这里应该明确的是,人的需要本性源于实践而产生,是人的自我创造。

一方面,人的实践决定着需要的对象和材料。在马克思看来,满足需要的对象是在人的实践活动中创造出来的。实践水平越高,人的需要得以满足的程度也就越高。反之,就会严重制约人的需要的满足和发展。随着实践深度、广度的不断拓展,人们所能够创造和占有的物质和精神财富也就更加丰富。科学技术体现了“人对自然力的战胜”,是一种特殊的实践活动。科技不断向前进步,促使人的劳动更加富有成效、极大提高了生产效率,其所引发的生产力发展也是空前的,从而创造更加丰盈的产品,对于满足人们日益丰富多元的需要发挥着重要作用。另一方面,“已经得到满足的第一个需要本身、满足需要的活动和已经获得的为满足需要而用的工具又引起新的需要”[②],随着实践深入推进,也不断促使人的需要发生新的变化。

---

① 马克思恩格斯选集(第1卷)[M].北京:人民出版社,2012:158.

② 马克思恩格斯选集(第1卷)[M].北京:人民出版社,2012:159.

在资本主义条件下，实践却成为一种与人自身完全异化的展现形式，与人的需要发生严重背离，对此马克思指出，“劳动在国民经济学中仅仅以谋生活动的形式出现”[①]，这种谋生式的劳动扼杀了人的真实需要，将粗陋的动物需要牢牢束缚在人的身上。马克思认为，在资本主义条件下，人与人相互敌对，满足需要的自由自主的活动发生严重异化，成为“维持工人的肉体生存的手段”[②]，服膺于资本增殖。这样不仅导致了人的需要异化，带来了人的发展危机，同样引发严重的社会危机和自然危机。因此，人为了拒绝自身需要的异化，必须推翻资本主义的政权统治，进入共产主义的新社会。

马克思认为，需要不仅构成了实践的内在动因，同时已经满足的需要也是促进实践不断发展的前提。更进一步来说，实践决定着人的需要的产生和发展，但是实践本身也必须成为一种需要才能成为人的现实本质。

（四）人的需要是推动人类社会发展的内在动力

需要是作为人之为人的内在规定性，是其从事一切社会活动和生命活动的内在动力。马克思曾指出：“全部历史是为了使‘人’成为感性意识的对象和使‘人作为人’的需要成为需要而作准备的历史（发展的历史）。”[③]在他看来，正是因为有了人的需要，真正的社会联系才得以建立起来，所以社会在其本质上也是人在积极实现自身需要时的产物。人类社会历史是在人的实践活动中得以铺展开来的，但是人的需要则直接构成了其进行实践的动因，因此，从这个层面上来说，需要正是人类社会不断发展和前进的原动力。确如马克思所认为的那样，“全部人类历史的第一个前提无疑是有生命的个人的存在。因此，第一个需要确认的事实就是这些个人的肉体组织以及由此产生的个人对其他自然的关系”[④]。人类社会只有在人的需要得以满足的基础上才能逐步实现由低级向高低的递进发展。所以，人的需要成为推动人类社会不断发展的内在动力，人类社会发展的历史进程中也时刻伴随着人的需要的变化，因此马克思才说，“整个历史也无非是人类本性的不断改变而已”[⑤]。所以，缺少了对

---

① 马克思恩格斯文集（第1卷）[M].北京：人民出版社，2009：124.
② 马克思恩格斯文集（第1卷）[M].北京：人民出版社，2009：158.
③ 马克思恩格斯文集（第1卷）[M].北京：人民出版社，2009：194.
④ 马克思恩格斯选集（第1卷）[M].北京：人民出版社，2012：146.
⑤ 马克思恩格斯选集（第1卷）[M].北京：人民出版社，2012：252.

人的需要的探讨,人类社会历史也就变得不可理解。

从历史唯物主义的观点出发,生产力与生产关系的矛盾运动构成了社会发展的根本动力,但人的需要则是引发生产力和生产关系矛盾运动的深层动因之一。一方面,人的需要是推动生产力发展的内在动因。生产力本质上体现的是人认识世界和改造世界的能力,是人解决自身与自然之间矛盾的体现。根据马克思的观点,自然界提供了人的需要对象,但其并不会自动满足人的需要,人为了满足自身的需要就必须从事生产,这就促使需要同社会生产紧密联系起来。马克思指出:“没有需要,就没有生产。”[①]他认为,生产和需要相互作用、相互影响并相互促进。生产为了满足人的需要存在着,也就是说人为了满足需要就必须从事生产,即生产物质生活本身。随着人的需要内容和层次变化发展,就内在要求人们不断提高生产能力和生产效率,从而创造出满足人多样化需要的产品。马克思认为,人的劳动能力是其体力和智力的总和,在其未发挥出来以前,还只是作为潜在的生产力存在着。当人的需要发生新的变化,现存的社会条件又无法满足人的新的需求时,这就必须要求人们加快生产的节奏和步伐。拥有新的需要的主体与生产主体之间具有同一性,为了满足自身的需要,“在对自身生活有用的形式上占有自然物质,人就使他身上的自然力——臂和腿、头和手运动起来”[②],综合运用自身的体力和智力,从而形成现实的生产力。因此,人的需要构成为生产力发展的深层次动因。也正是在这个意义上来说,人类社会历史的发展并非外在于人的某种神秘力量,而是拥有真实需要的个人及其实践活动构成了人类社会发展的前提。

另一方面,人的需要也是生产关系形成并促使其发生变革的深层动因之一。根据马克思的观点,把人和社会“连接起来的唯一纽带是自然的必然性,是需要和私人利益”[③]。生产关系和社会关系是人的需要发展的产物。随着生产力的进步和发展,人的需要也由单一到丰富、简单到复杂,而人的需要的发展,也推动社会分工和交换体系的不断扩大,从而推动生产关系日益发展和丰富起来。在原始社会条件下,由于社会生产力极其低下,人的需要也是非常粗陋和简单的,广泛的社会分工和产品交换体系尚缺乏形成的条件和基础。而伴随着

---

① 马克思恩格斯文集(第8卷)[M].北京:人民出版社,2009:15.

② 马克思恩格斯文集(第5卷)[M].北京:人民出版社,2009:208.

③ 马克思恩格斯文集(第1卷)[M].北京:人民出版社,2009:42.

生产力水平逐步提高，人的需要也日益增多、层次逐步提高，这时就迫切需要扩大生产和分工体系，因而也生产出了扩大化的生产关系和社会联系。与此同时，人的需要的发生、发展和满足总是体现为一定的社会历史活动，是对一定社会关系的彰显。诚如恩格斯指出："我们的需要和享受是由社会产生的；因此，我们在衡量需要和享受时是以社会为尺度，而不是以满足它们的物品为尺度的。"[①]社会是衡量人的需要合理性的标尺，随着社会不断发展，衡量人的需要的标准也会发生相应变化。

二、人工智能时代人的需要的新变化

在人工智能技术的有力推动下，人类社会正在经历着智能革命的嬗变，逐步迈进人工智能时代。人工智能技术的深度应用和广泛参与，重塑着人的生产和生活格局，也引起人的需求发生深刻变化。

（一）人工智能时代人的需要发展的有利契机

根据马克思的观点，人的需要是一个不断发展的螺旋式上升过程，是一个日益发展和不断扩大的体系。在不同的社会历史时期，人的需要所表现出来的内容和特征也是不同的。在人工智能时代，随着人工智能技术在生产、生活等领域的深度应用，将有力推动人认识和改造世界能力的优化和提升，促进生产力实现跃升发展，从而为满足人的不同类型、不同层次的需要提供强大而成熟的物质保障。不仅使过去历史上那些尚未得到满足的需要在短期内得到了迅速满足，并且人的需要的对象与范围日益拓展、方式也愈加丰富起来，使"现实的人"的需要呈现出新的内容和样态。

第一，人工智能时代人的需要的内容发生了重大更新。从马克思那里，至少可以获得这样的认识，人的需要是一个不断发展的历史过程。随着人工智能技术的广泛应用和普及，促使生产工具不断更新迭代，进一步帮助人突破了外部条件的限制，推动社会生产力水平在原有基础上实现更高程度的发展，创造了更加丰富的产品形式，使人的需要得到了更好的满足，而得到满足的需要及其满足需要的方式又将引起新的需要，促进人的需要内容发生重大更新。正如马克思认为，物质需要的满足是人赖以生存发展的前提，构成了从事其他活动

① 马克思恩格斯选集（第1卷）[M].北京：人民出版社，2012：345.

的基础。[①]科技进步能够有力促进生产力的发展，为满足人的需要创造坚实的物质基础。进入21世纪，人工智能技术取得了重大创新突破发展，通过与劳动者、劳动资料和劳动对象等生产力各要素深度融合，加速推动生产力系统的优化升级，创造出了更加丰富多元的社会财富，满足了人们不同方面、不同层次的需要，迎来了实现人自由而全面发展的光明前景。人工智能时代，人的需要呈现出新的变化、有着新的发展要求。正如习近平总书记指出："我们的人民热爱生活，期盼有更好的教育、更稳定的工作、更满意的收入、更可靠的社会保障、更高水平的医疗卫生服务、更舒适的居住条件、更优美的环境。"[②]人工智能技术的应用和发展极大促进了社会生产效率的提高，有效满足了人的基本生存需要，在此基础上也促使其产生并追求更优质的物质文化生活、更丰富的精神文化生活和更优美的生态环境等方面的需要。

人工智能时代，人们对物质需要的定位不再局限于吃饱、穿暖等低层次水平上，而是在社会取得较好发展的基础上聚焦于如何吃好、穿好等方面，更加注重高品质、个性化生活的追求。从本质上来说，人工智能技术的出现和应用并不是要求对物质需要的抛弃或抑制，而是借此实现在更高层次上对人的物质需要的满足和超越。人工智能时代，人们在物质需要层面不仅更加注重量的丰富和积累，也更加注重品质的提升，从而在更高层次上追求自身的发展。其次，在基本的物质需要得到满足后，人的精神文化需要也日益迫切，要求精神文化生活更加丰富。在马克思看来，人不仅是物质性存在，同样也是精神性存在。这样的特性决定精神文化需要是维系人生存发展所必不可少的，构成了人的需要的重要内容。在新的历史条件下，人工智能技术的应用发展，不仅有力推动人的物质文化需要得到满足，并且将有效帮助人了解隐藏于自身的个性化精神需要、创造出满足个性化精神需要的精神产品，从而更好满足人日益增长的精神文化需要。随着精神需要逐渐得到满足并且发展到更高层次，人的本质力量也将不断获得新的丰富与充实。再次，对生态环境质量的期望更高，对优美生态环境的需要也更加强烈，这是人工智能时代人的需要发展的重要诉求。正如马克思指出，"没有自然界，没有感性的外部世界，工人什么也不能创造"[③]。人是自然

① 马克思恩格斯选集(第3卷)[M].北京:人民出版社,2012:1002.
② 习近平著.习近平著作选读(第1卷)[M].北京:人民出版社,2023:60.
③ 马克思恩格斯文集(第1卷)[M].北京:人民出版社,2009:158.

存在物，其生存发展都必须依赖于自然所提供的物质、信息和能量等方面的支持。可以说，优美的生态环境是保障人的经济、政治和文化各方面需要实现的前提条件和充分保障。在人类社会长期历史演进过程中，人们的生产生活同自然界形成了相互循环的有机系统。随着人们逐渐步入人工智能时代，人们基于自身需要的变化发展对优美生态环境提出了更为明确的要求。正如约翰·奈斯比特指出，"随着信息社会的到来，我们的经济才有史以来第一次可以建立在一种不仅可再生且能自生的重要资源上，再也不会发生资源枯竭的问题了"[①]。人工智能技术作为一种重要颠覆性、革命性技术，随着其全面融入生产服务体系，不仅有助于改变以往粗放的经济发展方式，极大提高对自然资源的利用率，也使社会中的资源要素得到更好统筹，各种商品的供需关系得到更好匹配和平衡，形成良性循环的生态系统，契合了人工智能时代的人的需要发展的新要求。

当然，在人工智能时代，人除了追求获得更优质的物质文化生活、更丰富的精神文化生活和更优美的生态环境以外，也迫切要求满足政治、经济、文化等方面产生的新需要。

第二，人工智能时代人的需要的满足对象与范围日益拓展。人工智能技术的应用不仅促使人的需要内容发生了新的变化，同时也为满足人的多样化生存发展需要提供了丰富对象。随着人工智能的广泛应用发展，推动人的劳动能力得以极大提高、劳动对象日益拓展、劳动资料更新速度加快，不断释放生产潜力、推动物质生产水平快速提升，创造出更加丰富多元的产品，为人的需要的满足和发展创造了坚实的物质基础，也充分观照了人对高品质产品和服务的需要。

其一，人工智能的应用发展进一步扩大了生产的内涵，使生产进一步突破时间和空间的限制，塑造了新的生产模式，丰富了满足人的需要的对象。随着人工智能技术与社会各领域深度融合，将实现对整个社会的智能化改造，推动生产力实现质的飞跃发展，从而为人们提供更加多元化的产品和服务。历史唯物主义认为，技术水平的提高或新技术形态的使用可以使那些在原来技术基础上无法利用的物质形态得到重新开发并加以利用，从而成为满足人的需要的新的对象。人工智能技术不断进步及其应用发展，有助于帮助人们不断发掘已知

① [美]约翰·奈斯比特(J.Naisbitt)著.大趋势——改变我们生活的十个新方向[M].梅艳译.北京:中国社会科学出版社,1984:22.

物质形态的新用途、发现新的物质形态，创造更多可利用的物资，进而使得满足需要对象的种类也不断丰富和拓展。例如，就一些发展中国家的实际情况来说，所处自然条件非常优越，拥有丰富的燃料、矿石、森林、化石化学工业原料等资源，这些都构成了大工业发展的物质基础，但由于技术条件十分落后，以至于不能有效运用其所蕴藏的丰富资源，导致人民的需要都未能得到充分满足。事实上，占有丰富的资源只是形成了生产力的潜在优势，但是这并未构成现实的生产力。随着充分利用人工智能等当代最新技术来开采这些天然资源，提高资源的利用率，不仅能造成生产力的空前发展，而且能够极大满足人的需要。

其二，人工智能技术的发展使经济结构出现深刻调整，形成新的供需关系。历史实践证明，技术进步特别是技术革命所带来的是新技术、新设备、新工艺的采用，使经济结构发生根本改变，形成新的产业结构、劳动方式和就业结构，使供需关系出现新的变化调整。高新技术的发展和应用，不仅对传统产业进行革命性改造，而且孕育发展出新的产业形态，进一步优化产业结构，而无论是传统产业的变革还是新兴产业的发展都在事实上证明了人需要的对象和范围的进一步拓展和扩大。这是因为，一旦技术实现了重大突破和变革，就会引起生产的急剧变革，拓展劳动对象，开发新的产品，从而形成新的产业和产业部门，也为人的需要对象和范围的拓展提供现实基础。近代以来，社会经济结构、产业结构和需求结构受技术革命的影响尤为明显。例如，18世纪60年代在以蒸汽技术为标志的第一次技术革命推动下，纺织、冶金、煤炭和交通运输业不断发展，开辟了农业与工业交互发展的产业格局。在以电力技术为标志的第二次技术革命影响下，能源、化工等方面发生了巨大变化，电力、电讯、钢铁、化工等新兴产业发展起来，工业超过农业，部分发达资本主义国家进入到了工业社会，几乎使世界的整个需求发生了变革。[①]在人类社会历史上，机器的发展和应用是一个具有历史性意义的事件，其具有手工生产无可比拟的优势。对于机器生产的优势，马克思就曾指认，“生产的连续性（也就是原材料加工所经历的各阶段的连续性）；自动化（只有在排除偶然故障时才需要人）；运转迅速”[②]。当今社会，人工智能加速发展，正在引发链式突破，成为引发生产变革的重要力量。在人工智能技术的加持下，生产的连续性、自动化程度和运转速度无疑实现了前

① 雷华美，郭强.历次科技革命与社会主义的发展[J].当代世界社会主义问题，2021(04)：21-32.

② 马克思恩格斯全集（第37卷）[M].北京：人民出版社，2019：65-66.

所未有的飞跃和发展。对此习近平总书记也明确指出:“新一轮科技和产业革命正在创造历史性机遇,催生互联网+、分享经济、3D打印、智能制造等新理念、新业态,其中蕴含着巨大商机,正在创造巨大需求,用新技术改造传统产业的潜力也是巨大的。”①

其三,随着人工智能与产业深度融合发展,将释放科技巨大红利赋予产业发展新动能,从而为人的需要满足提供全新体验。人工智能作为新一轮科技革命和产业革命的重要驱动技术,在商业、金融、物流等领域发展前景广阔和拥有巨大市场需求。对此习近平总书记指出:“要把握数字化、网络化、智能化融合发展的契机,以信息化、智能化为杠杆培育新动能。要突出先导性和支柱性,优先培育和大力发展一批战略性新兴产业集群,构建产业体系新支柱。”②随着人工智能与产业融合的步伐不断深入,将大幅提高生产效率,加速推动各行各业的智能化发展进程。人工智能加快发展也将催生一大批产业发展的新业态和新模式,汇聚形成新的产业集群。特别是随着人工智能语音识别、机器视觉技术等智能新兴产业迅速崛起,广泛应用于医疗、金融、教育、交通等领域,将有效推动产品和服务创新,为人们带来丰富体验,使多层次、多样化的需要得到有效满足。

其四,人工智能技术应用还有力地推动市场资源共享程度的提高,进一步促进人的需要实现均衡协调发展。由于受到不同社会历史条件的影响,不同区域、群体之间需要的满足程度具有较大差异性,而要满足人民对美好生活的需要就必然要求不断缩小贫富差距,实现人与人之间需要的协调均衡发展。人工智能技术的融合和应用,推动生产的智能化程度不断加深,市场资源开始以数据的全新面貌呈现。这样带来的好处是,以数据形式存在的市场资源在生产过程中不仅极度减少了耗损,反而随着使用频度越高、范围越广,其社会价值就越能得到充分发挥。在人工智能技术的加持下,市场资源传播的速度飞跃提升、传播广度愈加拓展,并且传播成本也越来越低,推动资源配置效率实现高效提升,共享程度将进一步扩大,人的需要的满足对象的丰富性、可选择性和可替代性自然也就前所未有地提高了。由此人们在一定程度上摆脱了区域和群体等

---

① 习近平著.习近平外交演讲集(第1卷)[M].北京:中央文献出版社,2022:333.

② 中共中央党史和文献研究院编.十九大以来重要文献选编(上)[M].北京:中央文献出版社,2019:463.

方面的局限，追求变得愈加广阔，将自身需要的实现同世界人民的需要满足结合起来。但是一个不容忽视的问题是，在资本主义生产体系下，物质生产虽然借助于人工智能技术也创造出了类型丰富、水平更高的产品形式，但是广大劳动群众的物质性需要相对匮乏的问题仍然没有彻底改变，反而人的需要发展的鸿沟将会越来越大。

第三，人工智能时代人的需要的实现方式愈加丰富多元。正如马克思指出："所谓的第一生活需要的数量和满足这些需要的方式，在很大程度上取决于社会的文明状况，也就是说，它们本身就是历史的产物。"①人工智能技术的广泛应用，将为满足人们不同方面、不同层次的需要提供可靠的方式，促进人不断朝着自由自觉的方向迈进。首先，人工智能技术增强了主体对于需要的自觉意识和发展能力。一方面，人工智能技术提高了人对需要的认知水平。在特定的文化、法律等社会条件下，每个人对需要的认识和把握也是不同的，进一步来说，人对需要的理解都存在片面性或局限性。而人工智能时代的到来，有利于突破地域、文化等方面的屏障和阻碍，不同主体可以充分借助于人工智能技术增强对需要的认知能力，进一步确认需要的产生、事实以及所发生的影响，并且通过对需要事实与价值的衡量、确证，人们可以对自身的需要作出更加全面的认识、把握和选择。另一方面，人工智能技术有效平衡了人的需要的满足与个人能力发展的关系。每一种特定的需要背后都表现出了人的目的性，人的需要的满足又同其自身的能力和素质密切相关。人工智能技术的发展有助于优化提升人的素质和能力，从而更好满足人的需要、推动人类社会的整体性发展。

其次，人工智能技术的发展有利于为满足人的需要提供个性化的产品。人工智能时代条件下，人的需要不仅可以在更大程度上得到满足，而且凭借人工智能技术强大的数据计算和分析能力，对全社会总体的需要进行评估，从而实现"有计划"地生产。值得一提的是，人工智能技术依据个人的喜好、兴趣、性别等因素，可以有效满足人们的个性化需要。更为重要的是，人工智能技术的发展也为解决人的需要发展的不平衡提供了重要技术支持。人的需要发展不平衡不仅源于个体的先天禀赋，同时主要还是源于各种社会因素的制约和影响。而人工智能技术的应用发展，不仅旨在优化和提升个体的能力和素质，同时还通过解决社会的结构性问题，在提升生产效率的前提下兼顾资源分配公平，从

① 马克思恩格斯全集(第32卷)[M].北京:人民出版社,1998:49.

而有效解决人的需要发展不平衡问题。但是,这并不意味着实现每个人的需要的同一,而是恰恰相反。与此同时,人工智能不仅创造了满足需要的大量商品,并且将深刻影响着人们对服务的需求和看法。人工智能作为一种颠覆性技术,可以通过自主学习不断提升对环境的适应性,充分把握人的需求变化,从而为人类提供更好的服务、创造更大的价值。

(二)人工智能时代人的需要发展的异化风险

随着人工智能时代的到来,人们所遭遇的是一个产品空前丰富的时代,但是又可能不自觉遭受资本逻辑的围猎,导致人的需要发展越来越背离人的本性,面临着诸多现实困境与风险。所谓资本逻辑,就是资本不断追求自身增殖的逻辑。在资本逻辑支配下,生产扩大并不是为了更好满足人日益发展的需要,其最终的目的是获得更多的剩余价值。在人工智能时代,人工智能技术受资本裹挟,沦为资本剥削和压榨劳动群众的利器,使剥削的程度不断加深,造成了新的牺牲、新的依赖等后果,最终可能带来的是人的需要的新异化,给人的生存发展带来新危机。

第一,人工智能时代人的需要在资本逻辑支配下可能发生严重的"工具化"。所谓需要的工具化,即人的需要被作为奴役其自身和支配他人的力量。从人的需要的本质与价值指向来看,人的需要表现了人的目的和愿望,是对人的本质力量的彰显和确证。但在资本逻辑的支配下,人的需要的发展总是"屈从于非人的、精致的、非自然的和幻想出来的欲望"[①],每一种新的需要的产生,以及满足需要的新产品,都成为一种奴役和掠夺他人的力量。因此,需要的工具化意味着一切需要的满足都成为敌视人、否定人的力量。

马克思曾深刻指出:"我为你的需要所进行的劳动只不过是假象,我们相互的补充,也只是一种以相互掠夺为基础的假象。"[②]在人工智能时代,由于受到资本逻辑的宰制,人工智能技术以及人的需要的满足都被注入了资本增殖的目的,人的需要外在于人,成为钳制人的手段,对主体的发展产生了严重禁锢。需要的工具化,必然造成利己主义的泛滥。正如马克思所指出的那样,在资本逻辑主导下,人的需要发生严重扭曲,"工业的宦官迎合他人的最下流的念头,充

① 马克思恩格斯文集(第1卷)[M].北京:人民出版社,2009:224.

② 马克思恩格斯全集(第42卷)[M].北京:人民出版社,1979:35.

当他和他的需要之间的牵线人，激起他的病态的欲望，默默地盯着他的每一个弱点，然后要求对这种殷勤服务付酬金”[①]。唯利是图的资本家为了占有更多剩余价值，借助于人工智能技术不断激发大众的欲望，从而瓦解人的真正本质。在异化需要的驱使下，人将物质占有视为个人的唯一追求，并且不择手段地去占有一切社会资源并将其转化为个人的私有物。在这个过程中，人往往为了满足自身的物质欲求，不择手段追求自身利益的最大化，罔顾集体利益和社会利益。对此马克思也早有预言：“每个人都指望使别人产生某种新的需要，以便迫使他作出新的牺牲……每个人都力图创造出一种支配他人的、异己的本质力量，以便从这里面获得他自己的利己需要的满足。”[②]

第二，人工智能时代人的需要在资本逻辑支配下可能呈现出“奢侈需要”与“粗陋需要”的极化发展。马克思曾指出，在资本主义社会中，“挥霍和节约，奢侈和困苦，富有和贫穷是画等号的。”[③]在这样的社会条件下，资本家的穷奢极欲必然是以广大劳动群众的贫困为代价的，表现着深刻的阶级对立和不平等，而这反映到人的需要层面上来，就体现为需要发展的不平等，形成“人的需要的两极化”发展。所谓“人的需要的两极化”是指在资本逻辑主导下，富人的需要同广大劳动群众之间的需要之间出现的根本矛盾与对立，即富人的需要朝着精致化、奢侈化的方向发展，但是广大劳动群众的需要发展却呈现出粗陋化、贫乏化的特点。当人的需要的丰富内容被掏干，只剩下最基本的物质需要并且成为人唯一的需要时，人也就与动物无异了。

尽管借助于人工智能技术，社会的生产力水平得以不断提高，为满足人的物质需要和精神需要创造了新的条件，但现实社会中的真实情况却是，在资本统辖的范围内大多数人只能停留在低层次的需要水平上，丧失了满足享受和发展需要的权利和可能。与此同时，为了不断实现资本增殖的需要，资本家借助于人工智能技术千方百计地刺激人们的消费欲望、培植虚假需要，从而压制人们的需要朝着更高水平和更高层次的发展。马克思曾指出，在资本关系条件下，人被“当作劳动的动物，当作仅仅有最必要的肉体需要的牲畜”[④]。在资本家

① 马克思恩格斯文集（第1卷）[M].北京：人民出版社，2009：224-225.

② 马克思恩格斯文集（第1卷）[M].北京：人民出版社，2009：223.

③ 马克思恩格斯文集（第1卷）[M].北京：人民出版社，2009：228.

④ 马克思恩格斯全集（第3卷）[M].北京：人民出版社，2002：233.

看来,人只需要保持其最必要的、最可怜的肉体生活就足够了,因此任何超出其肉体生活的需要去追求更高层次的需要“都是不可饶恕的,而一切超出最抽象的需要的东西——无论是被动的享受或能动的表现——在他看来都是奢侈”①。作为资本意志代表的资本家,为了在攫取巨额利润后满足自己病态的欲望,因而千方百计追逐“需要的精致化和满足资料的精致化”。但具有讽刺意味的是,在资本逻辑所圈设的范式中,广大劳动群众满足自身基本生存需要的权利也将逐步丧失掉。对于这一点,马克思也曾指出,“对于工人来说,甚至对新鲜空气的需要也不再成其为需要了。人又退回到洞穴中居住……而且他在洞穴中也是朝不保夕……甚至动物的最简单的爱清洁习性,都不再是人的需要了”②。为了抑制工人的需要,资本家鼓励工人进行节约,给出的荒唐理由竟是:“你越少吃,少喝,少买书,少去剧院,少赴舞会,少上餐馆,越少想,少爱,少谈理论,少唱,少画,少击剑,等等,你积攒的就越多,你的资本,也就会越多……”③。因此,在资本统治下,人工智能技术的应用和发展也都以资本增殖为轴心,这样所带来的严重后果将是,人的需要俯首资本的需要、发生严重扭曲,最终人也将“变成没有感觉和没有需要的存在物”④。

第三,人工智能时代人的需要在资本逻辑支配下可能逐步丧失丰富性与多样性,呈现出贫乏化或片面化发展的病态。马克思曾指出,“人以一种全面的方式,就是说,作为一个完整的人,占有自己的全面的本质。”⑤作为人的本质力量的彰显和确证,人的需要必然是不断趋向于全面丰富的。但事实上,在资本与人工智能技术的联姻下,人“一切肉体的和精神的感觉都被这一切感觉的单纯异化即拥有的感觉所代替”⑥,将对物欲的需要泛化为人生的唯一追求、成为生活的根本目的,最终造成了人的需要的物化和片面化的困境。

在人工智能时代,资本家的一切活动依旧服膺于资本的增殖目的,不断追逐和攫取资本利润成为资本家的唯一追求,而对于资本所统辖的广大劳动群众而言,他们却只能将生命的全部意义与对美好生活的全部期待和想象寄托于所

---

① 马克思恩格斯文集(第1卷)[M].北京:人民出版社,2009:226.
② 马克思恩格斯文集(第1卷)[M].北京:人民出版社,2009:225.
③ 马克思恩格斯文集(第1卷)[M].北京:人民出版社,2009:226-227.
④ 马克思恩格斯文集(第1卷)[M].北京:人民出版社,2009:226.
⑤ 马克思恩格斯文集(第1卷)[M].北京:人民出版社,2009:189.
⑥ 马克思恩格斯文集(第1卷)[M].北京:人民出版社,2009:190.

获得的一份微薄薪资,将自身的需要转化为对工资的需要。因此,在这个意义上来说,人工智能时代虽然创造的商品会越来越多,但在资本关系下并不会带来人的需要的充盈和丰富。与此同时,在人工智能技术的影响下,人在追寻和满足个性化需要的过程中可能也并非真正意义上出于个性化需要的选择,相反,所需要的对象本身和范围都被人工智能技术严格限制,甚至“个性化需要”本身都是人工智能技术所规训的结果。长此以往,人们越来越对人工智能技术产生了严重的依赖和崇拜,将人工智能技术所推荐的需要视为自身的需要,而对自身的真实需要逐渐丧失了自觉意识和感知能力,这样所带来的最终后果是,人的需要的片面化发展和贫乏化发展。马克思曾深刻指出,“工人仅仅为增殖资本而活着,只有在统治阶级的利益需要他活着的时候才能活着。”[①]在资本主义生产条件下,人内在需要的丰富性和多样性被消解,屈从于金钱欲、占有欲、享受欲等物质欲求的支配,停留在绚烂的景观世界之中,一味追求口腹之欲和感官刺激,以此填满内心的无尽空虚和斑驳,最终在物欲横流的世界中丢失了人之为人的本性和本真。所以,在资本逻辑驱使下,人工智能技术的发展和应用尽管可能会造成生产力前所未有的发展、创造巨大的社会财富,但它并没有带来人的需要的发展和繁荣前景,相反,可能造成的是现代社会中人的需要异化的加深。

第四,人工智能时代人的需要在资本逻辑下可能呈现“虚假化”的病态。“现代世界忙于以越来越高的效率和深度对物质能量进行开发。不仅为了满足生命繁衍的需要而探索、消耗能量,而且毫无节制地浪费,以至于要从满足需要的手段出发拼凑出一些前所未有、匪夷所思的需要,如同先创造出某种物质,再根据其特性创造出它可以治愈的疾病或者可以满足的饥渴。我们整个现代生活与这种陋习密不可分。”[②]由于受资本逻辑的裹挟与操控,人的需要完全受制于外界条件,陷入了“符号化”与“虚假化”的困境。对于什么是“虚假需要”,马尔库塞就曾指认,它是指“为了特定的社会利益而从外部强加在个人身上的那些需要,使艰辛、侵略、痛苦和非正义永恒化的需要”[③]。而“真实需要”应与“虚假

① 马克思恩格斯选集(第1卷)[M].北京:人民出版社,2012:415.

② [法]塞尔日·莫斯科维奇(Serge Moscovici)著.还自然之魅——对生态运动的思考[M].庄晨燕,邱寅晨译.北京:生活·读书·新知三联书店,2005:100-101.

③ [美]赫伯特·马尔库塞(Herbert Marcuse)著.单向度的人——发达工业社会意识形态研究[M].刘继译.上海:上海译文出版社,2014:6.

需要”相反，指的是那些能够真正契合人的生存发展利益、促进人的自由全面发展的需要。资本家为了实现自身利益的最大化、追求资本无限增殖，就必须不断推动资本逻辑的运演，千方百计培植人的虚假需要。在这个问题上，马克思也曾指出，“在社会主义的前提下……人的本质力量得到新的证明，人的本质得到新的充实。而在私有制范围内，这一切却具有相反的意义”[①]。为不断实现资本增殖，就必须将生产的商品顺利出售，而要完成这惊险的跳跃就必须保持人的需要永远不停歇。由此，不断唤起和植入个体的消费狂热和欲求，就成为资本自我强化和发展的必经之路。在资本所营造的意识形态幻想中，个体将消费作为确证自身的唯一标准，成为人生奋斗的唯一方向，曾几何时“我消费故我存在”“消费才能我快乐”等话语也成了沉沦在物质世界中的个体所信奉的格言。

在人工智能技术的运作下，裹挟着消费主义意识形态的动人话语弥散在社会各个角落，制造引人注目的幸福假象，使人丧失了对真实需要的自觉性。人工智能时代的到来，将造成生产效率和社会生产力飞跃进步，带来了大量的产品过剩，因而如何刺激消费就成为实现资本增殖的最关键问题。正如约翰·拉斯金指认，消费品制造者“用艳丽的商品所获得的购买者的偏爱，肯定是基于他们的虚荣心上面；你们用新奇产品创造的每一项需求，也就在消费者中滋生一种不满足的情绪。”[②]为了满足对剩余价值的贪欲，资本家借助于人工智能技术不断发掘有利于资本增殖的消费热点，持续激发人的欲望，使个人真实需要的满足让位于资本增殖的需要。人的需要本身以及满足这些需要的权利由于受资本的全面规制和制约，从而使人对需要的感觉日益模糊，作为需要满足对象的实际功效也逐渐淡出人们的视野。

在人工智能技术的加持下，资本将自身的欲求和目的以一种更为隐蔽化的方式强加于个体身上，个体对这种强制并不能及时自知和有效察觉，以至于人们常常怀着这样的信念，只有在不断满足自身的需要过程中幸福感才会日益提升。殊不知，不仅这种需要本身是虚假的，而且这种所谓的“幸福感”也是虚假的。无孔不入的资本紧紧抓住人们的心理，利用各种技术手段植入虚假需要，通过各种商品广告、购物平台、物流网络等构建起智能数字消费空间，产品的符

---

① 马克思恩格斯文集(第1卷)[M].北京:人民出版社,2009:223.

② [日]都留重人著.日本的资本主义——以战败为契机的战后经济发展[M].复旦大学日本研究中心译.上海:复旦大学出版社,1995:168.

号价值、象征意义被无限放大，不断激发人的消费欲望，诱使其疯狂占有产品并在消费中沉沦，找寻所谓的人生乐趣、身份地位的认同，满足空虚的心理。“异化了的需要，因其粗陋化、物化和工具化，不仅丧失了属‘人’的性质，而且也丧失了维持人的存在和发展的功能，成为敌视人、否定人的力量。”[①]在各种虚假需要的驱使下，个人的真实需要及其满足的权利受到压抑，从而丧失了否定性、批判性的能力，成为单向度的人，并且为了满足自身无尽的虚假需要，追求自身利益的最大化，漠视或损害他人的合法利益，罔顾法律和道德，采用欺骗、剥削等方式达成目的。这样所带来的必然后果是，利己主义、拜金主义盛行，人与人、人与社会、人与自然之间的关系时刻处于紧张和对立之中。

尽管人工智能时代人的需要发展由于资本逻辑的侵蚀可能遭遇诸多风险或可能引发新的异化，但这绝非让人们倒向为“国民经济学家”倡导的“禁欲主义”（马克思语），恰恰相反，要自觉主动地认识到资本逻辑对人的需要的“圈禁”和“围猎”，积极打破束缚，凭借人工智能技术推动人们朝着实现美好生活的方向不断前进。

三、人工智能时代人的美好生活需要的引导与实现

满足人民的美好生活需要是应用发展人工智能的价值旨归。立足全新的时空条件，要坚持马克思主义思想的正确指导，推动人工智能在生产生活中深度运用，创造更加智能的工作方式和生活方式，助力于人民美好生活的实现。

（一）坚持以人民为中心的人工智能技术发展理念，防止资本无序扩张

坚持以人民为中心推进人工智能技术的发展是对以资本为中心的根本扬弃，是防止资本无序扩张带来严重后果的根本方式。从马克思主义的观点出发，人工智能技术作为满足人的需要的手段和工具，在其应用发展过程中不仅为人的需要的发展提供了新契机和新条件，同时也带来了新挑战。但是，造成这些挑战的根源不在于人工智能技术本身，而是由于人工智能技术的资本主义社会应用方式。正如马克思指出，“工人要学会把机器和机器的资本主义应用

① 朱志勇.“人的需要”与需要异化——马克思《巴黎手稿》需要理论探析[J].河北学刊，2008，(06)：29-33.

区别开来。”[①]人工智能技术本身并不会造成人的需要的异化，其根本原因在于受到资本逻辑的主导和支配。在马克思看来，生产资料所有制决定着人的需要的基本性质和发展方向，在不同的社会制度条件下人的需要发展状况是不同的。对此他也明确指认，私有制条件下劳动沦为谋生的活动，劳动者丧失了对劳动产品的所有权，资本无偿占有人的劳动及其产品，必然导致人的需要的异化，所以推翻私有制的统治是扬弃异化需要的根本前提。[②]但是，人的异化需要的扬弃要根本依托于生产力的持续发展，需要经历一个相对漫长的历史过程。

人工智能时代的到来并不意味着资本主义统治的结束，相反，资本主义有可能借助于人工智能技术拓展自身蔓延的时空条件，从而造成新的社会矛盾。事实上也是如此，人工智能技术与资本合谋进一步改变了剩余价值的生产方式，增强了资本的剥削性，深度形塑着人类社会，人的需要发展也不可避免地遭遇着“造成需要的牲畜般的野蛮化和彻底的、粗陋的、抽象的简单化”[③]的危机。应对人工智能时代人的需要可能发生的新异化，其关键在于取消人工智能技术的资本主义社会应用方式，将人从资本逻辑的控制下解放出来。一方面，要不断推进社会主义公有制进程，使全体人民共同拥有对人工智能技术的所有权，共同享有由人工智能技术发展带来的一切利益，从制度层面抑制和克服资本的消极作用，消解资本逻辑引发的需要异化问题。要牢固树立以人民为中心的发展思想，不断推动人工智能创新发展以满足人民的美好生活需要，促进社会公平正义。另一方面，要客观辩证地认识资本的历史作用，最大限度地发挥资本的“文明作用”，促进生产力的进步。马克思在对资本主义进行批判时不仅揭示了资本的“文明作用”，同时也提出了“资本的历史使命”，即“一方面整个社会只需用较少的劳动时间就能占有并保持普遍财富，另一方面劳动的社会将科学地对待自己的不断发展的再生产过程，对待自己的越来越丰富的再生产过程，从而，人不再从事那种可以让物来替人从事的劳动，——一旦到了那样的时候，资本的历史使命就完成了”[④]。因此，只有当社会生产力发展到一定水平的时候，人类才能彻底摆脱资本的奴役，从而彻底扬弃异化需要。资本的“文明作用”体

---

① 马克思恩格斯全集（第42卷）[M].北京：人民出版社，2016：444.

② 马克思恩格斯文集（第1卷）[M].北京：人民出版社，2009：224.

③ 马克思恩格斯文集（第1卷）[M].北京：人民出版社，2009：225.

④ 马克思恩格斯文集（第8卷）[M].北京：人民出版社，2009：69.

现在为社会创造物质技术条件、提供更多自由时间等多方面，对于“人的发展”具有一定促进意义。[①]所以，在对待资本的问题上，要坚持以马克思主义为指导，一方面，既强调激活“资本文明作用”，推动人工智能技术创新发展，充分释放人工智能技术所拥有的强大生产能力，为满足人的美好生活需要创造有利条件，另一方面，又强调通过国家引导和规范资本力量，有效遏制资本的“无序扩张”和“野蛮生长”，推动人工智能技术与资本的关系健康发展，维护和保障人的主体地位，有效促进人的全面发展。

（二）推动高质量发展，夯实人的美好生活需要的物质基础

努力推动实现高质量发展，是在人工智能时代为满足人的美好生活需要提供可持续基础的基本要求。推动高质量发展是我国在较长一段时间里的经济社会发展主题，人的美好生活需要的满足也有赖于高质量发展积聚雄厚基础。习近平总书记指出：“中国高度重视创新发展，把新一代人工智能作为推动科技跨越发展、产业优化升级、生产力整体跃升的驱动力量，努力实现高质量发展。”[②]实际上这就从根本上指明了，立足新的历史起点发展人工智能技术必须牢牢把握住高质量发展的主线。正如马克思曾指出：“政治、法、哲学、宗教、文学、艺术等等的发展是以经济发展为基础的。但是，它们又都互相作用并对经济基础发生作用。……这些现实关系中，经济关系不管受到其他关系——政治的和意识形态的——多大影响，归根到底还是具有决定意义的，它构成一条贯穿始终的、唯一有助于理解的红线。”[③]在他看来，生产力高度发展和绝对增长是促进人的需要发展并不断扬弃异化需要绝对必需的前提，如果没有这种发展，“那就只会有贫穷、极端贫困的普遍化；而在极端贫困的情况下，必须重新开始争取必需品的斗争，全部陈腐污浊的东西又要死灰复燃”[④]。历史实践也不断证明，人的需要发展必须以生产力的解放和发展为根本前提，在生产力水平较低的社会发展阶段，人的需要发展是极度不充分不平衡的，而随着社会生产效率和生产力水平逐步提高，社会产品逐渐丰富起来，人的需要发展也才日益表现

① 赵家祥.全面认识资本的作用——《资本论》及其手稿中一个被忽视的重要观点[J].中国高校社会科学，2015，(01)：4-21+156.

② 习近平著.习近平书信选集(第1卷)[M].北京：中央文献出版社，2022：221.

③ 马克思恩格斯选集(第4卷)[M].北京：人民出版社，2012：649.

④ 马克思恩格斯选集(第1卷)[M].北京：人民出版社，2012：166.

出丰富性、多样性和完整性等特点。因此，面对人工智能的时代境遇，推动人的需要实现新质的发展，不仅要“分好蛋糕”，更要持续不断“做大蛋糕”，推动高质量发展积聚雄厚基础。

人工智能是一种由互联网、大数据、云计算、虚拟现实、区块链等深度融合而成的汇聚性技术，在新的一轮科技革命和产业革命中发挥着“头雁”作用，而在持续推进高质量发展这一主线任务过程中，也要充分发挥人工智能的战略驱动作用，推动实现质量变革、效率变革和动力变革。一方面，借助于人工智能技术对社会运行的总体状况进行判断和把控，不断优化生产环境和生产过程，提高生产的稳定性和高效性，提升产品检测的能力，加快推动产品质量的提升和变革。另一方面，积极推动人工智能技术创新与产业发展深度融合，对传统产业进行改造和重构，打造现代化的产业格局，推动社会生产效率加速变革。对此，习近平总书记明确指出：“要强化科技应用开发，紧紧围绕经济社会发展需求，充分发挥我国海量数据和巨大市场应用规模优势，坚持需求导向、市场倒逼的科技发展路径，积极培育人工智能创新产品和服务，推进人工智能技术产业化，形成科技创新和产业应用互相促进的良好发展局面。”①与此同时，要借助人工智能提供强大助推力量，加速新旧动能转换。人工智能的发展将进一步释放产业革命和科技革命的巨大效能，引发生产、分配、交换和消费等经济活动各环节发生深刻变化，促进生产力跃升，契合了经济社会发展动能转换的现实需要。随着人工智能广泛应用于生产过程，与劳动力、劳动资料、劳动对象等要素深度融合和渗透，将为社会生产提供更多优质劳动力、高质量的先进技术设备和工具，引起生产方式的重大变革、劳动广度深度不断拓展，促进劳动生产效率的急剧提升。运用人工智能也有助于准确有效预测市场需求和进行风险评估，进一步优化完善市场资源配置，调整经济结构和产业布局，增强社会生产的预见性和计划性，推动社会生产力整体跃升，进一步夯实人的美好生活需要的物质基础。

（三）丰富人的精神生活，克服需要的物化与片面化

精神生活是人在精神层面上创造、表征并确证自己存在本质和价值的生命

---

① 加强领导做好规划明确任务夯实基础　推动我国新一代人工智能健康发展[N].人民日报，2018-11-01(001).

活动。[①]精神需要构成了人的精神生活的内在依据和动力，精神生活的富足有赖于精神需要的满足。在马克思看来，人不仅是物质性存在，同时也是一种精神性存在，人区别于动物的特殊之处也在于人拥有强烈的精神需要。人的精神需要具有丰富的结构和内容，决定着精神生活的存在样态，即有什么样的精神需要，人们就会追求什么样的精神生活。在《德意志意识形态》中，马克思曾指出，"思想、观念、意识的生产最初是直接与人们的物质活动，与人们的物质交往，与现实生活的语言交织在一起的。人们的想象、思维、精神交往在这里还是人们物质行动的直接产物。表现在某一民族的政治、法律、道德、宗教、形而上学等的语言中的精神生产也是这样"[②]。从归根结底的意义上来说，人们的精神生产活动是人们物质生产活动的产物，受到生产普遍规律的支配和制约。在社会生产力水平较低的时期，人们的精神需要往往处于较低层次，但随着人类社会生产效率日益提高、生产力逐步发展，处于较低层次的基本物质需要和精神需要得到满足后，人们必然会追寻更高价值的精神寄托和意义归属，愈发关注自我发展和向往真善美，从而赋以精神生活新的价值意义和目标指引，开始进行更高层次的精神活动和精神境界的追求。但是，在资本主义生产条件下，人的尤其是劳动群众的精神需要的发展遭到了严重扼杀和限制，导致精神生活的枯萎。在马克思看来，资本主义现代化的根本弊端在于，以资本逻辑取代人的逻辑，过度推崇人的物质欲望，这样所带来的后果是人的精神与价值失落。对此，他主张彻底消灭资本主义私有制，才能将人的需要还给人本身，进而使一切社会生活和生命活动展现属人的本质。

正如马克思所言，"人以其需要的无限性和广泛性区别于其他一切动物"[③]，人的需要发展是一个长期历史过程，并且在不同的社会历史时期呈现出新的特点。人工智能时代人的需要的变化发展，内蕴着物质和精神双重维度，不仅要求物质生活的充实，也要求实现精神生活上的富足。事实上，"只有在不受财富匮乏的物质困扰，也不再受到财富积累的精神困扰，因而人能够自由全面地发展"[④]。追求人的精神生活富有、满足日益增长的精神文化需要，既是克服需要

① 庞立生，王艳华.精神生活的物化与精神家园的当代建构[J].现代哲学，2009(03)：8-11.

② 马克思恩格斯选集(第1卷)[M].北京：人民出版社，2012：151-152.

③ 马克思恩格斯全集(第38卷)[M].北京：人民出版社，2019：11.

④ 刘荣军.马克思财富哲学视域中的共同富裕与三次分配[J].深圳大学学报(人文社会科学版)，2022(01)：121-132.

发展物化与片面化问题的重要途径，也是满足人民对美好精神生活需要的现实要求，有利于将人的需要发展持续推向更广领域、更深层次。促进人民精神生活的殷实和富足是一项系统工程，应从多方面入手。一方面，要充分依靠借助人工智能技术，精准把握人的精神需要，创造充盈的精神文化产品，有效提升对满足精神需要的供给能力。诚如马克思在《神圣家族》中提到，“甚至精神生产也是如此。如果我想合理地行动，在确定某种精神作品的规模、结构和计划时，难道我不必考虑生产该作品所必需的时间吗？”①人工智能技术不仅是人们进行各类精神生活和生命活动的重要中介，也是创造更加丰富多彩满足精神需要产品的生产工具，对人的精神生产和精神需要的满足具有促进作用。在人工智能时代，一方面，既要充分借助于大数据、互联网、区块链等人工智能技术从整体上把握精神需要和精神生活的发展规律，有针对性地扩大满足精神需要产品的规模、结构和计划，特别是要大力发展文化事业和文化产业，提高文化产品供给质量，提升对满足人们精神需要的供给能力，又要着眼于不同个体、群体的个性化需求，实现内容的多样化供给。另一方面，运用人工智能技术充分挖掘人的精神需要，提升人的精神文化素养，增强精神生活发展的主体动力。人民不仅是精神财富的创造者，而且应是精神财富的享有者。促进精神生活的富足离不开人民的集体智慧和力量，高素质的主体能为精神生活的富足提供强有力的支撑，借用马克思的话来说，“如果你想得到艺术的享受，那你就必须是一个有艺术修养的人”②。在人工智能技术的有力助推下，促使人们在更加精准地发现自身精神需要内容和类型的同时，也不断提升精神文化素养，从而提高占有和享受精神文化产品的能力。

（四）充分发展和利用人工智能技术，引导人们形成合理的需要观

正确合理的需要观，为克服人的异化需要提供了观念指引。人工智能时代，面对实现人民美好生活的新要求，要积极推动人工智能技术的创新发展，并充分应用人工智能技术激发人的主体力量，引导人们准确把握自身的需要，树立正确合理的需要观。

“当今世界，谁牵住了科技创新这个‘牛鼻子’，谁走好了科技创新这步先手

① 马克思恩格斯文集（第1卷）[M].北京：人民出版社，2009：270.

② 马克思恩格斯文集（第1卷）[M].北京：人民出版社，2009：247.

棋，谁就能占领先机、赢得优势。”[①]在科技发展史上，电气、计算机、互联网等关键核心技术引领不同时代发展。所以抓住关键核心技术，是快速提升科技发展水平的重要路径。在蓬勃发展的现代化科技体系中，人工智能是引领科技创新、推动社会发展和提升国家综合实力的重要战略技术，成为国际竞争新的重要领域和抢占全球科技竞争新高地的“阿基米德支点”。因此，加快发展人工智能，发挥它的溢出效用和引领作用，是构筑新一代人工智能高端引领优势和实现科技自立自强的根本前提。对此，要从多方面统筹布局、系统谋划：一要重点加强前沿基础理论研究。要增强布局前沿基础理论研究的前瞻性，敢于探索科技前沿“无人区”、攻克人工智能前沿科学难题，突破应用基础理论瓶颈，开展跨学科探索和交叉融合研究，构建起新一代人工智能基础理论体系。二要以攻克关键核心技术难题为主攻方向。“实践反复告诉我们，关键核心技术是要不来、买不来、讨不来的”[②]，跟踪模仿没有出路，要走自主创新的科技发展道路。“要围绕攻克关键核心技术、实现关键核心技术自主可控的战略使命，以问题为导向，增强人工智能科技创新能力，建立新一代人工智能关键共性技术体系，在补齐高端芯片、关键部件、高精度传感器等短板上抓紧布局，确保人工智能关键核心技术掌握在自己手里”[③]，努力在知识计算引擎与知识服务、跨媒体分析推理、群体智能、自主无人系统等技术领域率先取得重大突破，提升人工智能发展竞争优势。三要统筹布局新一代人工智能开放创新平台。适应人工智能发展的实际需要，充分打造类型齐全、高能级的人工智能创新平台，强化对人工智能研发应用的基础支撑。四要加强国际合作。要坚持在实现自主创新的基础上，深化同世界各国的交流合作，汲取经验教训，统筹运用国际创新资源，增强人工智能发展优势。

人工智能技术的进一步发展和应用也为引导人们形成合乎人性的需要提供内在支撑。合理的需要观念对于人的发展和需要的满足具有指引作用。“理论在一个国家实现的程度，总是取决于理论满足这个国家的需要的程度。”[④]马克思需要思想切实观照“现实的人”形成合理的需要，彰显了强大的生命力与理

① 中共中央文献研究室编．习近平关于科技创新论述摘编[M]．北京：中央文献出版社，2016：26.

② 中共中央党史和文献研究院编．十九大以来重要文献选编（上）[M]．北京：人民出版社，2019：464.

③ 中共中央党史和文献研究院编．习近平关于网络强国论述摘编（大字本）[M]．北京：中央文献出版社，2021：121.

④ 马克思恩格斯选集（第1卷）[M]．北京：人民出版社，2012：11.

论解释力。人工智能时代，必须充分坚持应用马克思的需要思想，增强人们对自身需要的自觉意识，引导人们朝着美好生活需要的方向不断奋斗。历史唯物主义认为，人的需要是一个具有丰富内容和结构的完整体系，是一个不断发展的过程。对于未来社会条件下人的需要发展应该是怎样的，马克思也曾作了大致描画："在共产主义社会里，任何人都没有特殊的活动范围……因而使我有可能随自己的兴趣今天干这事，明天干那事，上午打猎，下午捕鱼，傍晚从事畜牧，晚饭后从事批判。"[①]这体现了人的需要必然不断向着全面化与多样化的历史进程推进。在人工智能时代，引导人们形成合理的需要观也应该以此为目标指引。人的合理需要观念的形成不仅要靠外部的约束，更为重要的是通过提高人的实践创造能力、培养强大的审美批判能力、促进人的自由个性的发展，从而使其自觉调整自身的需要结构和内容。立足人工智能的时代条件，要充分利用人工智能技术引导人们全面准确认识自身的需要，摆脱不合理需要观念的束缚和禁锢，积极主动地形成满足自身需要又契合社会发展的合理价值追求。根据马克思的观点，"我们的需要和享受是由社会产生的；因此，我们在衡量需要和享受时是以社会为尺度，而不是以满足它们的物品为尺度的。"[②]这也就意味着，人的需要总是与一定社会发展阶段水平相适宜的。在人工智能时代，不仅人的生产方式、生活方式、思维方式等方面都将发生深刻改变，满足人的需要基础也可能实现深刻变革，因此这就要求人们从实际出发不断调整自身的需要诉求，形成符合社会发展水平和规律的合理需要观，才能进一步在满足自身需要的进程中实现全面发展。

① 马克思恩格斯选集（第1卷）[M].北京：人民出版社，2012：165.

② 马克思恩格斯文集（第1卷）[M].北京：人民出版社，2009：792.

第三章

人工智能时代人的劳动能力的发展

人工智能时代智能技术的快速发展对人的劳动能力发展而言是一把无形的“双刃剑”，一方面智能技术作为科技发展的新趋势与新产物，极大地增强了人的劳动能力，另一方面智能技术在社会生产生活中的广泛运用受到多种因素的干扰，也成了人的劳动能力充分发展的掣肘。这就要求在顺应科技进步潮流积极发展智能技术的同时，着力推动科技进步回归服务于人的发展的价值取向，规避智能技术被其他因素绑架而损伤人的劳动能力这一风险，充分发挥智能技术对人的劳动能力发展的积极效用。

一、马克思关于人的劳动能力的主要思想

马克思考察了两次工业革命浪潮中科技进步对现代社会的深刻形塑和对人的发展的双重影响，他立足于劳动价值和人类解放的深入认知，分析了科技进步与教育对人的劳动能力的影响，揭示了资本如何使得科技异化以及如何操控人的劳动能力，形成了完整的人的劳动能力思想，进而实现对资本主义的深刻批判。审视人工智能时代人的劳动能力发展面临的现实悖论及其出路，马克思关于人的劳动能力的主要思想为其提供了理论武器和科学方法。

（一）人的劳动能力是体力与智力的总和

马克思在《资本论》第一卷第四章“货币转化为资本”的第三节“劳动力的买和卖”中指出：“我们把劳动力或劳动能力，理解为一个人的身体即活的人体中存在的、每当他生产某种使用价值时就运用的体力和智力的总和。”[①]深入解析这一论断，才能准确把握人的劳动能力的基本内涵。

1.劳动能力潜藏于“人的身体即活的人体中”

马克思认为，劳动能力是一个人的身体即活的人体中存在的体力与智力的总和，也即是说，人的劳动能力潜藏于劳动者体内，这种潜能涵盖了人的体力、智力等多方面因素，需要在实际的生产劳动中不断挖掘和发挥，是一个人在生产劳动中创造价值的重要基础。正如马克思所述：“单个人如果不在自己的头脑的支配下使自己的肌肉活动起来，就不能对自然发生作用。正如在自然机体中头和手组成一体一样，劳动过程把脑力劳动和体力劳动结合在一起了。”[②]具

① 马克思恩格斯文集（第5卷）[M].北京：人民出版社，2009：195.

② 马克思恩格斯文集（第5卷）[M].北京：人民出版社，2009：582.

体而言,体力本质上是指人的身体素质,涵盖肌肉力量、耐力、速度等生理指标。这些生理特质在很大程度上决定了个体在生产过程中所能承受的劳动强度与持续时间。智力作为劳动能力的重要组成部分,对劳动者在生产过程中的最大效益发挥具有至关重要的作用。智力指的是人的思维能力、认知能力和创新能力,是劳动能力中一项不可或缺的要素。在生产过程中,智力体现在劳动者对生产过程的掌控、对工具和设备的使用、对新事物的学习与适应等方面。

2.劳动能力在人"生产某种使用价值"时运用

马克思曾指出,生产劳动过程是劳动能力的展现过程,不仅起着连接人与自然、人与社会的重要作用,而且展现着人的价值。一方面,生产过程涉及劳动者运用劳动能力对生产资料的加工和对劳动成果的创造。在这个过程中,劳动者通过自身的知识、经验将原初的生产资料转化为具有使用价值的产品,这充分展现了劳动能力的转化和发挥。另一方面,生产过程中劳动能力的发挥必然会生产出两方面的关系,一是人与自然的关系,二是人与社会的关系。在人与自然关系中,人在生产劳动中通过与劳动对象的实践环节,将自身的劳动能力转化为实际的生产力,劳动能力的强弱在生产劳动中展现出来。这一过程,人不仅遵循生产实践的规律,而且充分发挥主观能动性,最大程度实现人与自然的共生发展。在人与社会的关系中,劳动能力在生产劳动中的运用不仅总是在特定的社会关系中进行,而且也结成了丰富的社会关系。并且在这个过程中,生产关系起着决定性作用。人通过生产劳动满足了人的基本生活需求,保障了人类的生存和发展;通过生产劳动推动经济腾飞和社会和谐,最大程度实现个人价值与社会价值的最优发展。

3.体力劳动是防止一切社会病毒的"消毒剂"

马克思在致弗朗斯瓦·拉法格的书信中借助评品葡萄酒指出,英国的政治运动就曾由于同法国签订了商约和输入法国葡萄酒而加速发展了,这是路易·波拿巴所能做的好事之一。但遗憾的是,法国政体建立在社会上两个敌对阶级的精疲力竭上,是以普遍的腐化堕落为代价换取某种物质上的进步。马克思借喻体力劳动,指出工人群众是不可能被腐蚀的,工人运动是不会停滞不前的,"体力劳动是防止一切社会病毒的伟大的消毒剂"①。体力劳动被誉为防止一切社会病毒的"消毒剂",在这里马克思运用比喻的手法生动展现了劳动对于工人

① 马克思恩格斯全集(第31卷)[M].北京:人民出版社,1972:538.

群众、对于社会发展的伟大作用。在资本主义社会,体力劳动与脑力劳动是分离和对立的。一方面,“资本主义生产方式的特点,恰恰在于它把各种不同的劳动,因而也把脑力劳动和体力劳动,或者说,把以脑力劳动为主或者以体力劳动为主的各种劳动分离开来,分配给不同的人。”[①]这一分离不仅不妨碍物质产品是所有这些人的共同劳动的产品,而且也丝毫不妨碍这些人中的每一个人对资本的关系是雇佣关系。另一方面“由于劳动资料转化为自动机,它就在劳动过程本身中作为资本,作为支配和吮吸活劳动力的死劳动而同工人相对立。正如前面已经指出的那样,生产过程的智力同体力劳动相分离,智力转化为资本支配劳动的权力,是在以机器为基础的大工业中完成的”[②]。在资本主义社会条件下,大量财富在被创造出来的同时,极致贪婪、不劳而获、肆意挥霍、沉醉于奢靡、不断剥削、松散懒惰等社会病毒亦在资本家身上不断滋生。然而广大工人群众作为体力劳动者群体,长久以来发挥着、保持着人类基本的劳动本性,他们依赖辛勤劳动来维持生计,推动社会进步,是名副其实的财富生产者与价值创造者。与资产阶级相较,他们具备坚定的劳动信念和高尚的道德情操,对这些社会病毒具有天然的“免疫力”。因此,他们绝不会被腐蚀。[③]总的来说,体力劳动作为一种“消毒剂”,对于工人群众、对于社会发展具有重要意义。

（二）人的劳动能力由主客体双重标准衡量

马克思在《资本论》中深入探讨了劳动的概念,认为“劳动过程首先是人和自然之间的过程,是人以自身的活动来中介、调整和控制人和自然之间的物质变换的过程”[④]。作为主体自觉地改造客体的实践活动,一切劳动,“一方面是人类劳动力在生理学意义上的耗费……另一方面是人类劳动力在特殊的有一定目的的形式上的耗费……”[⑤]。由此观之,劳动作为一种实践活动,具有主体性和客体性两个表现维度。

---

① 马克思恩格斯文集(第8卷)[M].北京:人民出版社,2009:418.

② 马克思恩格斯文集(第5卷)[M].北京:人民出版社,2009:487.

③ 刘建军,赵宇飞.马克思恩格斯提出“教劳结合”的宏观维度与微观视角[J].学术界,2022(04):20-31.

④ 马克思恩格斯全集(第42卷)[M].北京:人民出版社,2016:168.

⑤ 马克思恩格斯文集(第5卷)[M].北京:人民出版社,2009:60.

1.劳动者生理意义的耗费

从主体性视角出发,一切劳动均可看作人类劳动力在生理层面的消耗。在这一过程中,“劳动力的生产要以活的个人的存在为前提。假设个人已经存在,劳动力的生产就是这个个人本身的再生产或维持……而劳动力的发挥即劳动,耗费人的一定量的肌肉、神经、脑等等,这些消耗必须重新得到补偿”[①]。劳动者的肢体和大脑在生理意义上的消耗程度直接影响其劳动能力。由于个体间的生理差异,一些劳动者四肢强壮,能承受较繁重的搬运任务,而另一些劳动者因肢体较弱,只能承受较少的生理消耗。因此,劳动者自然躯体的强壮程度是影响其劳动能力的关键因素。身体素质较好、能承受较大生理消耗的劳动者,通常具有更高的劳动能力。这也意味着,在劳动过程中,个体生理条件的差异对劳动效果产生重要影响。由此论之,提高劳动者的身体素质有助于提高整体劳动生产率。总之,从主体出发,劳动是“人自身的活动”。劳动者在生理学意义上的消耗程度、劳动能力的强弱,以及自然躯体的强壮程度等因素,均在一定程度上影响劳动能力的实现程度。

2.劳动对象的改变

从客体性视角出发,一切劳动,“作为具体的有用劳动,它生产使用价值或效用”[②]。一定劳动时间内生产出的使用价值越大、所产出的数量越多,那么劳动者的劳动能力就越强。因此,通过客体改变程度可以反映和呈现劳动能力,其劳动量则以生产的使用价值、产出的产品数量作为衡量标准。在这种评判标准中,劳动资料作为劳动者的主观因素发挥作用,是劳动者的肢体的延伸。正因为如此,劳动资料所造成的劳动生产率的提高是主体劳动能力提高的表现形式,劳动者在劳动过程中所借用的自然力是被看作劳动者主体的因素而发挥作用的。劳动过程中劳动对象的改变程度及创造使用价值的多寡是衡量劳动者劳动能力的重要因素,它反映了劳动者的劳动技艺、知识素养和创新能力,影响社会生产力的发展。就历史角度看,劳动对象的改变程度展现了人类社会发展的历程。随着社会生产力不断壮大,劳动者借助先进的生产工具和方式,对劳动对象进行大规模、深度的改造,推动历史前进。总而言之,从客体角度审视劳动,可以明确劳动者的劳动能力与生产使用价值的关系。通过衡量劳动对象改

① 马克思恩格斯文集(第5卷)[M].北京:人民出版社,2009:198-199.

② 马克思恩格斯全集(第43卷)[M].北京:人民出版社,2016:37.

变幅度,可以评价劳动者的劳动能力,而劳动资料和自然力在劳动过程中的作用进一步提升了劳动生产率,实现了劳动者劳动能力的提高。

(三)科技进步增强人的劳动能力

劳动者是生产过程中最为活跃的要素,其劳动能力的高低不仅决定着科技创新与科技进步,而且影响着社会生产力的发展。科学技术作为渗透性要素,能够同劳动者、劳动资料和劳动对象相结合,不仅深刻影响生产过程及生产效率,而且深刻影响着劳动者的劳动能力发展。

1.科技进步降低人的劳动强度

劳动工具是人们在劳动生产过程中对劳动对象进行加工的事物,它直接进入人对自然界的作用,并成为各个经济时代相区别的“测量器”和“指示器”。正如马克思在《资本论》中所阐释:“各种经济时代的区别,不在于生产什么,而在于怎样生产,用什么劳动资料生产。劳动资料不仅是人类劳动力发展的测量器,而且是劳动借以进行的社会关系的指示器。”①从最早的石器时代开始,人类依靠自然资源制作简单的石器工具进行生产;随着生产力的发展,人类进入了青铜器时代,青铜器的出现,使得生产工具得到了显著改善;铁器时代的到来,标志着人类生产力水平的进一步提高;随着蒸汽机、电动机等动力设备的发明,人类进入了机械化生产时代。生产工具的自动化,使得人们在生产过程中可以大幅度降低劳动强度,提高生产效率。

科技进步日益深刻地影响着社会生产,总体上呈现出不断降低人的劳动强度的演变趋势。马克思对此进行了深刻阐述。他认为,随着科技的不断发展,生产过程变得越来越自动化,这使得人们在劳动过程中的负担得到了显著减轻。这种减轻不仅有助于保护劳动者的身心健康,而且有助于提高劳动者的劳动能力。马克思尤其关注生产工具的使用,生产工具凝聚了人类的智慧结晶,科技的持续突破使劳动工具的形态和本质发生了翻天覆地的变革。马克思在《政治经济学批判(1857—1858年手稿)》“机器体系和科学发展以及资本主义劳动过程的变化”一节中指出:“固定资本的发展表明,一般社会知识,已经在多么大的程度上变成了直接的生产力,从而社会生活过程的条件本身在多么大的程度上受到一般智力的控制并按照这种智力得到改造。它表明,社会生产力已经

---

① 马克思恩格斯文集(第5卷)[M].北京:人民出版社,2009:210.

在多么大的程度上，不仅以知识的形式，而且作为社会实践的直接器官，作为实际生活过程的直接器官被生产出来。”[①]劳动工具与科技创新活动息息相关，既是科技进步的晴雨表，也是生产力发展的标尺，进而成为生产关系和社会形态的重要标志。在马克思的理论中，科技进步是推动社会生产力发展的关键因素。如今，生产过程的自动化和智能化使得原本繁重的劳动得以简单化，生产同样数量的劳动产品所要耗费的体力和智力大幅度减少。这样的改变不仅使得劳动者的身体得到休息，更重要的是，他们的身心健康得到了保护。总之，科技进步降低了人的劳动强度，这是马克思关于科技进步理论的一个重要方面。

2.科技进步提高人的劳动效率

马克思恩格斯在《共产党宣言》中有一段对资本主义社会评价非常高的论断，他们深刻指出：“资产阶级在它的不到一百年的阶级统治中所创造的生产力，比过去一切世代创造的全部生产力还要多，还要大。自然力的征服，机器的采用，化学在工业和农业中的应用，轮船的行驶，铁路的通行，电报的使用，整个大陆的开垦，河川的通航，仿佛用法术从地下呼唤出来的大量人口——过去哪一个世纪料想到在社会劳动里蕴藏有这样的生产力呢？”[②]科技进步对人类社会的影响深远，其中最为显著的便是科技进步改进劳动工具，劳动者借助大机器进行生产劳动，大幅提升人的劳动效率。一方面，科技进步更新生产工具。“如果生产这些劳动资料的部门的劳动生产力发展了，而劳动生产力是随着科学和技术的不断进步而不断发展的，那么旧的机器、工具、器械等等就会被效率更高的、从功效来说更便宜的机器、工具和器械等等所代替。”[③]另一方面，科技进步提高生产效率“随着大工业的发展，现实财富的创造较少地取决于劳动时间和已耗费的劳动量，较多地取决于在劳动时间内所运用的作用物的力量，而这种作用物自身——它们的巨大效率——又和生产它们所花费的直接劳动时间不成比例，而是取决于科学的一般水平和技术进步，或者说取决于这种科学在生产上的应用”[④]。具体而言，科技进步不仅提高生产效率，使人在单位时间内能

① 马克思恩格斯文集(第8卷)[M].北京:人民出版社,2009:198.
② 马克思恩格斯文集(第2卷)[M].北京:人民出版社,2009:36.
③ 马克思恩格斯文集(第5卷)[M].北京:人民出版社,2009:698.
④ 马克思恩格斯文集(第8卷)[M].北京:人民出版社,2009:195-196.

完成更多劳动，还助力个体劳动能力的提升，进一步推动社会生产力的发展；科技进步颠覆了传统生产方式，使劳动者能借助先进设备和技术，高效完成工作任务。农业领域科技发展使得农业生产实现机械化、自动化，极大地提升了劳动效率，减轻了农民的劳动强度；工业领域智能化工厂的建立，让生产线上的劳动者通过一键操作完成复杂生产过程，提高生产效率。

3.科技进步促进自由时间增长

自由时间在人类个体发展及劳动能力提升过程中具有显著意义。自由时间的增加为个人兴趣和爱好的培养提供了可能。个人利用自由时间进行自我提升，挖掘潜在能力与才华，不断追求自身解放和全面发展。此外，自由时间的增加亦有助于提升人的劳动技能与创造力。人们可自主安排学习时间，掌握新知识与技能，从而增强竞争力。自由时间的增加还有助于心理健康与人际关系的发展，通过适度休闲活动，放松身心，缓解压力，促进心理健康，改善人际关系。随着科技不断进步，生产效率得到显著提高，从而为人们创造了更多的自由时间。马克思《政治经济学批判（1857—1858年手稿）》“机器体系和科学发展以及资本主义劳动过程的变化”一节中对自由时间在资本主义社会和共产主义社会进行了区别，指出：“在必要劳动时间之外，为整个社会和社会的每个成员创造大量可以自由支配的时间（即为个人生产力的充分发展，因而也为社会生产力的充分发展创造广阔余地），这样创造的非劳动时间，从资本的立场来看，和过去的一切阶段一样，表现为少数人的非劳动时间，自由时间。”[①]“真正的经济——节约——是劳动时间的节约（生产费用的最低限度——和降到最低限度）。而这种节约就等于发展生产力……节约劳动时间等于增加自由时间，即增加使个人得到充分发展的时间，而个人的充分发展又作为最大的生产力反作用于劳动生产力。”[②]科技进步推动自由时间增长已逐渐成为社会发展的一项显著现象。马克思曾在其著作中阐述，科技进步的成果之一便是使劳动生产力大幅提升、劳动时间大大缩减，这无疑也会增加更多的自由时间。自由时间为人们在工作之外的时间，此部分时间对个人而言，是自我发展的重要基础。在自由时间内，人们可根据自身意愿进行安排，无论是休息、娱乐，或是学习、研究，这些活动均有助于提升个人专业技能和综合素质，从而有助于增强劳动能力。

① 马克思恩格斯文集（第8卷）[M].北京：人民出版社，2009：199.

② 马克思恩格斯文集（第8卷）[M].北京：人民出版社，2009：203.

此外,自由时间还可引导人们从不同视角和层面思考问题,激发创新思维,为工作和生活带来新的启示与突破。

(四)教育能够“生产劳动能力”

马克思在《剩余价值理论》中指出:“工人不得不从这种工资中支付给国家和教会的东西,则是为支付那强加于他的服务而作的一种扣除;工人支出在教育上的东西是微不足道的;凡是工人有这种支出的时候,这种支出都是生产的,因为教育会生产劳动能力。”[①]“教育会生产劳动能力”是马克思在批判沙尔·加尼耳的重商主义观点、论述资本主义生产劳动时提出来的。在资本主义社会中,工人接受的教育无论是从机会还是从程度看,都是比较少的,因此工人所承担和支出的教育费用相对较少。但是,为了适应大工业生产,工人又必须具备一定的科学文化知识,工人不得不接受一定程度的教育培训。因此,这些花在培训上的费用在马克思看来就属于生产性支出,因为这是在为工人生产劳动能力而进行的投入。

1.教育提高劳动的平均熟练程度

通过教育可以发展劳动能力,提高劳动者的“平均熟练程度”,促进劳动生产率的提高。马克思在《资本论》中对“平均熟练程度”有过深刻论述:“如果生产商品所需要的劳动时间不变,商品的价值量也就不变。但是,生产商品所需要的劳动时间随着劳动生产力的每一变动而变动。劳动生产力是由多种情况决定的,其中包括:工人的平均熟练程度,科学的发展水平和它在工艺上应用的程度,生产过程的社会结合,生产资料的规模和效能,以及自然条件。”[②]马克思认为,生产工人的技能水平、对生产的熟悉程度以及科学的发展水平和其在工艺中的使用程度都对劳动生产力产生影响。马克思尤其重视“工人平均熟练程度”,认为它不仅关涉劳动者的理论水平和实践经验,而且这一环节还必然随着时代的发展提出相应的要求,正如此,马克思才将其置于提高劳动生产力要素的首位。一般而言,劳动的熟练程度与劳动者的劳动能力具有密切关系,劳动者的劳动能力与其熟练程度基本呈现正相关关系,较高的劳动能力赋予劳动者更强的职能发挥和应变能力,使他们在学习复杂技能方面具有优势,进而提升

① 马克思恩格斯全集(第33卷)[M].北京:人民出版社,2004:249.

② 马克思恩格斯全集(第42卷)[M].北京:人民出版社,2016:26.

整体的劳动熟练水平。相反,劳动能力较弱的劳动者,其熟练程度也相对较低。教育对于劳动的平均熟练程度与劳动者的劳动能力提高具有重要意义,通过系统教育,劳动者可以掌握相关领域的专业知识和技能,从而提高工作能力;教育能够启迪劳动者的创新思维,使其具备独立解决问题的能力。由此观之,教育不仅传授专业知识,还培养劳动者的思维能力、创新能力和团队合作精神,是提升劳动者素养、增强劳动能力的关键途径,而劳动素养和能力的提升对于提高劳动者平均熟练程度发挥着不可或缺的作用。

2.教育把科学转变为现实劳动能力

教育还是把知识形态的科学转化为现实的劳动能力的重要手段,它能够把劳动者的劳动能力从潜在能力转变为现实生产力。每个劳动者都具备一定的潜能,而教育正是挖掘和开发这种潜能的有效手段。通过教育,劳动者的思维方式、知识结构、技能水平得到提升,从而使原本隐藏在劳动者身上的潜在劳动能力得以挖掘出来。这种转变使劳动者更能适应社会发展的需求,提升劳动生产效率。正如马克思所指出:"自然界没有造出任何机器,没有造出机车、铁路、电报、自动走锭精纺机等等。它们是人的产业劳动的产物,是转化为人的意志驾驭自然界的器官或者说在自然界实现人的意志的器官的自然物质。它们是人的手创造出来的人脑的器官;是对象化的知识力量。固定资本的发展表明,一般社会知识,已经在多么大的程度上变成了直接的生产力,从而社会生活过程的条件本身在多么大的程度上受到一般智力的控制并按照这种智力得到改造。它表明,社会生产力已经在多么大的程度上,不仅以知识的形式,而且作为社会实践的直接器官,作为实际生活过程的直接器官被生产出来。"①教育不仅仅是知识的传递,更是知识的应用与实践。教育是科学知识向实际生产力的转化媒介,正是通过教育,劳动者得以了解科学知识、掌握专业技能,并将其转化为实际的生产力,从而提升劳动能力。

3.教育能"使劳动能力改变形态"

马克思在《政治经济学批判(1861—1863年手稿)》中指出:"整个'商品'世界可以分为两大部分:第一,劳动能力;第二,不同于劳动能力本身的商品。有一些服务用于训练、保持劳动能力,使劳动能力改变形态等等。"②这种服务,既

① 马克思恩格斯文集(第8卷)[M].北京:人民出版社,2009:197-198.

② 马克思恩格斯文集(第8卷)[M].北京:人民出版社,2009:229.

包括学校教师的服务也包括医生的服务等等。教育可以改变劳动力的形态,不仅使劳动者的劳动能力从潜在状态转变为现实状态,而且把劳动的类型从简单劳动变为复杂劳动,为社会创造更多的物质财富。在马克思看来,“比社会的平均劳动较高级、较复杂的劳动,是这样一种劳动力的表现,这种劳动力比普通劳动力需要较高的教育费用,它的生产要花费较多的劳动时间,因此它具有较高的交换价值。既然这种劳动力的价值较高,它也就表现为较高级的劳动,也就在同样长的时间内对象化为较多的价值”[①]。在这里,马克思指明了劳动的形态有简单劳动与复杂劳动之分,而复杂劳动比简单劳动在同样长的时间内创造出较多的价值。但是,简单劳动与复杂劳动创造的价值量的差别并非自然形成,而是通过教育和训练以后造成的结果。也即是说,通过教育和训练,使劳动者掌握科学文化知识和新的技术,就可以把人以强调劳动经验和劳动技能形态为特征的一般的普通劳动能力,改变为以科学技术知识形态为特征的发达的专门的劳动能力,使人从具有简单劳动形态的能力转变为具有复杂劳动形态的能力。由于教育程度的不同,劳动形态的改变,创造的价值也就不同。

(五)资本全面操控工人的劳动能力

在《马克思致阿道夫·克路斯》的信中,马克思表达了让劳动摆脱资本奴役的思想,指出:“当前的即现实的劳动所希望的正是挣脱被奴役状态,即对过去的、物化的劳动的奴隶般依附状态;劳动希望摆脱劳动成果强迫它所处的被奴役状态。”[②]马克思指出,“资本的生产性在于劳动作为雇佣劳动同资本相对立,而劳动的生产性在于劳动资料作为资本同劳动相对立”[③]。在资本主义生产体系中,资本作为轴心全方位地控制着工人劳动能力的使用时间、劳动能力的使用环境和劳动能力的使用方式。

1.资本操控劳动能力的使用时间

在资本主义生产方式下,资本对劳动能力的操控表现得淋漓尽致。在资本主义市场中,劳动力是一种特殊商品。并且值得注意的是,马克思关于生产劳动和劳动能力的关系是在资本主义生产体系理论的视域之中阐释和分析的:“只有这种对劳动的一定关系才使货币或商品转化为资本,只有由于自己对生

① 马克思恩格斯全集(第42卷)[M].北京:人民出版社,2016:190.

② 马克思恩格斯全集(第49卷)[M].北京:人民出版社,2016:470.

③ 马克思恩格斯文集(第8卷)[M].北京:人民出版社,2009:398.

产条件的上述关系(在实际生产过程中有一定的行为同这个关系相适应)使货币或商品转化为资本的劳动,也就是说,只有使那种同劳动能力相对立的、独立化了的对象化劳动的价值保存并增殖的劳动,才是生产劳动。"[①]正是生产劳动这种特殊形式的劳动被马克思单独凸显出来并进行深入的阐释和分析,资本乃至整个资本主义生产方式的特殊的劳动形式的"面纱"才得以真正揭开。资本主义社会中劳动力成为商品,"被买卖的对象却是这个劳动能力的使用,也就是劳动本身"[②]。当劳动力被购买后,劳动者在资本主义生产过程中创造出新的价值,这部分价值分为两部分:工资和剩余价值。劳动者获得的工资是其必要劳动时间的价值,而剩余价值则是劳动者在剩余劳动时间内创造的、超过其必要劳动时间价值的部分。资本家购买劳动力的目的就在于占有和控制这部分剩余价值,实现资本的增殖。马克思认为,资本家通过延长劳动时间,以实现对剩余价值的最大化榨取,进而操控劳动能力的使用时间。他指出,资本企图"采用技艺和科学的一切手段,来增加群众的剩余劳动时间,因为它的财富直接在于占有剩余劳动时间;因为它的直接目的是价值,而不是使用价值。于是,资本就违背自己的意志,成了为社会可以自由支配的时间创造条件的工具,使整个社会的劳动时间缩减到不断下降的最低限度,从而为全体[社会成员]本身的发展腾出时间。但是,资本的趋势始终是:一方面创造可以自由支配的时间,另一方面把这些可以自由支配的时间变为剩余劳动"[③]。

在马克思看来,在资本主义生产关系中,劳动者处于被压迫的地位。为了追求更多的剩余价值,资本家或是通过延长劳动时间来增加剩余价值的生产,或是不断提高生产效率,缩短必要劳动时间,从而使得剩余劳动时间和剩余价值相对增加。前者是绝对剩余价值生产,这种做法使劳动者在工作时间内的体力与精神承受巨大负担;后者是相对剩余价值的生产,在这个过程中,科技进步是关键因素。科技进步可以提高生产效率,缩短必要劳动时间,使得资本家能够占有更多的剩余劳动时间和剩余价值。而资本家对劳动时间的掌控,使得劳动者在有限的生命周期内,被迫付出更多的时间和精力来满足生存需求。这种生存压力使劳动者难以追求个人全面发展,导致劳动者的创造力、想象力和批

① 马克思恩格斯文集(第8卷)[M].北京:人民出版社,2009:400.

② 马克思恩格斯文集(第8卷)[M].北京:人民出版社,2009:402.

③ 马克思恩格斯文集(第8卷)[M].北京:人民出版社,2009:199.

判性思维受到压制。因此，在资本主义生产方式下，劳动者很难实现真正意义上的自由与全面发展。

2.资本操控劳动能力的使用环境

在资本主义社会中，资本家对劳动者的剥削不仅体现在薪资方面，更重要的是对劳动者工作环境的操控，即资本为实现利润最大化监控劳动能力的使用过程。马克思深刻地指出，资本家在追求更高利润的过程中常常忽视劳动者的身心健康，通过操控劳动环境以最大限度地压榨劳动者的劳动能力。这种被资本操控的环境主要体现在劳动者的工作条件和权益保障方面。一是在劳动者的工作条件方面，资本家往往会根据价格来选择工人的工作环境以降低成本，在这过程中甚至罔顾工人的健康。在这种工作环境下，劳动者容易患上各种职业病，或因过度劳累而导致身心健康受损。为了追求更高利润，资本家甚至可能违反安全生产的相关要求，导致劳动者在事故中遭受伤害。二是在劳动者的权益保障方面，资本家常常利用不公正的薪酬制度、福利待遇和晋升通道来剥削劳动者。他们往往只关注经济效益，忽视劳动者的权益获得，导致劳动者在辛勤付出后仍难以获得应有的回报。这种现象加剧了贫富差距，使劳动者在生活压力下不得不更加拼命地工作，形成恶性循环。正如马克思在《资本论》第一卷第四章“货币转化为资本”的第三节“劳动力的买和卖”中所描述的那般：“原来的货币占有者作为资本家，昂首前行；劳动力占有者作为他的工人，尾随于后。一个笑容满面，雄心勃勃；一个战战兢兢，畏缩不前，像在市场上出卖了自己的皮一样，只有一个前途——让人家来鞣。”①

3.资本操控劳动能力的使用方式

在资本主义社会中，资本操控劳动能力的使用方式是一个不容忽视的问题。马克思在其著作中深入剖析了这一现象，强调资本家不仅通过分工、技术垄断等手段操控劳动能力的运用方式，而且这种操控使劳动者陷入被动，难以实现其自由而全面的发展。马克思对资本主义分工的批判，源于他对资本主义社会中人的劳动能力片面发展的深刻关注。他认为，资本主义分工不仅导致劳动者在生产过程中的孤立和被动，更使劳动者的劳动能力受到限制和压迫。正如马克思在《1844年经济学哲学手稿》中所指出：“分工是关于异化范围内的劳动社会性的国民经济学用语。换言之，因为劳动只是人的活动在外化范围内的

① 马克思恩格斯文集（第5卷）[M].北京：人民出版社，2009：205.

表现，只是作为生命外化的生命表现，所以分工也无非是人的活动作为真正类活动或作为类存在物的人的活动的异化的、外化的设定。”①在资本主义生产过程中，资本家为追求最大化利润，往往将生产过程划分为多个环节，这种资本主义分工造成人的劳动能力的片面发展：一是使得劳动者的劳动变得单调乏味。在资本主义生产方式下，劳动者被固定在某个狭小的岗位上，不断地重复着同一项工作，从而使他们的劳动失去了创造性和自主性。二是导致了劳动者之间的隔阂。在资本主义社会中，劳动者被划分成不同的工种和部门，彼此之间的交流和互动减少，加剧了社会阶层分化，难以形成共同的利益诉求。三是阻碍了劳动者个性的发展。在资本主义生产方式下，劳动者被视为生产过程中的一个环节，他们的个性被忽视，创造力被压抑。这种分工导致人的全面发展受到限制，劳动者难以实现自身的价值。正如马克思在《政治经济学批判（1861—1863年手稿）》中所指出：“生产劳动，作为生产价值的劳动，总是作为单个劳动能力的劳动、单个工人的劳动同资本相对立，而不管这些工人在生产过程中参加什么样的社会结合。所以，同工人相对立的资本，代表劳动的社会生产力，而同资本相对立的工人的生产劳动，始终只代表单个工人的劳动。”②

二、人工智能时代人的劳动能力发展的悖论

随着人工智能时代的到来，阿尔法围棋（AlphaGo）、特斯拉人形机器人（Optimus）、自动驾驶技术、生成式人工智能大模型ChatGPT等人工智能相关成果不断涌现，给人的劳动能力发展带来了双重影响，即引发了劳动能力的提升与退化并存的现实“悖论”，亟待分析和破解。

（一）人工智能技术带动劳动能力的飞速发展

在人工智能时代，人工智能技术与人类生产生活深度融合，一方面为人的劳动能力发展提供更新更优的技术条件，另一方面延展人的劳动器官，深度参与人的体力劳动和脑力劳动，促进劳动能力的飞速发展。

1. 人工智能技术优化劳动能力发展的条件

人工智能技术通过提高劳动生产率、赋能教育方式、拓宽培育渠道，为人工

① 马克思恩格斯文集（第1卷）[M].北京：人民出版社，2009：237.

② 马克思恩格斯文集（第8卷）[M].北京：人民出版社，2009：397-398.

智能时代人的劳动能力提升创造了更加有利的条件。

第一，人工智能技术增加劳动能力提升的时间。拥有可自由支配的时间是劳动者提升劳动能力的重要条件。在人工智能时代，人工智能技术可以完成重复性、程序化劳动，帮助人类从大量的简单重复性劳动和生活琐事中解脱出来，获得更多用于提升自身劳动能力的自由时间。

在工作场景中，基于海量数据学习训练形成的ChatGPT、文心一言、KIMI等生成式人工智能（GAI），能够创造文本、图片、声音、视频和代码等多种类型内容，极大提高人们写作、编程、绘图、视频剪辑等工作的效率，从而使人获得更多自由时间进行劳动能力的自我提升。此外，人工智能技术操控的工业机器人为制造工厂提供了更加智能、灵活、高效的生产模式，推动了传统制造业转型升级为智能制造，为在岗工人提供了更多的时间去提升劳动能力。随着互联网技术与人工智能技术的普及，远程办公逐渐成为一种新型工作模式，员工可以“走出办公室”，在家里、图书馆、咖啡馆等舒适的环境中开展工作，灵活安排工作时间。这种工作模式提供了更自由的时间和空间，为劳动者提升劳动能力创造了更好的工作条件。

在交通场景中，人工智能技术极大提高人们的出行效率，从而大大地节约了通勤时间。一方面，深度融合人工智能技术的自动驾驶技术不仅提高了驾驶的效率和安全性，还可以把驾驶员从枯燥驾驶中解放出来，获得更多的自由时间。当前，自动驾驶技术除了在民航飞机、高铁、智能地铁等公共交通工具中得到广泛运用，在私家车中的应用也正在加速发展。特斯拉、华为鸿蒙智行、小鹏汽车、理想汽车、蔚来汽车、小米汽车、比亚迪等企业已接连推出多款具有智驾功能的汽车产品，智驾技术已成为各大车企技术研发的战略目标。另一方面，基于人工智能技术的智能交通管理系统可以综合分析天气、车流量等相关交通信息，帮助交通管理者制定科学、高效的交通调度方案，从而减少交通事故、避免交通拥堵、提高通行效率，节约人们的通勤时间。

在家庭生活场景中，结合人工智能技术的扫地机器人、智能洗衣机、智能厨房机器人等智能家电可以把人们从琐碎的家庭劳动中解放出来，使人们在家庭生活中有更多的闲暇时间。例如，华为公司、小米公司推出的具有AI人体超感的传感器、AI中控系统的全屋智能技术，能通过实时分析用户的活动状态总结用户的操作习惯并智能调控智能家居设备，简化了操作步骤，从而让用户节约了大量的操作时间。未来，随着通用人工智能技术（AGI）等新一代信息技术与机器人的深入融合，具有综合性的家庭服务机器人正在走向市场，能够帮助人们完成更多的家务劳动，从而释放出更多的自由时间，让人们有更多可能提升劳动能力，从事更有创造性的工作。

第二，人工智能技术增强劳动能力提升的效能。教育是人类提升劳动能力的关键途径。以ChatGPT为代表的生成式人工智能技术正以空前强大的力量影响着教育行业的发展，赋能学习者、助力教育者，推动着教育模式革新，极大增强了教育提升人的劳动能力的效能。

首先，人工智能技术能够提高教学效率。生成式人工智能的信息检索、文本分析与文稿撰写功能可以帮助教育者高效地完成学情分析、教学研究和备课工作，提高教育者的工作效率。当前，ChatGPT等生成式人工智能大模型可以运用于撰写教学计划、编写课程讲义、创建评分标准、查找教学材料等方面，成为教育者重要的文案助手，使教育者有更多的时间与精力关注学习者的学习情况和教学能力提升，从而促进教育者劳动能力的提升。

其次，人工智能技术可以帮助学习者突破时空限制实时进行高效的自主学习。基于生成式人工智能技术的智能辅导系统、智能导师系统、智能学习机器人可以在一定程度上分担教育者的工作，协助其为学习者制定个性化的学习计划、学习方案，绘制知识图谱，提供实时的学习指导，解答学习中遇到的困惑。如今已有部分学习者利用ChatGPT来完成外语口语训练、辅助写作、资料检索、辅助研究等个性化学习情境。人工智能技术带来丰富的辅助学习功能，提升了学习者的学习效率，便于他们将更多的精力放在知识创新和综合素质提高方面，从而有效提升他们的劳动能力。

再次，人工智能技术能够推进智能教育环境建设。智能教育环境主要指的是一种能够感知并交互响应，支持多种信息形式采集，并适应不同学习需求的教学场所。在教育者一端，接入人工智能技术的智能教室可以通过体态与语音识别技术，对教育者的教态与教学模式进行自动分析，提出改进建议；在学习者一端，智能教室可以通过情感计算与机器学习技术，对学习者的群体与个体的学习行为、情绪、专注度等进行自动分析，帮助教育者有效掌控教育过程，实时调整教育内容及方式方法。智能教育环境的建设将极大助力教育提升人的劳动能力的效能。

最后,人工智能技术推动教育评价和监测的优化。通过对受教育者学习过程的实时监测和数据分析,结合人工智能技术的智能评价系统,可以全面了解受教育者的学习状况及其成效,并及时反馈给施教者与受教者,实现畅通高效的信息交流与沟通,根据评价和检测的结果及时调整和优化教育方案,不断推动教育质量,助力人的劳动能力提升。

第三,人工智能技术拓宽劳动能力发展渠道。在人工智能时代,人工智能技术为人的劳动能力发展提供了新手段、新职业,拓宽了劳动能力发展渠道。

一方面,人工智能时代人工智能技术为人的劳动能力发展提供了虚拟实践的新手段,为人们提供了更多的劳动训练机会。人工智能技术与虚拟现实、增强现实、仿真系统等智能技术相结合,为学习者提供丰富而逼真的虚拟实践场景,丰富劳动经验,锻炼劳动技能。例如,结合虚拟现实、感知增强、人工智能等技术打造的模拟驾驶平台可以提供高度仿真的驾驶环境,让学员在各种拟态情景中进行驾驶训练;结合人工智能技术构建的数字人体模型,能够为医学生的实践课程提供高度仿真的虚拟人体环境。

另一方面,新职业形态不断涌现,为劳动能力发展提供了新可能。其一,人工智能技术的发展催生了众多与之相关的全新职业,如人工智能研究员、算法工程师、数据科学家、机器学习工程师等。随着人工智能技术的不断进步,未来还将涌现出更多新兴职业。其二,人工智能技术对传统职业产生了深刻影响,使其转型升级。例如,在智能制造领域,传统生产线工人需要掌握人工智能技术,成为具备编程、数据分析等技能的"智能工匠";在医疗领域,结合人工智能技术的智能诊断机器能够辅助医生处理海量临床数据、诊断患者病情、制定治疗方案,减少漏诊、误诊风险。此外,结合人工智能技术的外科手术机器人可以帮助外科医生完成脑部神经手术等复杂度高的外科手术,提高手术操作的安全性、精准性。在这些职业转型升级的过程中,人工智能技术为劳动者劳动能力的发展提供了新的条件。

2. 人工智能技术大幅度延展人的劳动能力

马克思指出,技术"是人的产业劳动的产物,是转化为人的意志驾驭自然界的器官或者说在自然界实现人的意志的器官的自然物质。它们是人的手创造出来的人脑的器官;是对象化的知识力量"[①]。人工智能技术是人在科学实践中

① 马克思恩格斯文集(第8卷)[M].北京:人民出版社,2009:198.

创造出的“器官”,能够大幅延展人体的体力与脑力,增强人的劳动能力。

第一,人工智能技术能够增强人的体力。体力劳动通常依赖于人的生理能力,在人工智能时代以前,人们可以通过运用机器等工具弥补体力上的不足,但人体与机器之间始终存在着天然避障,无法直接增强人的体力。然而,随着机器学习、机器视觉和机器运动控制等人工智能相关技术的不断创新,人体与机械之间联系日渐紧密,朝着人机结合、人机共生的方向持续发展,极大地增强了人的体力。

首先,集成人工智能技术的智能医疗设备可以帮助残障人士恢复残缺的身体功能,从而弥补残障人士的劳动能力短板。例如,融合人工智能技术的智能义肢可以通过脑机接口与大脑神经相接驳,使人类可通过大脑控制智能义肢完成抓、握等复杂动作。在穿戴智能义肢后,残障人士可以具备正常行动能力;结合人工智能技术的智能义眼能够通过脑机接口接入患者的视觉神经系统,从而帮助视障群体恢复部分视力。

其次,结合人工智能技术的智能机械设备能够增强正常人的体力,在军事、建筑、救援等领域具有广泛的应用前景。例如,集成人工智能技术的智能外骨骼能根据行动类型智能调节力量输出模式,提升人体的体力、防护和适应能力。当前,一些军队已初步列装外骨骼装备来提升战斗力。随着人工智能技术的发展,未来的智能外骨骼技术会达到甚至超越国产科幻电影《流浪地球》中智能外骨骼的技术水平。

最后,接入人工智能技术的智能手表、智能耳机、智能眼镜等智能穿戴设备能够根据使用者的实时身体数据提供科学的运动方案,从而帮助使用者保持良好的身体素质,增强其体力。例如,接入人工智能技术的智能手表可以通过监测佩戴者的实时心率、血压、血氧等身体指标,提示佩戴者定期进行运动训练,并为佩戴者提供科学运动方案和运动指导。接入人工智能技术的智能穿戴设备不仅有助于普通人群保持身体健康,甚至还能为专业运动员维持竞赛状态、开发身体潜力提供帮助。

第二,人工智能技术能够增强人的脑力。在人工智能时代,人工智能技术在社会中的应用越来越广泛,它不仅能够增强人的体力,更是在提升脑力方面展现出巨大的潜力。这种应用并非简单的工具替代,而是通过先进的技术如机器学习、自然语言处理等,有效提升人的智力。

首先,人工智能技术能够提升信息处理和分析能力。在信息化程度极高的今天,人工智能与大数据技术相结合,能够帮助人们快速、准确地从海量数据中提取出有价值的信息。例如,在金融、医疗、市场分析等领域,智能技术的应用使得脑力劳动者能够更加高效地做出决策,减轻信息爆炸带来的干扰。因此,人工智能通过大数据分析和机器学习,能够帮助人们快速处理和理解复杂信息,提高决策效率。

其次,人工智能技术能够为艺术工作者提供新的创作方式和思维空间。生成式人工智能如ChatGPT与虚拟现实、增强现实、元宇宙等技术相结合,为创作者提供无限的创意和灵感。在艺术、文学、音乐等领域,人工智能成为创作者的得力助手,帮助他们拓展思维空间,实现更高水平成果的创作。例如,凭借《东京同情塔》一书取得日本第170届芥川文学奖的九段理江(Rie Kudan)就在小说创作中使用了ChatGPT。九段在记者见面会上表示,书中约有5%的内容完全来自ChatGPT。①她将AI视为灵感的来源,视为自己创作过程中的伴侣,希望在未来的写作中继续运用ChatGPT。

此外,人工智能技术帮助人们探索人类大脑的奥秘。人类大脑是人类能够进行脑力劳动的器官基础,它能够处理外界信息,产生思想、情感、记忆、创造力等高级功能。但因人脑是由约860亿个神经元和数万亿个神经突触组成的复杂器官,时至今日人类仍在探索大脑的结构与功能。人工智能时代,人工智能技术在脑神经科学领域的应用为脑科学的研究提供了全新手段。通过人工智能技术与脑机接口技术,可以更加深入地研究大脑的结构和功能,揭示大脑神经元之间的联系和信息传递机制,从而更加准确地了解大脑的工作原理,为充分开发大脑的潜在机能、提升人类的脑力提供技术支持。

最后,人工智能技术在协同办公和团队协作方面发挥着重要作用。通过智能化的项目管理工具、协同编辑软件等,脑力劳动者可以更加高效地进行团队协作,实现信息共享、任务分配的智能化。这种协同办公的方式使得脑力劳动者在全球范围内进行合作变得更加容易,推动了全球脑力资源的高效整合。

综上所述,人工智能技术在增强人的劳动能力方面具有巨大的潜力,随着人工智能技术的不断发展,可以预见未来人的劳动能力将得到进一步的提升,成为人的自由而全面发展的重要助力。

---

① 康慨.推想小说《东京都同情塔》为九段理江赢得芥川奖[N].中华读书报,2024-01-24(4).

（二）人工智能技术带来劳动能力发展的掣肘

“尽管我们所处的时代同马克思所处的时代相比发生了巨大而深刻的变化，但从世界社会主义500年的大视野来看，我们依然处在马克思主义所指明的历史时代。”[①]人工智能时代资本逻辑对人工智能技术的支配，使得人工智能技术虽然为人的劳动能力的提升提供了极大可能，但也对人的劳动能力提升形成了现实掣肘。

1.人工智能技术引发马太效应加大劳动能力差距

20世纪60年代，美国著名社会学家罗伯特·K.默顿（Robert K. Merton）首次将这种好的愈好、坏的愈坏，多的愈多、少的愈少，贫者愈贫、富者愈富的现象，归纳为“马太效应”。[②]人工智能技术的发展，使得劳动能力的需求和价值发生了结构性的变化，导致了不同类型的劳动者之间的劳动能力差距加大，形成了马太效应。

第一，进一步拉大资本家与工人的劳动能力差距。人工智能技术作为科技进步的最新成果本应服务于人类自身的发展，但资本敏锐地察觉到它能够助力利润最大化的巨大潜力，因而发挥资本权力主动掌控人工智能技术，力图使其成为资本家获得利润的新手段，服务于资本增殖。研发和应用人工智能技术是一项复杂的工程，需要极大的资金与人力等资源投入，资本家不仅可以直接购买运用人工智能相关的发明专利、技术成果，还可以雇用大量科学家、工程师研发其所需的人工智能技术，从而将人工智能技术牢牢地掌控在自己手中，进一步拉大资本家与工人的劳动能力差距。此外，资本家还通过人工智能技术强化其对工人劳动能力的控制和占有。资本家将人工智能技术、大数据、云计算、物联网等数智技术相融合，可以更加精确地评估工人的劳动能力使用，实现对工人的全方位监控和管理，迫使工人提高工作效率和工作强度，从而更好地运用工人的劳动能力为资本增殖服务。

第二，进一步拉大高级脑力劳动者与其他劳动者的劳动能力差距。在资本主义生产中，作为脑力劳动结晶的科学技术在很大程度上转化为机器体系这一固定资本，成为资本支配劳动的权力。在人工智能时代，人工智能技术的飞速发展和大规模应用深刻改变着资本家对劳动力的需求。由于人工智能产业的

---

① 习近平谈治国理政（第2卷）[M].北京：外文出版社，2017：66.

② 陈金明编著.领导者应关注的60种效应[M].北京：人民出版社，2018：143.

快速发展,劳动力市场进一步增加了对人工智能开发的工程师、科学家等高级脑力劳动者的需求,而对从事体力劳动和常规性的脑力劳动的其他劳动者的需求大幅减少,从而造成高级脑力劳动者与其他劳动者的收入差距进一步拉大,劳动者的劳动能力发展机会与条件的不平等进一步加剧。此外,高级脑力劳动者相比于其他劳动者拥有更高的智力及技能,能够充分运用人工智能技术提供的信息、工具、平台和机会提高工作效率和质量,提升个人劳动能力,进一步拉大高级脑力劳动者与其他劳动者的劳动能力差距。

2.人工智能技术加剧异化风险致使劳动能力退化

人工智能时代人工智能技术对人的劳动能力提升造成的掣肘还体现在加剧人同自己类本质相异化、人与机器之间关系相异化、人与人之间交往的异化,造成劳动能力的退化。

第一,人工智能技术加剧了人同自己类本质相异化。马克思在《1844年经济学哲学手稿》指出,“一个种的整体特性、种的类特性就在于生命活动的性质,而自由的有意识的活动恰恰就是人的类特性”①。也就是说人的类本质是自由的有意识的活动——劳动活动。在资本主义社会中,工人的劳动被少数资本家控制,为资本增殖服务,从而降低了工人劳动的自主性,把工人的类生活贬低成了仅仅维持自身躯体活下去的手段,扼杀了大多数工人的思想和智力发展。马克思指出:“机器劳动极度地损害了神经系统,同时它又压抑肌肉的多方面运动,夺去身体上和精神上的一切自由活动。”②相比于前智能时代,人工智能时代的资本操控人工智能技术进一步削弱劳动的自主性,加强对工人劳动的控制,从而加剧了人同自己类本质相异化。人工智能技术加快了社会生产的智能化和自动化进程,从教育、医疗、娱乐到司法、军事、政治等领域,许多原本需要人类主动思考、创新、决策的工作和任务被智能机器人和智能系统所模拟,不仅导致了工人的劳动被机械化、数字化、标准化、辅助化、监督化,也使得大多数工人的劳动失去了主体性和创造性。以ChatGPT为代表的生成式人工智能为人提供海量的信息和知识,使人快速地获取和掌握所需的知识,但如果简单接受和消化人工智能生成的知识则会导致人缺乏对知识的深入理解和批判性思考,丧失主动探索和创造知识的动力,长此以往,人类的思维能力和创造力等能力会

① 马克思恩格斯选集(第1卷)[M].北京:人民出版社,2009:56.

② 马克思恩格斯文集(第5卷)[M].北京:人民出版社,2009:486-487.

因越来越少的使用和锻炼而逐渐退化。

第二，人工智能技术加剧了人与机器之间关系的异化。机器本应是人实现生产目的的工具，是人肢体的延伸。在大机器生产过程中，资本逻辑操控下的工人的活劳动成为机器的附庸，身体则成为机器无意识的肢体，沦为单纯的机器“照看者”，人与机器的关系被倒置了。相比于前智能时代，由人工智能技术与生产机器结合形成的智能工厂的单个生产过程甚至不需要工人劳动的直接参与，很多工人的智力被闲置起来了。长此以往，很多工人的思维能力和创造力等劳动能力将因越来越少的使用和锻炼而逐渐退化。除了生产领域，结合人工智能技术的智能机器也逐渐进入人们的日常生活中，代替人们完成各种家务劳动。如果过度依赖智能机器，用肢体延展的智能机器替代自己的肢体的话，会导致人们缺乏劳动经验，甚至缺乏基本的劳动能力。

第三，人工智能技术加剧了人与人之间交往的异化。马克思在《关于费尔巴哈的提纲》中强调，“人的本质不是单个人所固有的抽象物，在其现实性上，它是一切社会关系的总和”①。基于人的社会性本质，人的劳动能力发展必然需要一定的社会关系，因此交往能力是人的劳动能力发展的必要条件。在资本主义社会中，人与人之间的交往活动呈现出异化状态，人与人之间的交往关系受到了物的支配，相互疏离、冷漠。交往异化必然会阻碍人们交往能力的发展，限制劳动能力的联合，制约人的劳动能力发展。相比于前智能时代，沉迷于虚拟交往而忽视现实交往是人工智能时代交往异化的新特点。基于元宇宙、虚拟现实、增强现实技术的虚拟交往虽然使远距离交往更加便利，但在一定程度上弱化了人们的现实交往能力。一方面，虚拟交往带来主体失真。真实的交往主体通过数字介质呈现，遮蔽了交往的现实性，淡化了交往主体间的情感连接与劳动联合。另一方面，虚拟交往诱发主体沉迷。由于虚拟世界中的虚拟交往具有的身心沉浸、现实超越等特性，人们容易过度依赖于虚拟交往，从而忽视自身在现实世界中劳动能力的发展。

3. 人工智能技术诱发失业危机阻断劳动能力使用

在人工智能时代以前，自动化技术虽然能够替代一些重复性或是对专业技能要求较低的体力劳动，但对需要脑力劳动的大多数职业影响有限。在人工智能时代，结合人工智能技术的智能机器具有了一定的认知能力、分析能力和创

① 马克思恩格斯选集(第1卷)[M].北京:人民出版社,2012:135.

造能力，进一步推进了社会生产各个领域的自动化进程，金融、法律、医疗、教育等很多领域的脑力劳动面临被人工智能技术替代的风险，相比于前智能时代的自动化技术，智能时代的人工智能技术带来的失业危机规模更大，范围更广。在资本逻辑主导下，资本家为了减少用工成本而大规模应用人工智能技术将不可避免地引发人工智能与人类劳动的对立。OpenAI公司于2023年3月20日发表的一项研究显示，ChatGPT的使用与普及可能使美国大约19%的劳动力至少50%的工作任务受到影响；80%的劳动力至少有10%的工作任务受到影响。高盛的最新研究也表明，人工智能将影响目前大约三分之二的工作，其中25%～50%的工作将被替代。[①]长远来看，人工智能在数据、计算、制造等领域展现出来的能力甚至在某些方面远远超过人类的劳动能力。在资本逻辑的主导下，人工智能机器人成本不断降低，生产效率持续提高，人工智能技术应用于生产生活的进程将显著加快，越来越多的机器将接入人工智能技术，减少甚至替代人类劳动。当自动化生产体系正式形成后，因被智能机器替代而失业的工人们被迫成为生活条件缺乏保障的产业后备军，劳动力商品供大于求，为资本家榨取剩余价值创造更为有利的条件，造成"资本借助机器进行的自行增殖，同生存条件被机器破坏的工人的人数成正比"[②]的社会景象。被人工智能技术取代的失业工人失去了原有的工作岗位，失去了维持自己劳动能力的物质条件和实现劳动能力的平台，劳动能力的发展被阻断。

总之，人工智能时代人工智能技术的发展及其同社会生产生活日益高度的融合，对人的劳动能力发展产生双重影响，既不能仅因人工智能技术对人的劳动能力发展带来的机遇而盲目乐观，失去防控风险挑战的先机，又不能过分忧虑人工智能技术对人的劳动能力发展带来的风险挑战而望而却步，失去利用人工智能技术推动人的劳动能力发展的契机。反而，我们需要客观评价和科学预判智能时代人的劳动能力发展的现实境遇，推动人工智能技术发展与人的劳动能力发展的良性互动。

---

① 姚建华，沈逸寒.人工智能时代比起失业，更需警惕劳动力市场极化[N].劳动报，2023-04-19.

② 马克思恩格斯文集(第5卷)[M].北京:人民出版社2009:495.

三、人工智能时代人的劳动能力的发展路径

人工智能技术的快速发展引领时代变革，为人的劳动能力发展提供了无限可能，在以中国式现代化全面推进中华民族伟大复兴的新征程中，必须抢占先机，敢于在新的科技革命和时代发展浪潮中，把握一切有利契机，迎接和化解相伴而来的风险挑战，推动人的劳动能力发展迈上新台阶。为此，首要的是要破除人工智能技术发展的壁垒，让先进的人工智能技术的发展为人的劳动能力的提升而助力。其次，要秉持“以人民为中心”的人工智能技术的发展理念，释放其提升人的劳动能力的积极效能。最后，还要依托教育智能化、生产劳动智能化、产教融合来推动人工智能技术与劳动能力提升的深度融合。

（一）破除人工智能技术发展壁垒助力劳动能力提升

人工智能技术是科技进步的最新产物，它被迅速运用于社会生产生活的各个领域并带来深刻变革，但现实社会中的种种壁垒制约了人工智能技术的进一步研发及其合理运用，进而阻碍其对人的劳动能力的提升效能，这就要求破除人工智能技术发展的现实壁垒以充分发挥其助力人的劳动提升的积极效用。

1.打破人工智能技术限制，推动劳动能力智能发展

人工智能技术的发展一方面促进了社会生产力的极大进步，改善了人类自身的发展状态和生活水平，重塑了整个人类社会的生产生活方式；另一方面，人工智能技术的发展在世界范围内又呈现出不均衡性，集中表现在发达国家之间、发展中国家之间、发展中国家和发达国家之间存在不同程度的技术代差。人工智能技术的发展对于整个人类社会的进步是有益的，但是碍于特定社会发展阶段的局限性，各国人工智能技术发展的程度又存在明显的差别化，这在短时间来看，不利于劳动能力的提升和发展。

马克思曾指出：“各种经济时代的区别，不在于生产什么，而在于怎样生产，用什么劳动资料生产。”[①]这表明了生产力特别是生产工具对于人类社会的至关重要性。在前资本主义社会条件下，人们借助生产的工具还比较粗糙、简单，例如石器、青铜、铁器等。进入资本主义时代，在电气等先进技术的推动下，生产工具发生极大革新，推动人类社会生产力发生了重大跃迁。马克思对此曾评价

---

① 马克思恩格斯文集（第5卷）[M].北京：人民出版社，2009：210.

道:“资产阶级在它的不到一百年的阶级统治中所创造的生产力,比过去一切世代创造的全部生产力还要多,还要大。”[①]当下,随着新一轮科技革命和产业革命的展开,人类社会将逐步进入以人工智能为引领的时代,将催生一大批智能化的生产工具,推动人们的生产生活发生深刻变革。但是,当前人工智能的发展又面临限制和阻碍,而在发展中国家中尤为明显。发达国家得益于早期的发展和积累,在人工智能技术的设计和研发上占据领先地位,为了在全球化分工中占据绝对的价值链优势,保证自身对先进技术的垄断与掌握,发达国家会利用一切手段和方式对发展中国家进行技术限制和制裁。半导体特别是芯片是实现智能化的核心部件,人工智能技术就是以芯片作为其“大脑”,缺少“大脑”的支持和牵引,人工智能技术的发展将寸步难行。近几年中国的人工智能技术快速发展,以讯飞为代表的星火大模型直接对标GPT-4。人工智能技术的发展必须基于算力的发展和优化,而算力又是以人工智能芯片为硬件根本,如果中国的人工智能芯片无法实现突破,这无疑使人工智能技术发展的底层逻辑面临挑战。可想而知,发展中国家在发展人工智能技术方面面临的难题和困难是多么严峻。如果不突破发达国家的技术垄断和封锁,打破技术壁垒,就谈不上推动劳动能力的智能化。因此,为推动劳动能力的智能化,就必须进一步地打破现有的技术限制和世界各国因技术代差所造成的技术瓶颈和限制。

第一,要提高人工智能技术发展的自主创新能力,为提升劳动能力奠定技术基础。首先,要加强核心技术领域的研发投入。人工智能技术不能依赖于国外的基础设施和开源条件,必须将核心技术牢牢掌控在自己的手中。因此,国家应加大对人工智能相关领域核心技术的研发投入,组织高校、科研院所和企业之间的技术分享与合作,推动人工智能领域产学研一体化,从而形成投入长期化、研发持续化、发展可视化的新格局。其次,要完善人才培养体系,加大专业人才培育力度。人工智能领域的创新在于人才,我国目前在人工智能领域的高端人才与发达国家相比仍存有一定的差距,且缺少国际顶尖人才。为此,必须围绕相关专业人才的培育,增强我国高校、科研院所的国际合作,并设立专项教育资金,加强高校培育复合型人才的后备支撑。另外,还要将培养和引进相结合,大力引进国际顶尖的人工智能领域的人才,发挥人才在自主创新方面的牵引作用。通过完善人才培养体系,我国可以在人工智能技术发展中抢占先

---

① 马克思恩格斯选集(第1卷)[M].北京:人民出版社,2012:405.

机，并且人工智能领域人才的培育，也可以提高我国劳动者的素质，让人工智能技术为劳动者的能力提升而赋能。最后，要将人工智能的科技成果市场化，提升人工智能技术成果转化率，使相关企业能够在激烈的国际市场竞争中占据先发优势和主动权，再将科技成果反哺劳动者，以增强劳动者提升劳动能力的积极性和主动性，形成一个良性的发展闭环。

第二，加强各国之间的技术合作与研发，突破劳动能力的发展瓶颈。首先，各国应秉持合作共赢的理念，积极建立并开放各类技术合作平台，通过信息资源的流动与共享，促进人工智能技术的创新和应用，强化相关领域的复合型人才培育，有效提升劳动者的相关技能和劳动能力。国家间的积极合作不仅能够加速对技术瓶颈的突破，产生规模效应，降低研发成本，减少重复投入，还能在此过程中增强劳动者自身的综合素养，增强劳动者之间的国际交流与联动。其次，要建立相应国际技术通用标准，推动全球人工智能技术发展的标准化，这有助于消除技术壁垒和隔阂，增强劳动者之间的合作性和沟通性，在发展技术的同时，推动人才之间的快速流动和交流，从而实现技术发展与劳动能力提升的双向促进。最后，各国要加大对教育和培训的力度，并共享经验和建立相应的合作、沟通机制以培养大量相关人工智能技能的人才，满足当下与未来的发展需求。只有让更多的人掌握相关技术，才能实现劳动能力的智能发展。

第三，规范科技成果的推广利用，要反对发达国家进行科技垄断并对科技相对落后国家进行科技殖民，以免造成全球劳动能力水平的差距拉大。实践证明，科技殖民是发达国家实现自身榨取超额剩余价值的重要方式。如果一个国家不重视科技发展、科技处于相对滞后的水平，那么很可能受到科技殖民的影响。比如，以美国为首的资本主义国家为了实现自身利益的最大化，利用自身在科技领域的优势，借助谷歌、Facebook等平台，对发展中国家进行科技殖民，带来了严重的安全隐患，同时造成了一系列的社会问题。发展中国家由于大量劳动者从事低技术行业的工作，造成发展中国家的劳动者的劳动能力缺少更多提升的环境和机会，并造成全球劳动能力水平两极分化。因此，面对新一轮科技革命和产业革命背景，我们必须警惕新的科技殖民，并且要出台一系列相关的政策法规进行治理和反制，并积极制定一些政策来引导和规范科技成果在全世界的推广和利用。

2.让人工智能技术可靠，保障劳动能力正常发挥所谓技术可靠，是指技术发展服务于人、造福于人，有助于推动人类社会整体发展。但受到多重因素的制约和影响，技术也存在不可靠的一面，一些技术的出现和发展，可能会对人类社会造成严重的影响，甚至对整个人类社会都形成威胁。比如，1938年德国科学家奥托·哈恩用中子轰击铀原子核，发现了核裂变现象，这是一种科学技术的发展，但是在1945年7月，罗伯特·奥本海默却在此基础上主导制造出了世界上第一颗原子弹。后面在战争中两颗原子弹的使用造成20多万人死亡，人类历史上还从未出现过如此杀伤性巨大的军事武器，只需几秒钟的时间就可以让一座城市的人类灰飞烟灭，至今世界各国仍对原子弹、氢弹之类的终极武器有所忌惮，它们是悬在人类头顶上面的达摩克利斯之剑。因此，让技术可靠，让技术发展为生产力的发展赋能，这是在发展技术时不可忽略的问题。马克思曾指出："固定资本的发展表明，一般社会知识，已经在多么大的程度上变成了直接的生产力"[①]，同一般社会知识一样，技术也是直接的生产力。人工智能技术的发展会带来生产力的发展，也会为人的劳动能力的发展赋能。因此，要提升劳动能力，就必须重视人工智能技术可靠，从而为劳动能力的提升保驾护航。

在技术迅速发展的今天，人工智能技术可靠也面临着许多困境和挑战。一是技术人员的价值观可能会对人工智能技术可靠性产生重大影响。在人工智能的设计和研发过程中，还不可避免地受到有关设计和研发人员的价值观念、思想理念等方面影响，而近几年的相关研究中也都发现AI模型中还存在性别偏见，以及算法歧视等方面问题。"2017年，普林斯顿大学和巴斯大学的计算机科学家发现，在进行了似乎理性的打标签之后，一个常用的机器学习模型将'女性'和'女人'与家政和艺术与人文领域的职业相关联，而将'男性'和'男人'与数学和工程领域的工作相关联。"[②]由此可见，算法加持下的AI在一定程度上受到人类自身价值观念甚至是固有偏见的影响，这在以AI主导的智能决策中难免会造成一定的偏差，甚至给人类带来伤害。二是人工智能发展前景的不确定性导致可靠性出现折扣，就目前而言，人工智能仍处于弱人工智能阶段，距离到达强人工智能阶段还有很长的路要走，而人工智能在发展到强人工智能的时

① 马克思恩格斯文集(第8卷)[M].北京:人民出版社,2009:198.

② [美]马尔科·扬西蒂(Marco Iansiti),[美]卡里姆·拉哈尼(Karim R. Lakhani)著.数智公司AI重新定义企业[M].罗赞译.北京:机械工业出版社,2022:190.

候，人工智能是否还能受人类真正的控制、是否始终如一地遵守人类的伦理道德？这些可能成为人工智能技术可靠的另一个重要挑战。三是人工智能技术发展有关的监管体制机制还未健全，人工智能技术毕竟是一项新的技术，在许多方面相关法律的规制和问责机制尚未完善的情况下，人工智能技术的发展会存在一定的漏洞，这导致人工智能技术存在不可靠的问题。比如，大语言模型的出现，使得AI能够模仿人类写作，现在大语言模型的出现，使得一些学生的毕业论文中的有些内容是直接参考了AI的内容生成，那么利用AI进行学术研究是否是学术不端呢？如果是那么应该如何判定？

上述表明，科学技术对人类而言存在不可靠的因素，随着人工智能技术的迅猛发展，人工智能技术逐渐应用于人类生活的方方面面，对于劳动能力的提升起了关键的作用。要保障劳动能力的正常发挥，就必须确保人工智能技术发展可靠，否则就会弄巧成拙，给人类带来困扰和挑战。而如何进一步建立起人工智能技术可靠，从而保障劳动能力正常发挥，成为人类不得不共同面对的一个问题。人工智能技术涵盖了算法、算力、大数据、云计算等方面，这些技术的发展与进步，深刻地影响到人们劳动能力的发挥，有效地提升着人们在生产实践中的劳动能力。为此，一个国家要想在人工智能技术发展的浪潮中把握机遇、赢得主动，不断提升劳动者的综合素质和劳动能力，就要确保人工智能技术发展可靠。

第一，构建健全的监管机制。在人工智能发展与应用过程中，要确保其透明度，通过国际合作实现对人工智能的共同治理和监管，并对人工智能技术运作进行相对透明化的处理，让人工智能的运行轨迹有迹可循，打造数字名片和数字追踪引擎，以确保劳动能力的提升和保护。还要加强国际合作，实现对人工智能的共同治理。譬如，于2023年11月1日至2日在英国布莱奇利园举行了首届人工智能安全峰会，28个人工智能开发国共同签署了《布莱奇利宣言》，承诺以安全、以人为本、值得信赖和负责任的方式设计、开发、部署和使用AI。①这些举措为人工智能技术的发展可靠提供了初步保障，有助于保障劳动者在人工智能技术发展过程中的权益。

第二，确保人工智能技术发展符合社会需求。这是实现科技与人类社会和谐共处的重要保障，也是提升劳动能力的积极动能。在全球化数字化迅猛发展

① 张佳欣．“AI安全治理，中国不可或缺”［N］．科技日报，2023-11-07(8).

的时代,人工智能作为一项前沿性的新技术,正在深刻影响着整个人类社会的发展,同时人工智能的迅速发展也带来了诸多问题。有鉴于此,首先,人工智能的发展必须强调以人为本。技术的发展如果不是围绕着人类本身,那么就容易带来诸多危害,导致技术发展本身与技术发展目的相背离,因此在开发和研究人工智能的时候,应将以人为本作为出发点和落脚点。其次,人工智能技术的发展必须以提升劳动者的能力为前提。人工智能的全方位深入发展和普及,必将对传统的劳动岗位形成挑战和替代,同时人工智能技术的发展也会创造许多新兴的岗位和职业。因此,国家在发展人工智能技术的同时,就必须提升劳动者的相关教育水平,注重培养劳动者的技术能力和创新意识,只有这样劳动者才能提升自己以适应时代的转型和变化。最后,人工智能技术的应用必须优化劳动者的工作环境。利用人工智能对劳动者能力的提升进行技术赋能,提升劳动过程中的生产效率以减轻劳动强度,并且让劳动者从危险、恶劣的劳动环境中解放出来,使其能够在更为安全、健康、轻松的环境中工作。

3.防范资本逻辑垄断操控,确保劳动能力公平发展

根据马克思的观点,资本具有“文明”的一面,这是值得去利用的,但是与此同时,诚如马克思指出:“资本来到世间,从头到脚,每个毛孔都滴着血和肮脏的东西。”[①]资本在其本质上体现为一种剥削关系。人工智能的发展为人的全面发展提供了有利契机,但在资本逻辑的主导下,人工智能技术却可能引发压迫人、奴役人的潜在风险。进而言之,对于资本而言,追求人工智能技术的发展的最终目的不是服务于人本身,而是为了无限制地增殖。就劳动能力的发展而言,在资本逻辑操控下,人工智能推动下劳动能力的智能化发展不是为了增进劳动者自身的福祉,而是服务于资本增殖的最终目的。

马克思指出:“资本,别的不说,也是生产工具,也是过去的、客体化了的劳动。”[②]马克思认为,资本本身就是一种客观的存在,就像人类谋生所用的生产工具一样,是作用于客观世界以满足自身需要的工具和手段,这表明资本是可以驾驭和利用的,人类只有积极地利用资本“文明”的一面,以促进生产力的不断发展和变革,才能为人的发展准备条件。因此,在人工智能时代,一方面要利用资本推动人工智能技术进步,发挥其提升劳动能力的“文明作用”,但另一方面

① 马克思恩格斯选集(第2卷)[M].北京:人民出版社,2012:297.

② 马克思恩格斯文集(第8卷)[M].北京:人民出版社,2009:9.

要设置资本运行“红绿灯”,防止资本垄断和无序扩张操控人工智能技术掣肘劳动能力发展。

(二)秉持“以人民为中心”的人工智能技术发展理念

人工智能技术是人类在现实的实践生活中所创造的,是人脑和体力劳动的结晶。人工智能技术提高了人认识和改造自然的能力,动态改变了人与自然的物质输送与转化效率,人工智能技术在未来一定会进一步地大放异彩。为此,必须牢牢地坚持“以人民为中心”的人工智能技术发展理念。对此,一是要正确审视人工智能技术,凸显人民群众的主体性地位;二是开发利用人工智能技术,释放其提升劳动能力的积极效能;三是要规避人工智能技术风险,约束其破坏人的劳动能力的消极作用。

1.正确审视人工智能技术,彰显人民群众是创造历史的主体的地位

真正决定社会历史发展的是广大人民群众,因为他们是历史真正的参与者、贡献者、创造者,这是历史唯物主义的根本观点。人工智能时代只是人类历史发展中的一个阶段,在这个阶段中,尽管技术为人类带来了前所未有的便利和享受,但是我们不应该盲目地崇拜技术,而忽视了人民群众才是一切技术的创造者和技术成果的享有者。

第一,人民群众的需要是推动人工智能技术发展的内在动力。恩格斯曾指出:“社会一旦有技术上的需要,这种需要就会比十所大学更能把科学推向前进。”[①]可见,人工智能技术的发展一定是源于社会的需要,而社会是由广大的人民群众所构成的,人民群众在生产生活中的需要,共同构成了社会的整体需要,并推动着技术的进步与发展。人工智能之所以在这个历史阶段出现,绝非偶然,而是为了回应人民群众在历史创造中所产生的需要,这也是人工智能得以不断发展和优化的根本动力所在。

第二,人民群众是推动人工智能技术发展的主体。人工智能技术是人类生产生活的实践产物,人工智能技术从产生的那一刻起就带着深深的人类印记。人民群众在历史的过程中,发明和创新了无数的技术,这些技术在历史的积累和应用中,为人工智能技术的发展奠定了技术基础和现实条件。人民群众也是使人工智能不断得以更新和发展的主体力量,当下出现的讯飞星火大模型、华

---

① 马克思恩格斯文集(第10卷)[M].北京:人民出版社,2009:668.

为盘古大模型、百度文心一言、中国科学院紫东太初等人工智能技术成果，都深刻彰显着人民群众的智慧和力量。因此，人工智能技术应要强调服务于社会全体人员，为人民创造物质财富、精神财富和推动社会变革而赋能，让人工智能技术武装劳动者，让劳动者的劳动能力得到智能化提升，以汇聚先进技术促进生产力发展的合力。而不能让人工智能技术成为少部分人维持自身利益的手段和工具。如果人工智能仅为少数人服务，可能会加剧社会的不平等，削弱其对劳动能力提升的作用。

2.开发利用人工智能技术，释放其提升人的劳动能力的积极效能

技术是促进人的劳动能力发展的工具和手段，但人们在追求劳动能力提升的过程中，有时候会偏离预定的轨道。特别是资本的介入，会导致人工智能技术带来一系列的不利影响。人工智能技术的出现，在一定程度上为人的劳动能力发展提供新的有利条件，但同时也要看到人工智能技术的进步与发展，也使得人的劳动能力发展面临一些新的异化风险，这时候人工智能技术非但没有促进劳动能力智能化的作用，反而成为劳动能力智能化的"绊脚石"。因此，为了更好地开发人工智能技术，使其能够释放出提升人的劳动能力的积极效能，我们需要完善顶层设计，从顶层设计的切口打开新的出路，积极地推动人工智能技术的正向发展，从而为劳动能力的智能化赋能。

第一，加强顶层设计，在国家层面做出战略布局。人工智能技术是一种引领未来的战略性技术，面对国际竞争的日益加剧，一个国家要是能在人工智能技术方面赢得主动，就会为本国的发展建立起新的经济增长点，从而为劳动能力智能化提供物质财富和技术基础。人工智能的广泛应用不仅能够通过自动化和智能化工具减少劳动者的重复性体力劳动，还能提升劳动者在复杂任务中的效率与精确度。譬如，人工智能通过数据分析、智能辅助决策等手段，提高劳动者在生产和管理过程中的工作质量，减轻劳动负担并增强创新能力。纵观人类历史至今，一共历经了三次工业革命，每一次的工业革命，都极大地改变了整个人类世界的历史进程和现状，甚至从根本上改变了历史的发展轨迹。"1750—1850年，第一次工业革命使全球人均GDP在100年内增长1.6倍；1850—1950年，第二次工业革命推动全球人均GDP增长10倍以上；而第三次工业革命在短短50年间就将这一数值再次提高9倍以上。"[①]可见，技术所推动的工业革命对

---

① 国务院发展研究中心课题组著.以信息化培育经济增长新动能[M].北京：中国发展出版社，2021：3.

人类历史发展有着巨大的作用，对于人工智能技术的发展，从国家层面做出顶层设计，进行战略预判和谋划，符合一个国家的战略利益，并能够促进劳动能力的智能化发展。

第二，引导社会力量参与，聚力人工智能技术研发与推广运用，创设人的劳动能力提升的智能化环境。人工智能技术的发展需要大量的人力、物力、财力等资源，可以说在某些阶段对人工智能技术的投资是一个见效慢、投资周期长的"累活"。如果单凭社会自发地推动人工智能技术的进步，以实现劳动能力的智能化，那将是一个相当难以完成的任务，甚至可以说不可能实现。以发达国家为例，"美国、英国注重人工智能的基础研究，日本、德国偏向从应用方面促进人工智能的发展……注重引导人工智能为社会造福，预防人工智能引发就业、公平等社会问题"①。可见，这就是发达国家总是占据人工智能技术创新前沿的重要原因，人工智能技术在西方发达国家大放异彩离不开发达国家的政府在政策上的倾斜和支持，以及社会力量的参与。为此，在人工智能技术发展方面，必须广泛引导社会力量参与，聚合一切有效社会资源，从而为人的劳动能力提升创造一个良好的智能化环境。

3.规避人工智能技术风险，约束其破坏人的劳动能力的消极作用

人工智能技术广泛地应用于社会生活实践中，改变了人们的生产生活方式，为人们的社会实践带来便利，加深了人与人、人与社会之间的联系。特别是人工智能技术的普及与应用，为劳动者提升自身劳动能力提供了科技手段，提升了劳动能力在时间、空间方面的应用能力和实践效率。但是人工智能技术的未来发展尚充满极大不确定性，因此仍然需要对人工智能技术的应用和发展路径进行适当管控，以免使得人工智能技术成为提升劳动能力的阻碍。

第一，避免人工智能技术的滥用，确保人工智能技术使用的公益化。人工智能技术的应用尽管为人们的生产生活提供了便利，但同时对人工智能技术的使用如果监督不当，就会带来严重危害。例如，人工智能在进行优化和升级的过程中需要大量的数据来训练和运行，这些数据大多来自用户的日常使用，如何收集这些数据、数据是否被使用以及用户的知情权如何保障，对这些问题处理不当将带来一系列的隐私和安全问题。为此，在对人工智能技术使用的过程中，要确保使用过程一定程度的透明化，确保相关机构和用户能够实现对人工

① SISS产研编著.蓝色风向标：前沿科技领域产业创新趋势[M].上海：上海科学技术出版社，2021：22.

智能技术的全程监督，要确保人工智能技术用于提升人的劳动能力，使更多的劳动者受益，从而为每一个人能够凭借技术进步提升劳动能力创造相应的机会。

第二，预防人工智能技术同人的劳动能力相冲突，开展针对性再教育以提升劳动能力。人工智能技术从根本上说是为了弥补人的劳动能力的不足，是为了使劳动能力能够全面发挥而采取的技术手段，从这一点上来讲，人工智能技术与人的劳动能力不是淘汰与被淘汰、替代与被替代的零和博弈关系，而是一种相互促进、彼此成就的双赢关系。在人工智能迅速发展的当下，也要进一步推动智能化教育的普及，针对一些新行业以及新需求，设立专门的岗位和教育要求，建立和完善劳动者的再教育，从而实现劳动者的再就业。

第三，完善监管机制，防止企业利用人工智能技术剥削和控制员工。2013年，英国超市乐购（Tesco）就遭到指控，原因是其给员工配备智能臂带，并利用智能臂带对员工随时进行监控，对员工进行精准的任务计时，从而对生产效率进行评分。[①]而我国在2023年7月10日就发布了《生成式人工智能服务管理暂行办法》，其中第三章第十一条就明确指出："提供者对使用者的输入信息和使用记录应当依法履行保护义务，不得收集非必要个人信息，不得非法留存能够识别使用者身份的输入信息和使用记录，不得非法向他人提供使用者的输入信息和使用记录。"[②]可见，政府、社会、个体等主体应该要对企业在运用人工智能方面形成有效的监督，构建起相应的监督体系和运行机制，避免企业滥用人工智能技术，对劳动者进行非法的侵害。

（三）推动人工智能技术同教育与生产劳动深度融合

人工智能技术是人工智能时代提升人的劳动能力新的有力支撑，应该探索并推动人工智能技术同教育以及生产劳动这两条基本路径的深入融合，助推人的劳动能力的进一步提升，为中国式现代化培育高素质的人才。

1.推动教育智能化，保证劳动能力培养与时俱进

教育是培养人的劳动能力的基本路径。我国出台了《新一代人工智能发展

---

① 参见[美]贾森·萨多夫斯基.过度智能[M].徐琦，译.北京：中译出版社，2022：115.

② 生成式人工智能服务管理暂行办法[R].中华人民共和国国务院公报，2023(24)：39-42.

规划》[①]《中国教育现代化2035》[②]《高等学校人工智能创新行动计划》[③]等系列文件，致力于推动人工智能技术赋能教育，增强其培养人的劳动能力的效能。

第一，将人工智能技术作为教育的重要手段。人工智能技术赋能教育教学，可以提高教育过程的智能化，教学方案的个性化，教育者的智能素质化。“教育技术将为教育智能化充当教师的智慧助手，将提供给教育工作者更多的智慧源泉和知识源泉，为教师开拓创新提供思路。”[④]人工智能技术已成为教育工作者进行智能教育的必要手段，有了人工智能技术赋能的教育将提高教学资源的丰富性，拓展教育的时间和空间，增强教育的吸引力和感染力。并且，有了智能助手的帮助，人们可以更有效率地阅读、消化和吸收，人的认识能力和实践能力都将得到提升。传统教育同智能化的教育一定会存在不同的地方，相比于传统教育而言，智能教育有更多的教育优势。在教育过程中，技术赋能教育将为教师提供更为便捷的方式和手段，从而提升教学水平和教育成效，同时也为教师进行创新提供新思路。人工智能技术将成为教育工作者进行智能教育的必要手段，智能教育的目的在于实现对教育的优化和改进，伴随着人工智能技术成为教育的手段，人的劳动能力的提升和培育必然会迈向一个新的台阶。

第二，进一步推进教育智能化的水平，建立终身教育体系。人工智能时代从某种意义上讲就是一个知识大爆炸的时代，知识创新成为社会经济发展的主要动力之一。“在工业发达国家，1950～1965年，由于自动化技术的发展，8000多个原有的技术工种消失了，与此同时出现了6000多个新的技术工种。”[⑤]可以预见的是，在人工智能技术应用于生产劳动的过程中，也将会产生更多的技术工种，生产劳动的智能化将进一步地提升社会的整体生产能力。与此同时，这对劳动者本身的劳动能力也提出了相应的要求。生产劳动智能化水平的提升取决于掌握先进知识的劳动者，而劳动者本身劳动能力的提升又必须依靠生产劳动的实践积累和反馈。因此，在提升生产劳动智能化水平的同时，必须建立起终身教育体系，才能为人工智能技术的发展提供源源不断的动力支撑。

---

① 《新一代人工智能发展规划》[J].科技导报，2018，36(17)：113.

② 中共中央、国务院印发《中国教育现代化2035》[R].中华人民共和国教育部公报，2019(Z1)：2-5.

③ 教育部关于印发《高等学校人工智能创新行动计划》的通知[R].中华人民共和国教育部公报，2018(04)：127-135.

④ 李小平等著.未来教育技术研究与探索[M].北京：北京理工大学出版社，2021：219.

⑤ 顾伟主编.陶行知教育思想研究[M].徐州：中国矿业大学出版社，2011：200.

第三,大力发展数字化职业教育。人工智能技术为社会经济的发展注入了新的动力,也促使社会经济发生了剧烈的变革和调整。“一些旧的职业被淘汰,新的职业诞生,新兴行业的发展需要高等院校及时输送应用型人才,提供相应的科研服务。”①这更能表明在生产劳动智能化过程中将需要大量的相关人才,而进行数字化的职业培训与教育有利于从生产层面推进生产劳动的智能化,同时从劳动者本身来讲,也有利于劳动能力从应用的角度得到专业化提升。“发展数字化职业教育是推动职业教育与产业融合发展的重要方式。”②这将为生产劳动的智能化,从而为人的劳动能力的提升创造出关键的现实条件和做足充分的准备。

2.推动生产劳动智能化,实现劳动能力在使用中提升

从事生产劳动是提升人的劳动能力的又一基本路径。人的劳动能力不仅需要在生产劳动中展现出来,更加直观地检验出它的强弱,而且生产劳动为人的劳动能力锻炼提供重要条件。因此,人工智能技术同生产劳动深入融合,推动生产劳动智能化,将进一步优化人的劳动能力的提升途径。

第一,引导劳动者要树立终身学习理念。在人工智能技术的赋能下生产劳动步入了智能化时代,这对劳动者本身提出了更高的要求,而保持终身学习的习惯,有利于劳动者保证自身的劳动能力能够与时俱进。经济的快速发展、产业结构的逐渐调整,对人们的职业素养提出了更高的要求和标准,这使得人们必须时刻保持学习,不断接受和学习新的知识与技能,从而适应社会发展的要求以及实现生产劳动过程的智能化。反过来说,生产劳动过程中的智能化又进一步地推动了劳动能力的优化与提升。

第二,促进人工智能的普及,优化劳动力结构。随着计算机与算法的不断更迭和升级,人工智能得以同劳动者的现实需要相适配。人工智能赋能劳动者,提升了劳动者的劳动能力。随着人工智能技术在各行业的普及,生产劳动智能化水平显著提升,智能化、自动化的技术提升了生产劳动的效率,改善了劳动力结构,减轻了劳动者的生产负担。因此,必须进一步推动人工智能加速向各个行业赋能和渗透,改善生产的各个环节效率低下的问题。伴随着越来越多

① 敬采云,王营池,万嵩著.校外站点市场化运作研究:现代远程与继续教育一个范式的经济学分析[M].成都:四川人民出版社,2009:41.

② 欧阳玲,洪文兴编著.教育数字化:区块链技术与实践[M].厦门:厦门大学出版社,2021:87.

的国家逐步步入老龄化社会，劳动力的结构正在发生变化。这些变化还表现在职业结构、性别结构、地域结构等方面。人工智能时代，各国应该在劳动力市场采取相应的对策，积极借助人工智能技术提高劳动者的素质，进一步优化劳动力结构，让劳动力转移到人类独特的、应该保留的领域来。另外，还要加强人力资本的投资，让人工智能技术能够逐渐普及、造福普通劳动者。

第三，围绕生产劳动智能化培育智能经济。在涉及制造、工业、通信、贸易、家政、金融等行业中要深入推动生产劳动智能化水平，深度融合人工智能技术，促进智能经济的高速发展，在此过程中不断提升劳动者的劳动能力和水平。比如，科技部等六部门在2022年联合印发了《关于加快场景创新以人工智能高水平应用促进经济高质量发展的指导意见》，明确指出“制造领域优先探索工业大脑、机器人协助制造、机器视觉工业检测、设备互联网管理等智能场景……交通运输领域优先探索自动驾驶和智能航运技术在园区内运输、摆渡接驳、智能配送、货车编队行驶、港区集装箱运输、港区智能作业、船舶自主航行等方面的智能应用场景。”①真正让人工智能技术为生产劳动者赋能，以高素质的劳动者来培育和推动智能经济的发展。

3.推动产教融合，促进劳动能力智能化培养的高度协同

所谓产教融合就是教育系统与经济产业系统在相互交合的方面展开深度合作的过程，产教融合是实现人力资源优化的有效途径。在产教融合中可以实现教育同经济产业的相互协同和发展，进一步推动人才资源优化以及产业结构的调整升级，从而全面提升劳动者的能力、素质。

第一，推进职业教育高质量发展。在推动劳动能力发展的过程中，职业教育作为重要的途径，发挥着重要作用。对此，首先需要根据技术发展进步的趋势，优化专业课程设置和安排，做好通识性教育和专业性培养相贯通，逐步将大数据、人工智能、物联网等前沿技术的基础课程开展起来，并进一步提升跨学科教育的水平和质量以培育复合型人才，让人才跟上时代的发展要求和实践需求。其次，借助大数据分析平台，依靠云计算、大数据和人工智能技术统筹规划，推动精准化地分析人才的需求，鼓励企业定期发布产业人才需求报告，引导学校建立覆盖全行业、人才长周期的大数据分析平台，并积极调整招生、专业和

① 科技部等六部门联合印发《关于加快场景创新以人工智能高水平应用促进经济高质量发展的指导意见》[J].机器人技术与应用，2022(5):2.

师资配备。建立健全相关制度体系和政策支持，打通人工智能技术落地的高校、企业、社会和国家的通道，建立大型的行业人才信息库，为职业教育进一步培育和提升人才的高质量发展注入新的活力。再次，要不断加强职业教师队伍建设，引导和支持教师秉持和践行“终身学习”的理念，提升教师的素质和能力，为推进职业教育高质量发展提供有力支撑。

第二，发挥企业协同育人作用。同学校教育相比企业在培育人才方面有着得天独厚的优势，能够对学校教育的某些短板进行补充，比如，“为了更好地推动自身发展，诸多社会企业纷纷自主设立研发室，积极研发新型科技，……甚至一些规模较大的企业的研发条件以及研发能力已远远超过高职院校”①。从某种意义上说，产教融合的水平在某种程度上取决于社会企业同高校之间的合作成效。如果说高校所设置的专业不能同社会和企业的发展需求相匹配起来，那么学生毕业也就意味着失业，施展劳动能力的机会都缺乏，更谈不上劳动能力的提升。因为，劳动能力得以提升的一个重要前提就是劳动者首先得受到良好的教育以及劳动者能够在生产实践中践行自身所学的知识。为此，要积极推动企业参与产教融合发展，鼓励头部企业积极参与人才培养，尤其是应用型专业的人才培养；鼓励企业发挥资金、技术和咨询等方面优势，联合高校集体攻关，开展创新型研究，并进一步推动这些创新型研究落地。总之，在人工智能时代，企业应当积极发挥在科研、技术、管理等方面的优势，积极参与社会服务，实现劳动能力在产教深度融合中提质增效。

总之，人工智能时代，要实现劳动能力智能化培养的高度协同，既需要发挥高校在知识创新中的重要作用，又需要调动企业在产教融合中的牵引作用，并且需要进一步将政府、社会、高校深度联动，优化高等教育资源的布局，要在专业设置上进行优化，在人才培养各环节提质增效。另外，推动劳动能力的发展还需要破除技术发展的壁垒，并在技术保障上秉持为全人类增进福祉的理念，积极推动人工智能的教育同生产劳动深度融合。

① 谢少娜，洪柳华，傅燕萍著.基于产教融合背景下的高职学生就业创业教育研究[M].沈阳：辽宁大学出版社，2021：2.

第四章

人工智能时代人的社会关系的发展

在对人的本质问题的探究中，不同于以往哲学家的理解，马克思将其落脚于错综复杂且不断变化发展的社会关系。在马克思看来，社会关系并非脱离于、超脱于人的先验存在，而是厚植于人的实践活动之中，其本质上就是实践的，同时以法律、契约、仪式等各种形式表现出来的社会关系又构成了人的实践得以进行的基础和前提，对人的实践有着规定和制约的作用。特定历史时代人的发展内容和社会运行方式都受到社会关系的制约和规定，而人的异化状态和各种社会问题的出现都是由不合理的社会关系所导致的。马克思基于对资本主义社会现实的审视，提出要使人的各种社会关系回归人自身，实现人的解放和全面发展，从而构建起历史唯物主义的社会关系思想。马克思关于人的社会关系思想也为正确分析人工智能时代人的社会关系的发展提供了直接的理论基础和方法论指导。随着人类逐渐步入人工智能时代，人工智能技术的迅速崛起及广泛应用，为人们的生产和生活开辟了更为广阔的空间，推动人的社会交往实现普遍发展，拓展了社会联系的深度与广度，从根本上重塑和改变着人的世界和社会关系。但与此形成对照的是，在资本统辖的范围内，人被长期禁锢于特定的范围和狭小的点，这样所带来的必然后果是，人们遭遇着社会交往的疏离、社会不平等加剧以及伦理关系失范等新困境，使人的日常生活更加局促、充满挑战，将严重威胁人的生存发展。面对人工智能时代人的社会关系所发生的一系列新变化、新矛盾，要在马克思关于社会关系思想的指导下，运用丰富的理念和智慧加以有效应对。

一、马克思关于人的社会关系的主要思想

诚如马克思指出，“任何解放都是使人的世界和人的关系回归于人自身”[①]。人的本质是一种关系性存在，其主体性反映在各种复杂的社会关系之中，人的解放就是要通过对社会关系的革命摆脱来自社会、自然等各方面的束缚和枷锁，使各种社会关系回归于人的本身。根据马克思的观点，社会关系是不以人的主观意志为转移的，是在人的物质活动和精神活动中所形成的各种关系的总和，“应该包括生产关系和上层建筑，包括经济、政治、思想、文化各方面的关

① 马克思恩格斯全集(第3卷)[M].北京:人民出版社,2002:189.

系"[①]。生产关系构成了社会关系的核心内容，是社会关系中最具决定性意义的要素。从狭义来讲，社会关系就是人们在生产过程中所结成的关系，只有"把社会关系归结于生产关系，把生产关系归结于生产力的水平，才能有可靠的根据把社会形态的发展看做自然历史过程"[②]。在人的实践过程中形成的各种社会关系，反过来又成为人持续进行实践的前提。

（一）人的本质在其现实性上是一切社会关系的总和

在人类文明历史的长河中，对于"人的本质"的说法很多，观点也不尽相同。马克思从盘根错节的历史表现中发现了历史发展的一般规律，对人的本质进行了科学界定。他反对将人的本质作抽象化、思辨化的理解，拒绝将人从自然和社会中剥离出去。他从"现实的人"的角度着眼，主张"人就是人的世界"[③]，人的本质反映并彰显于其所构建的各种复杂的社会关系之中。所以在马克思看来，人类的一切社会活动是在一定的社会关系条件下进行的，这是客观存在着的，人的解放就是要回到人的世界，使人的各种关系回归人自身。

第一，人是名副其实的社会动物。马克思指出，个人实际上"是属于一定的社会形式的"[④]。在他看来，人离开社会，就无法得以存活，作为现实社会中的个体正是在与其他个体之间发生的相互联系中才得以存在。那么什么又是"社会"呢？对此马克思也给出了明确的回答，他指出"社会——不管其形式如何——是什么呢？是人们交互活动的产物"[⑤]。因此，社会是人与人的联合，反映着人与人之间的交往关系和生产关系。人的社会关系在不同的领域又体现为生产关系、政治关系、思想关系等各种类型，这些关系之间相互联系、相互作用，对人的生存发展发挥着"总体"作用。所以，人是名副其实的社会动物，其生存发展受到社会关系的制约和规定，要从具体的、历史的社会关系特别是从人所处历史阶段的特定生产关系出发，才能准确地把握人的本质。

第二，人的本质需要着眼于人与世界的关系即将人置于一定的社会关系层面才能正确把握。不同于以往哲学家对人的理解，马克思从人的现实活动出

① 毛泽东年谱(一九四九—一九七六)(第4卷)[M].北京:中央文献出版社,2013:249.

② 列宁全集(第1卷)[M].北京:人民出版社,2013:112.

③ 马克思恩格斯选集(第1卷)[M].北京:人民出版社,2012:1.

④ 马克思恩格斯选集(第1卷)[M].北京:人民出版社,2012:135.

⑤ 马克思恩格斯选集(第4卷)[M].北京:人民出版社,2012:408.

发,将社会关系视为人的存在和发展的基本方式。在他看来,只有将人置于一定的社会关系之中,才能成为“现实的人”。在《詹姆斯·穆勒〈政治经济学原理〉一书摘要》中,马克思就明确提出,“人的本质是人的真正的社会联系”[①]。他指认,在资本主义社会中,人所从事的劳动从自由自觉的活动成为异己的、强制的活动,引发人的社会关系发生了严重异化,进而导致人的本质被遮蔽。在《关于费尔巴哈的提纲》中,马克思就人的本质作出了进一步的明确阐释,即“人的本质不是单个人所固有的抽象物,在其现实性上,它是一切社会关系的总和”[②]。随着对社会关系理论探索的持续深入,他对人的本质的理解也经历了一个逐步深化的过程。正如马克思指出,“社会关系实际上决定着一个人能够发展到什么程度”[③]。一个人的发展直接或间接地受到社会关系的影响,人只有在一定的社会关系中才能释放自身的真正天性和展现属于人的本质。更确切地说,人的发展依赖于社会交往程度的提高和社会关系的发展。尽管人首先是自然存在物,有其特定的生理结构和活动方式,但其实质上就是作为社会关系存在着的,并反映着社会关系,由此马克思才提出,“只有在社会中,自然界才是人自己的人的存在的基础,才是人的现实的生活要素。只有在社会中,人的自然的存在对他来说才是自己的人的存在,并且自然界对他来说才成为人”[④]。在不同的历史时期,人总是以各种方式与周遭的世界发生联系。马克思明确指出,“人在积极实现自己本质的过程中创造、生产人的社会联系、社会本质”[⑤]。随着社会关系的变化发展,人的本质也历史地发展和敞显出来。在马克思看来,人的发展过程实际也是占有社会关系并推动社会关系发展的过程,因而“任何一种解放都是把人的世界和人的关系还给人自己”[⑥]。

马克思认为,“现实的人”是社会关系的主体。在人类思想史上,人们围绕社会关系都作出过不同程度的揭示。譬如,黑格尔作为西方近代哲学的集大成者,在绝对精神原则下探讨社会关系,认为社会关系的本质就在于绝对精神的自我运动。费尔巴哈则通过对黑格尔的理论批判,将绝对精神转化为“感性直

---

① 马克思恩格斯全集(第42卷)[M].北京:人民出版社,1979:24.
② 马克思恩格斯选集(第1卷)[M].北京:人民出版社,2012:139.
③ 马克思恩格斯全集(第3卷)[M].北京:人民出版社,1960:295.
④ 马克思恩格斯全集(第3卷)[M].北京:人民出版社,2002:301.
⑤ 马克思恩格斯全集(第42卷)[M].北京:人民出版社,1979:24.
⑥ 马克思恩格斯全集(第1卷)[M].北京:人民出版社,1956:443.

观的人”，将社会关系理解为自然伦理关系，但这样的认识又使社会关系缺乏历史的规定性，和黑格尔一样陷入了空洞的抽象之中。[①]在批判与继承前人思想的基础上，马克思从“感性活动的人”出发，揭示社会关系的科学内涵。在马克思看来，社会关系作为反映人的本质的概念，充分彰显了人的主体性意蕴。马克思认为，对社会关系的理解不能将它视为抽象的概念存在，终究要从人自身的发展上找到答案，他明确指出，旧唯物主义本身的缺陷就在于“对对象、现实、感性，只是从客体的或者直观的形式去理解，而不是把它们当做感性的人的活动，当做实践去理解，不是从主体方面去理解”[②]，也未能对社会关系作出正确理解。人的社会关系同其生产实践与生命活动是内在同一的，各个人借以进行生产的社会关系“是随着物质生产资料、生产力的变化和发展而变化和改变的”[③]。马克思强调，人是社会发展的主体，社会关系是人与人在实践中形成的一切关系，社会关系之于人是客体对于主体的存在。所以，对于社会关系的理解应该着眼于“人类社会或社会的人类”。人作为社会关系的主体，不仅能够自觉地意识到与其发生联系的周围的社会关系，并能动地改造这些社会关系。正是因为如此，马克思在论及人的解放时将目光放到了人自身的发展上，将完成解放全人类或人的解放这一重要使命诉诸社会关系中的人，主张以主体联合的方式形成磅礴的社会力量，从而彻底消除异己力量的侵扰和纠缠。

第三，人与社会关系具有辩证的关系。总的来说，人对于社会关系既有能动性的一面，又有受动性的一面。一方面，社会关系的生成、变化和发展体现了人的主体性。在马克思看来，各方面的社会关系是在人的实践活动中得以产生的，人是社会关系生成和发展的主体，对此他明确指出“人在积极实现自己本质的过程中创造、生产人的社会联系、社会本质”[④]。人们在物质生产中所结成的社会关系并非随心所欲的，还要受到多重因素的影响，特别是受生产力的直接决定，即马克思所确认的，“人们在自己生活的社会生产中发生一定的、必然的、不以他们的意志为转移的关系，即同他们的物质生产力的一定发展阶段相适合的生产关系”[⑤]。“现实的人”只有将自身置于各种复杂的社会关系中才能获得具

① 卢永欣．“社会关系总和”能否作为人的本质的主导性命题[J]．学术研究，2023(07)：25-31.

② 马克思恩格斯选集(第1卷)[M]．北京：人民出版社，2012：133.

③ 马克思恩格斯选集(第1卷)[M]．北京：人民出版社，2012：340.

④ 马克思恩格斯全集(第42卷)[M]．北京：人民出版社，1979：24.

⑤ 马克思恩格斯选集(第2卷)[M]．北京：人民出版社，2012：2.

体的规定性，从而实现自身的解放和全面发展。在各种形式的社会关系面前，人并不是无能为力的，其不仅能够意识到各种社会关系对自身的意义，并且能动地改造社会关系。人占有各种社会关系越丰富、广泛，因而社会性获得越多，成为自由、自主的人的可能性就越大，人的发展的过程实际上就是人不断获得人的世界和社会关系的过程。另一方面，人对社会关系具有依赖性。马克思认为人总是在一定社会关系条件下展开生产和交往的，社会关系一旦作为实践的结果被生产出来，又反过来作用于人的活动，构成人生存发展的现实条件和前提。人的各种社会关系构成了人生存发展的不同领域，而且每一种领域都与人发生着紧密联系。在马克思看来，社会关系的发展程度如何，直接决定了人的生存发展的质量。在原始社会中，由于生产力水平十分低下，人的活动的自主性与能动性的发挥受到自然界的严重制约而极为有限，因此，自然关系制约着人的各种社会关系。从原始社会进入到阶级统治的社会，由于人完全生活在统治阶级的奴役和剥削之下，人所进行的一切活动都处于被压迫与被剥削的不平等的社会关系之中。特别是到了资产阶级所开辟的历史阶段，由于资本不断扩张，人被完全包裹在由商品、货币所织就的庞大社会关系网之中，人的本性被抹杀、自由和个性被遮蔽。因此，要实现人的解放，其根本路径就在于必须着眼于人的社会关系解放，即推翻一切奴役和压迫人的各种不合理社会关系，使人的各种关系回归于人自身，建立起共产主义社会。

（二）社会关系生成于并进一步塑造人的实践

社会关系并非脱离于、超脱于人的先验存在，而是厚植于人的实践活动之中，其本质上就是实践的，这是历史唯物主义的根本观点。[①]马克思明确指认，“全部社会生活在本质上是实践的”[②]。社会关系在其本质上就是“许多个人的共同活动”，因而与实践是不可分离的。换言之，实践是社会关系的存在之基。诚如马克思指出，“一定的社会关系同麻布、亚麻等一样，也是人们生产出来的”[③]。社会关系是以实践即以人的现实活动为基础的，人的实践是社会关系产生的根据，社会关系的全部内容都敞显于人的实践活动之中。马克思认为，实践是人所特有的对象性活动，人的历史是通过其实践来创造的，实践是人存在

① 徐瑾．疑义澄清：“人的本质是一切社会关系的总和”探微[J]．马克思主义与现实，2017(04)：80-85.

② 马克思恩格斯选集(第1卷)[M]．北京：人民出版社，2012：135.

③ 马克思恩格斯选集(第1卷)[M]．北京：人民出版社，2012：222.

和发展的根本方式，对此他也明确提出“历史不过是追求着自己目的的人的活动而已”[①]，一部人类社会史就是人有意识有目的地展开实践的历史。随着人的实践的展开，人不仅生产着自身，同时也生产着人的社会关系及其社会历史活动的全部社会形式。就社会关系的表现来看，其形式和内容是不断运动变化的，不同类型的社会关系是实践在具体历史条件下的呈现，社会关系的变化随着人的实践的不断深入而发展，这是因为随着实践的深度和广度不断拓展，人会自觉调整和改变旧的社会关系、构建新的社会关系，生产关系形态、家庭关系、政治体制等方面也交相更替，由此社会关系的内容就愈加丰富、复杂。

社会关系是在人的实践活动中生成的，同时人在实践中所结成的以法律、契约、仪式等各种形式表现出来的社会关系又构成了人的实践得以进行的基础和前提。一方面，人必须以一定的方式结合起来进行共同活动，人的实践本身是“以个人之间的交往为前提的”[②]，即马克思所提出的，“为了进行生产，人们相互之间便发生一定的联系和关系；只有在这些社会联系和社会关系的范围内，才会有他们对自然界的影响，才会有生产”[③]。另一方面，人的实践活动不能随意地选择社会关系，必须从一定的社会历史条件下既定的经济关系、交往关系出发，即社会关系作为一种既存的力量规定和制约着人的主体活动。对此马克思指出：“历史的每一阶段都遇到有一定的物质结果、一定数量的生产力总和，人和自然以及人与人之间在历史上形成的关系，都遇到有前一代传给后一代的大量生产力、资金和环境，尽管一方面这些生产力、资金和环境为新的一代所改变，但另一方面，它们也预先规定新的一代的生活条件，使它得到一定的发展和具有特殊的性质。”[④]同时，人们在所进行的新的社会生产活动中必然又会结成新的生产关系和交往关系，这些又成为其进一步进行生产的基础和条件。在各种类型的社会关系之中，生产关系是最为基础的，决定着其他各种类型的社会关系，但其他类型的社会关系又具有相对独立性，各种性质和形式的社会关系相互作用、相互影响，从不同侧面规定和制约着人创造历史的实践。

在阶级社会中，以生产关系为核心的社会关系主要表现为阶级关系，其完

① 马克思恩格斯文集（第1卷）[M].北京：人民出版社，2009：295.
② 马克思恩格斯全集（第3卷）[M].北京：人民出版社，1960：24.
③ 马克思恩格斯选集（第1卷）[M].北京：人民出版社，2012：340.
④ 马克思恩格斯全集（第3卷）[M].北京：人民出版社，1960：43.

全被统治阶级奴役和压迫被统治阶级的关系充斥。马克思指出，在资本主义社会条件下，人成为被资本奴役和摆布的偶然的个人，社会关系成为人的外部的东西，与人发生了严重对立。他通过物的关系看到了隐藏在其后的人与人之间的关系，即广大劳动群众遭受资本家阶级剥削的关系，并明确强调资本主义生产体系下这样的关系随着商品的生产不断被重复生产出来，表现出了极强的稳定性，引发了人的生存发展危机。马克思认为，实现人的解放和发展就必须实现对人的社会关系的解放，即在实践变革中废除现存的一切不合理的社会关系，建立起真正属于人的社会关系。根据马克思的观点，在共产主义社会条件下，人与社会的联系将得到无限扩大和丰富，人也将充分占据一切社会关系，在人与社会的和谐统一中，人的发展的完整性和丰富性日益展现出来，实现人的自由全面发展也由理想逐步成为现实。

（三）社会关系以"总体"的形式发挥作用

人的社会关系是一个具有丰富内容和结构的完整体系。从狭义的角度看，社会关系实际上就是人们在生产过程中所结成的关系，但从广义的角度而言，社会关系是一个具有丰富内容和层级的完整体系，包括"经济关系、政治关系和思想关系，家庭关系、地缘关系和业缘关系，等等。这些关系不是简单地堆积拼凑在一起，而是相互联系、相互影响形成一个整体，以'总和'的形式存在着并发挥作用"[①]。也就是说，除了生产关系以外，社会关系还表现为交换关系、性别关系、阶级关系等内容，但在这些关系中，生产关系是最为基础的，决定着其他关系的发展。

在人的实践活动中所形成的各类关系，相互作用相互联系，建立起了一个庞大的网络体系，以一种总体的方式存在并发挥着作用，并与生产力和上层建筑相互联系、相互作用，规定着人创造历史的实践。正如马克思在《〈政治经济学批判〉序言》中所指出，"我所得到的，并且一经得到就用于指导我的研究工作的总的结果，可以简要地表述如下：人们在自己生活的社会生产中发生一定的、必然的、不以他们的意志为转移的关系，即同他们的物质生产力的一定发展阶段相适合的生产关系。这些生产关系的总和构成社会的经济结构，即有法律的和政治的上层建筑竖立其上并有一定的社会意识形式与之相适应的现实基

① 杨耕著.重建中的反思:重新理解历史唯物主义[M].北京:北京师范大学出版社,2017:83.

础……社会的物质生产力发展到一定阶段,便同它们一直在其中运动的现存生产关系或财产关系(这只是生产关系的法律用语)发生矛盾。于是这些关系便由生产力的发展形式变成生产力的桎梏。那时社会革命的时代就到来了。"[①]这一经典论述深刻揭示了生产力与生产关系、经济基础与上层建筑之间的矛盾运动构成了人类社会发展的根本动力。在这个有机系统中,生产力和经济基础又是具有决定性、基础性的方面。但是正如马克思所说,"一定的生产方式或一定的工业阶段始终是与一定的共同活动方式或一定的社会阶段联系着的,而这种共同活动方式本身就是'生产力'"[②]。无论是在物质资料的生产与再生产,还是在人的生命生产与再生产这两种重要活动中,社会关系都作为重要因素参与其中,成为其存在的形式和条件,从这个意义上来说,社会运行的基本方式以及人的发展的时代内容都受到社会关系的直接决定作用,而人的异化与各种社会问题的出现则是由不合理的社会关系所带来的必然后果。[③]

实现人的解放和全面发展是马克思关于社会关系思想的内在价值主线。马克思从"现实的人"出发对社会关系进行了深刻阐释,从根本上来说是为了回答如何实现人的发展这一核心问题。在马克思那里,"人们的社会历史始终只是他们的个体发展的历史"[④],社会历史的发展与人的自由个性的生成具有统一性,而社会关系正是联结二者的一个深层因素。所以,马克思从"现实的人"出发对社会关系的把握,从本质上来说就是为了敞现人和社会发展的规律。在马克思看来,人的发展是社会发展的价值逻辑,是历史进步的最高目标追求,他着眼于人的社会关系视角,揭示了人的发展逻辑与社会历史演进逻辑的内在统一。具体来说,以社会关系为纽带的人的发展的三阶段即"人的依赖关系阶段"、"以物的依赖性为基础的人的独立性阶段"和"人的自由全面发展阶段",与人类社会历史进程的总体构图与系统运动是紧密联系在一起的。[⑤]在人的依赖关系阶段,彼时人的交往关系和社会联系都在十分狭窄的范围内发展着,生产力水平也十分低下,人的发展缓慢地进行着;在"以物的依赖性为基础的人的独

① 马克思恩格斯选集(第2卷)[M].北京:人民出版社,2012:2-3.

② 马克思恩格斯选集(第1卷)[M].北京:人民出版社,2012:160.

③ 毕国帅.马克思社会关系思想的价值旨趣、实践意蕴与当代启示[J].马克思主义研究,2022(12):74-84.

④ 马克思恩格斯选集(第4卷)[M].北京:人民出版社,2012:409.

⑤ 刘同舫."一切社会关系的总和"的哲学规定[J].宁夏社会科学,2023(01):23-28.

立性阶段”[①]，由于世界性普遍交往的发展，为人的发展创造了客观条件，但在资本主义生产体系下，人与人之间的关系被物与物的关系所遮蔽和主导，社会关系之于人而言成为异己性的存在，对人的发展形成了严重阻碍。基于对资本主义社会现实的审视，马克思提出要通过将人的社会关系回归人自身，进而实现人的本质的全面复归的诉求。但是要完成这个历史任务并非轻而易举、一蹴而就的，它要求各方面社会历史条件的成熟，特别是有赖于生产力的发展，才能合理地解决人与自然、人与社会、人与自身之间的各种对抗性关系。马克思在批判资本主义社会物化关系的基础上，还初步探讨了共产主义社会人类关系的实践建构问题。[②]马克思认为，人类关系是对物化关系的扬弃，是在其之后形成的更为高级、完善的社会关系形式，体现的是“现实的人”对自身本质力量的真正占有，但人类关系的形成也需要经历一个极其漫长的历史过程。因此，要充分依据马克思社会关系思想所蕴含的基本主张和价值要求，紧紧依托于人民的创造性实践，在扬弃物化关系的基础上构建起人类关系，在这个过程中更好促进人的自由全面发展。

二、人工智能时代人的社会关系发展的表现

社会关系是一个持续变化发展的过程，对人的发展发挥着重要影响。进入人工智能时代，人工智能技术加速更新迭代并广泛应用于人的生产和生活，开辟了更为广阔的活动空间，将对人的交往和交流方式带来颠覆性与革命性影响，极大拓展人的社会关系发展的深度与广度，从根本上重塑着人本身。但与此形成对照的是，在资本统辖的范围内，人被长期禁锢于特定的范围和狭小的点，这样所带来的必然后果是，人与人之间相互敌对，人的社会关系发展可能遭遇新的异化，对人的生存发展带来严峻挑战。

（一）人工智能时代人的社会关系发展的文明图景

人工智能技术的应用不断拓展人的活动空间，重塑人的居住和生活场景，创造出更加绚烂的智能生活，不仅使人与人更加紧密地联系在一起，而且由于

---

① 马克思恩格斯文集（第8卷）[M].北京：人民出版社，2009：52.

② 毕国帅.马克思社会关系思想的价值旨趣、实践意蕴与当代启示[J].马克思主义研究，2022（12）：74-84.

人工智能技术孵化了机器的智能，使其表现出一定的“似人性”，人与技术物、技术物与技术物的关系也开始显现，逐步在人的社会联系范围中占据重要的位置，人的生存活动空间也正在虚实结合地广泛拓展，将推动人的社会关系发生深刻的变革。

第一，人工智能技术的广泛应用和推广促进了人与人之间的社会交往的普遍发展。社会关系的日益发展和丰富离不开交往的有力推动。交往是人与人之间相互联系、相互作用的基本形式，它涉及经济、政治、思想文化等多个领域，是推动人的全面发展和社会全面进步的基本条件。正如马克思指出：“社会——不管其形式如何——是什么呢？是人们交互活动的产物。”[①]交往是推动社会向纵深方向不断演进的机制和动力，交往的水平和程度反映了一定时期社会发展的基本状况，对此马克思曾提出，“这个民族本身的整个内部结构也取决于自己的生产以及自己内部和外部的交往的发展程度”[②]。历史实践也一再证明，凡是封闭的社会系统会逐步走向衰亡、解体，反之则会推动社会不断繁荣发展。人类历史的长河中，科技进步有力推动了人的交往方式的变革，是提高社会交往水平的一个重要因素。人工智能时代，人工智能技术以其自身的技术范式和逻辑，重塑着社会组织和结构，深刻改变着人们的学习、工作和生活方式，而且也逐步成为社会结构、社会秩序乃至人的身体的“一部分”，对社会交往产生着革命性影响。随着人工智能技术的深度发展和应用，将极大激发主体的交往意识，将创造出更加多元化的交往主体，拓展人的交往空间与时间，从根本上改变既有的交往方式，最终推动人的普遍性交往的形成。

一方面，人工智能技术的广泛应用和推广进一步激发了人的交往意识。唯物史观认为，“凡是有某种关系存在的地方，这种关系都是为我而存在的”[③]。人们在制造和使用人工智能技术的过程中，不仅极大提升了自身对自然力的认识运用，拓宽了活动空间，并且产生了更丰富的社会关系，人作为“万物之灵”的地位愈加凸显。而且，随着人工智能技术的广泛应用于社会生活各方面，人的思维、情感、行为等内容也被“复制”和“接入”到智能机器系统之中，智能机器越来越展现出同人类智能相似的特征。智能机器作为“拟人化”的交往主体不断被

① 马克思恩格斯选集(第4卷)[M].北京:人民出版社,2012:408.

② 马克思恩格斯选集(第1卷)[M].北京:人民出版社,2012:147.

③ 马克思恩格斯选集(第1卷)[M].北京:人民出版社,2012:161.

嵌入人的交往领域，产生了大量的“人—机”交互场景，形成人的新的交往环境，促进人的交往活动与交往关系不断更新发展，从而推动实践的社会关系内容也发生新的变化。正是在日益丰富的社会关系中，人不断经验到自身，其自身的交往意识和能力也得到不断提升。

另一方面，人工智能技术扩大了人的交往的范围和对象。借助于人工智能技术，人使自身从自然、社会等束缚中进一步解放出来，塑造了更加丰富多样的社会关系，为实现人的发展提供了新契机、创造了新条件。人工智能技术不仅是人们交往活动的中介，而且也创造出了同人直接交往的对象。当拥有强大学习和对话能力的人工智能技术接入机器设备后，人工智能愈加表现出类人的特征，被人们直接赋予其交往主体的身份，成为交往关系网络中的节点，在满足人的交往需求方面占据着重要位置。特别是，随着智能机器系统作为交往主体的应用场景越来越多，其依靠强大的知识和信息储备，按照各类用户的实际需要和情绪变化作出即时快速的反应，从而形成一种具有交互性、沉浸式、可视化等特点的新型社会交往形态，极大丰富了人的交往形式和社会关系。正如马克思指出：“随着新生产力的获得，人们改变自己的生产方式，随着生产方式即谋生的方式的改变，人们也就会改变自己的一切社会关系。”[①]人工智能在极大推动生产力发展的同时，也使人的生产方式、交往方式和社会关系发生改变。人工智能时代生产效率提高、生产力的发展可能超过以往任何一个历史时期，人们所花费在获取生活必需品的社会必要劳动时间将显著减少，而用于自身发展的自由劳动时间则会相对增多，将为人们进行更为广泛的社会交往创造更为充分的条件。与此同时，人工智能时代各种科技手段广泛应用于人的生产生活，特别是各种通讯工具、交通工具的水平不断提高，推动人与人、民族与民族、国家与国家之间的交流往来更加便捷，在经济、政治、思想文化等各个领域形成广泛的社会联系，狭隘的地域性的个人逐渐被世界历史性的个人所代替。此外，人工智能技术通过与网络技术、虚拟技术等相互结合，为人们创造出全新的虚拟空间，在这个空间里人们将现实生活世界中的社会关系不断进行复制、扩展，从而建立起了更加丰富多样的社会联系，并且随着虚拟空间与现实空间逐渐融合，整个世界日益成为一个整体，前所未有地扩大了人们交往的内涵与外延。

人工智能技术的应用和推广还极大地更新、丰富了人的社会交往的各种手

① 马克思恩格斯选集（第1卷）[M].北京：人民出版社，2012：222.

段，并使数据、信息、知识等要素成为越来越重要的交往介质，增强了交往形式的延展性和共享性。人类历史上目前已经经历了以造纸术和印刷术、电气化通信技术、电子计算机等为代表的多次交往技术革命，对人类社会的交往方式、交往关系都产生了深刻影响。人工智能技术的出现和应用，将进一步突破人的交往原有的封闭性和狭隘性，让人获得从未有过的交往体验，根本上改变人的交往方式和交往理念，从而引发一场新的交往革命，孕育和造就全新的社会关系。

第二，人工智能技术的应用和推广加深了人与社会的融合程度。当前，人工智能技术的快速升级与创新应用，正在引发社会关系乃至文明形态的新变革。一方面，随着人工智能技术日益融入社会生活和治理过程中，不仅极大提高了社会的智能化和信息化发展程度，万事万物成为相互联结的有机整体，也推动社会生产与组织关系持续优化，不断加强人与社会的耦合度，从而为人的全面发展提供了有利条件。另一方面，人工智能技术也持续推动社会分工结构完善与优化。根据马克思的观点，分工对人的社会交往和社会关系的发展具有重要影响，在旧式分工条件下，人被局限于狭小的范围，交往的自由和时间十分有限，导致人的发展呈现片面化的特点。因此，推动社会分工结构完善与优化就成为实现人自由而全面发展的重要诉求。人工智能时代，人工智能技术的应用发展对于不断优化社会分工的结构、提高分工水平具有重要推动作用，一方面，人工智能技术的运用将人们从那些繁重、肮脏的劳动领域中解放出来，从而将更多的人推向从事更富有创造性、社会交互性更强、融合度更高的领域，增强了人与人之间的交流和联系，另一方面，在人工智能技术的作用下，不仅赋予了传统产业新的活力和增长点，而且孕育孵化出了一大批新的业态和模式、催生出一大批新的工作岗位，进一步优化了社会分工的布局。与此同时，人工智能技术也进一步增强了人的劳动自主性和就业选择灵活性，不仅使人的脑力和智力得到全面而充分地施展，同时极大增强了人与人交往的频率与范围，构筑人的丰富社会联系。

第三，人工智能技术的应用和推广将推动人与自然的关系实现重大的变革。"人类一直有一个最古老的梦想：有一天，我们不需要做任何事情就能实现所有的物质梦想，而且可以自由追求我们的兴趣、乐趣或激情。"[①]人工智能的出

---

① ［美］埃里克·布莱恩约弗森（Erik Brynjolfsson），安德鲁·麦卡菲（Andrew McAfee）著．第二次机器革命［M］．蒋永军译．北京：中信出版社，2014：283.

现为实现这个"梦想"提供了坚实的技术基础。随着智能化、数字化进程不断深入推进,人的交往方式发生了深刻变革,社会关系也得到了全面的发展和丰富。但是,当人工智能技术与人的生产工具、生活产品接入并深度融合,使其表现出了人的智能、智慧,在一定程度上"技术物"也逐渐显露出"主体性"。这样所带来的必然结果是,人不再局限于同人打交道,也要同各种充满"灵性"的"技术物"发生各样的联系。人工智能技术的快速进化,对社会的作用不断加强,深刻影响着个体、群体和组织之间的依存关系,与此同时,智能革命的发生和到来,也将使人与自然的关系发生重大变革。正如马克思、恩格斯所指出的那样,"人们对自然界的狭隘的关系制约着他们之间的狭隘的关系,而他们之间的狭隘的关系又制约着他们对自然界的狭隘的关系"[①]。人与自然的关系对人与人、人与社会的关系具有决定作用,人工智能时代人与自然关系的重大和解,也必将带来一次重大的人的解放运动和人的社会关系的回归。[②]到那时,人与自然之间不再是简单的征服与被征服的关系,而是形成了休戚与共的"生命共同体"。人与自然间的关系的变革也将进一步引发人与人、人与社会关系的变革,不断推动人朝着自由而全面发展的方向前进。

(二)人工智能时代人的社会关系发展的现实挑战

人工智能等科技的发展和广泛应用,推动人类智能化数字化进程加速演进,一方面加强了人与人之间的各种社会联系,拓展了社会关系的深度与广度,但另一方面,智能科技在资本逻辑的操控下蜕变为一种新的异己力量,可能导致社会关系面临着一系列新的异化风险,带来人的社会交往的疏离、社会不平等加剧以及伦理关系失范等新困境,使人的日常生活加速并充满挑战,也不可避免地引发了一系列现代性问题。

第一,资本与人工智能技术的深度"联姻"可能进一步加深了生产关系的物化程度。所谓物化,就是指"被绝对客体化的对象性活动,而且这种被绝对客体化的物性(客体性)必然掩盖人性(主体性)"[③]。马克思指出:"商品形式的奥秘不过在于:商品形式在人们面前把人们本身劳动的社会性质反映成劳动产品本

① 马克思恩格斯全集(第3卷)[M].北京:人民出版社,1960:35.

② 余乃忠.积极的"异化":人工智能时代的"人的本质力量"[J].南京社会科学,2018(05):53-57.

③ 张秀琴.作为社会基本结构形式的"对象化"与"物化"——基于卢卡奇研读《资本论》的视角[J].马克思主义理论学科研究,2019(03):74-82.

身的物的性质，反映成这些物的天然的社会属性，从而把生产者同总劳动的社会关系反映成存在于生产者之外的物与物之间的社会关系。"[①]在马克思看来，资本主义生产体系下，人与人之间的真实联系为物与物的虚幻关系所掩盖和取代，这就产生了严重的"物化"现象，将人的生存发展抛入了现代化发展的困境之中。在资本关系范围，追逐剩余价值的意志也被注入人工智能技术体系之中，因而其自身的发展和运用都服从于资本增殖的绝对律令，以至于本身已经发生物化的生产关系并没有因为智能技术的应用得到消解，人工智能技术反而成为加深生产关系物化程度的有力推手。正如居伊·德波所言："商品拜物教的基本原则——社会以'可见而不可见之物'的统治，在景观中得到绝对的贯彻。"[②]人工智能时代，资本与技术实现了深度联姻，资本开拓到哪里，技术也就延伸到哪里，商品、货币和资本等实体都以符号、数据等虚拟化的形式呈现出来，表现为绚烂的景观世界。"人与人之间的关系获得物的性质，并从而获得一种'幽灵般的对象性'，这种对象性以其严格的、仿佛十全十美和合理的自律性掩盖着它的基本本质，即人与人之间关系的所有痕迹"[③]，人与人之间所结成的社会联系也被淹没在按照资本意志所堆砌的一大堆虚拟物中，充满虚幻性和迷惑性。这样所带来的严重后果是，原本由商品与商品关系表征的人与人之间的生产关系，却被以一种符号与符号、数据与数据等更加抽象的方式所呈现出来，人们逐渐沉迷于一个由虚拟物所堆积起来的虚幻世界之中，将其当作了现实世界，最终造成生产关系和社会关系进一步发生物化。

在人工智能技术的加持下，资本全面渗透到人们的生活世界，每个人时刻受到资本的监视和控制。借用福柯的话来讲，资本和技术共同构筑了"全景敞视"的空间，在这样的空间里，"每个人都被镶嵌在一个固定的位置，任何微小的活动都受到监视，任何情况都被记录下来，权力根据一种连续的等级体制统一地运作着，每个人都被不断地探找、检查和分类，划入活人、病人或死人的范畴。所有这一切构成了规训机制的一种微缩模式"[④]。所以，人与人之间的生产关系

---

① 马克思恩格斯选集(第2卷)[M].北京:人民出版社,2012:123.

② [法]居伊·德波(Guy Ernest Dobord)著.景观社会[M].王昭凤译.南京:南京大学出版社,2006:13.

③ [匈]卢卡奇(Lukacs,Georgy)著.历史与阶级意识:关于马克思主义辩证法的研究[M].杜章智等译.北京:商务印书馆,1992:143-144.

④ [法]米歇尔·福柯(Michel Foucault)著.规训与惩罚[M].刘北成,杨远婴译.北京:生活·读书·新知三联书店,2012:221.

和社会联系被数据化、符号化，并且这些数据和符号在资本逻辑的主导下，又编织出了一个巨大的笼子，使人每时每刻都处于被奴役的状态之中。必须指出的是，生产关系的符号化、数据化，只是表明生产关系呈现形式的变化，其并没有根本改变其所固有的本质属性。这些新形式也并没有使资本与劳动之间的雇佣关系发生根本改变，反而推动资本对劳动的剥削更加隐蔽化、精细化，全面渗透进人们的日常生活之中。

人工智能时代，人工智能技术的利用和推广不仅强化了资本家对雇佣劳动的剥削，并且通过对人的社会关系的虚拟化和颠倒，可能遮蔽剩余价值的真正来源。马克思指出，资本家对工人的统治，“只不过是对象化劳动对活劳动的统治，工人的产品对工人本身的统治”[①]。在资本主义生产体系下，技术的发展与应用并没有使人从属于机器的地位发生改变，反而使其面临更严重的异化危机。人工智能时代，资本与技术实现了深度联姻，资本隐身于机器和算法的背后，充分利用人工智能技术创造了一种与自身相适应的生产方式。因此，在人工智能时代由马克思所指认的劳动异化现象也将愈演愈烈，即“工人在劳动中耗费的力量越多，他亲手创造出来反对自身的、异己的对象世界的力量就越强大”[②]。马克思强调，当“整个生产过程不是从属于工人的直接技巧，而是表现为科学在工艺上的应用的时候，只有到这个时候，资本才获得了充分的发展，或者说，资本才造成了与自己相适合的生产方式。可见，资本的趋势是赋予生产以科学的性质，而直接劳动则被贬低为只是生产过程的一个要素”[③]。在资本关系统治范围内，私有劳动并不是直接作为社会劳动而存在的，人的劳动的价值必然在商品交换的过程中通过“物”的形式来表现。人工智能时代，私人劳动的社会属性并没有因为人工智能技术的发展而被充分揭示出来，相反，资本作为生产要素和生产关系的双重规定在人工智能技术的加持下强化了对劳动的压榨和剥削，进而使物化关系不断被生产出来。所以，原本作为人的活动的产物，应该从属于人并彰显人的本质力量，由于资本逻辑的操纵，使其成为外在于人并反过来支配、奴役人的力量，服务于资本增殖的最终目的。

在资本主义生产体系下，人工智能技术的应用为资本剥削劳动提供了新的

---

① 马克思恩格斯全集（第37卷）[M].北京：人民出版社，2019：316.

② 马克思恩格斯选集（第1卷）[M].北京：人民出版社，2012：51.

③ 马克思恩格斯选集（第2卷）[M].北京：人民出版社，2012：776-777.

形式，进一步强化了对劳动者的剥削，以严苛的算法不断增强劳动强度和劳动时间，实现了对人更加隐蔽化的控制和奴役。事实上，智能机器所表现出来的自主性越强，导致人对智能机器的依赖性也就越严重。人工智能技术的应用实现了完全的"无人化"生产，但人的"无用性"和被动性却被更加凸显出来，使更多的人陷入了"无用论"的恐惧和担忧之中。新科技革命背景下，为了追上技术进步的步伐，同人工智能技术争夺生存的机会，往往需要人获得更高层次的教育和训练，付出更多的努力，然而这在资本生产体系下却是徒劳无功的，不仅现代技术和工作与越来越多的劳动人口相疏离，而且人将大量的时间和精力用于适应和学习人工智能技术，这很容易导致其认识和实践能力的片面化。并且，随着人工智能技术嵌入人的身体，甚至成为人的身体一部分，代替了人的部分功能，有可能对人的认知能力、实践能力、审美能力等造成严重的削弱。例如，随着ChatGPT等为代表的人工智能技术问世，在一定程度上不仅代替了人的思维创造过程，同时也实现了对人的实践僭越，长此以往，会严重威胁人的思维能力和实践能力的发展。可以预见的是，在资本逻辑范式中，人工智能技术的应用发展必然造成社会关系物化程度的加深，对人进行公开或隐蔽地控制，然而随着人们被物的强大力量所震慑，希冀衣食住行等各方面都按照人工智能技术的反馈和运行规则进行决定，衍生了许多"技术成瘾"的行为，纷纷跪倒在人工智能技术这尊"新神"面前，造成人们对它欲罢不能的依赖，陷入对人工智能技术的崇拜和"迷信"之中。

更进一步来说，人工智能时代，人的社会关系由于资本逻辑的操纵将遭遇全面物化的困境。确如马克思所说："活动和产品的普遍交换已成为每一单个人的生存条件，这种普遍交换，他们的相互联系，表现为对他们本身来说是异己的、独立的东西，表现为一种物。在交换价值上，人的社会关系转化为物的社会关系；人的能力转化为物的能力。"[①]在人工智能技术与资本所共同构筑的逻辑范式中，物的关系将全面支配人的关系，人原本丰富的社会关系也逐步被抽象为单一的物的关系，成为支配和奴役人的力量，最终导致人的世界与物的世界相抵牾。另一方面，资本借助于人工智能技术不仅进一步消除束缚自身的封建式羁绊，同时也不断对外扩张，将自身生产方式强制推广到世界其他各民族，增强对世界人民的压迫性、剥削性。这样所导致的必然后果是，全球发展的不平

① 马克思恩格斯全集（第30卷）[M].北京：人民出版社，1995：107.

衡加剧，不同阶级、阶层之间的对抗和斗争日趋激烈。但是，日渐物化的社会关系也将逐渐对生产力的发展形成严重制约、发生抵抗，对此马克思的主张是，“个人力量（关系）由于分工而转化为物的力量这一现象，不能靠人们从头脑里抛开关于这一现象的一般观念的办法来消灭，而只能靠个人重新驾驭这些物的力量，靠消灭分工的办法来消灭”[①]，这就要求人们不仅要看到物的力量自身所蕴含的否定性因素，同时也要自觉通过现实的革命运动实现对物化力量的重新控制和驾驭。

第二，资本与人工智能技术的深度“联姻”可能造成人与人之间社会交往的疏离。人工智能技术与社会生产生活深度融合，逐步构筑起了虚拟社会交往空间。在虚拟的社会交往空间中，人与人之间实现了即时互动，交往的自由度也显著提高，契合了人的交往发展需要。但在资本所圈设的逻辑中，随着越来越多的人沉浸于虚拟交往的世界中，导致现实交往的能力不断退化，遭受被异化的风险。智能化的不断增强，也使人的生存和交往方式逐渐被规定。这是因为，虚拟的社会交往空间由人工智能技术搭建完成后还具有某种强制性，其不仅通过既定的程序建构环境、规划秩序，利用防火墙、关键词等限制用户的交往行为、对人的交往关系进行干预，[②]还借助于智能机器人影响用户的情绪和选择，人们的闲暇时间被大量的智能信息以及所催生的物质欲望所充斥，人所本有的“心智”在虚拟空间中被快速弱化，可能引发“数字化扭曲”等社会交往行为，导致交往主体、交往形式以及交往关系的全面异化。[③]与此同时，在资本与人工智能技术所共同创设的数字空间里，人们按照统一的指令按部就班地完成工作，减少了直接交往的机会，工作中存在的人文温情也逐步被斩断。特别是当人工智能技术开始可以满足人的大部分需求时，人与人之间现实的社会交往关系也将被虚拟的交往关系所完全取代，人所特有的家庭关系、工作关系、朋友关系逐渐被冲淡，“一切肉体的和精神的感觉都被这一切感觉的单纯异化即拥有的感觉所代替”[④]，最终造成了人与人之间的严重疏离。正如马克思指出，在

① 马克思恩格斯选集（第1卷）[M].北京：人民出版社，2012：199.

② 谢俊，刘睿林.ChatGPT：生成式人工智能引发人的异化危机及其反思[J].重庆大学学报（社会科学版），2023（05）：111-124.

③ 于天宇，秦铭.数字资本主义交往异化的政治经济学批判[J].河北大学学报（哲学社会科学版），2024（04）：50-60.

④ 马克思恩格斯文集（第1卷）[M].北京：人民出版社，2009：190.

资本价值观的影响下，为了实现“利己”的目的，“每个人都力图创造出一种支配他人的、异己的本质力量，以便从这里面获得他自己的利己需要的满足。因此，随着对象的数量的增长，奴役人的异己存在物王国也在扩展，而每一种新产品都是产生相互欺骗和相互掠夺的新的潜在力量”[①]。一方面，智能机器人不断学习人类交往的语言和行为，似乎变得“善解人意”和“体贴入微”，契合了人的交往发展的需要。但另一方面，人们将自身的交往能力和对事情的决策能力让渡给了智能机器系统，不仅自身的交往活动深受其统治和支配，人自身表达想法的欲望和能力也将逐步消解殆尽，交往能力也会发生严重退化。然而，随着人的交往异化程度的加深，人不仅丧失了人之为人的真正意义，而且人与人彼此之间隔阂加深、变得沉默不语，成为一个个相互疏离的“原子”。

第三，资本与人工智能技术的深度“联姻”还可能进一步加剧社会不平等。一个明显的事实是，人工智能技术的发展将使社会不同群体、国家和区域的经济收入发生巨大分化，造成贫富差距的扩大。这是因为，人工智能技术的应用提高了技术和资本的密集程度，不仅导致生产对活劳动力的需求相对减少，而且使更多的财富愈来愈为少数资本所有者所占有，但与此形成鲜明对照的是，被人工智能技术所取代的劳动者，其收入更加没有保障，陷入了愈加贫穷的境地。此外，由于在经济发展水平和技术资源占有等方面存在严重差距，也造成了不同国家和地区之间形成了巨大贫富差距鸿沟，导致严重的社会不平等。从历史上看，发达资本主义国家由于凭借对科技革命成果的垄断而长期处于价值链的高端，对发展中国家进行盘剥。事实上，发达国家针对人工智能技术抢先布局，试图占据新的技术竞争优势，将会使国家、区域之间的贫富差距更趋恶化，导致国际社会发展不平衡、持续动荡。而且，经济上的不平等也会引发政治、社会等方面的一系列不平等后果。其次，少数的特权精英阶层掌握着算法系统的关键技术，对社会上大多数人进行管控和奴役，导致社会不平等加剧。值得注意的是，算法推荐作为数据的重要表达方式，是人工智能技术发展的重要工具，在算法的逻辑生成和应用过程中由于在一定程度上嵌入并表现了设计者的主观价值选择，很容易受其主观偏见的影响，并且性别歧视、种族主义等内容也可能充斥在智能机器的学习过程中。因此，由数据驱动的算法系统可能对特定的人群形成偏见与歧视，严重影响社会的公平正义。与此同时，也是需要

① 马克思恩格斯文集（第1卷）［M］．北京：人民出版社，2009：223-224.

特别指出的是，人与人之间的分化和不平等还体现在认识能力等方面的差异上。人们在人工智能技术的认识和使用能力上，存在个体性的差异，那些具有较高技术知识水准和适应能力的社会成员能够快速适应由人工智能技术应用发展带来的新变化，但是相反，那些技术知识相对缺乏、适应能力相对较弱的人群就存在被边缘化的危险，对其日常生活带来严重梗阻。随着人工智能技术的快速升级和日益复杂化，人与人之间的分化和差距将可能越拉越大，造成更为严重的社会不平等和社会分化。

第四，资本与人工智能技术的深度“联姻”也可能对现存的伦理关系和价值体系造成严重的冲击。一方面，由于人工智能技术是对人类智能的模拟和应用，随着人工智能在自我学习、进化和创造等功能实现突破性进展，在记忆、感知、思维能力和行为等方面已经表现出了强烈的“类人性”，在许多专业领域正在赶上甚至逐步超越人，导致人与机器之间的界限日益模糊，这可能对人之于人工智能技术原有的主体地位造成前所未有的冲击和消解。另一方面，在人工智能技术全面应用于人们生产和生活的时代背景下，算法依靠其强大的计算能力，将“自然人”转换为一个可识别、可检索的“数字人”，根据不同个体的兴趣、需求提供个性化的商品，开辟了人脸识别、智能推送等便捷服务，给人们的生活带来了一定的便利。然而，人们在享受人工智能技术所带来的一切时，也越来越将自身陷入算法困境和“信息茧房”之中。大量的数据信息被机器及其幕后黑手所获取，不仅给人的隐私造成了严重的安全隐患，甚至这些数据一旦为不法分子和企业所掌握和利用，将严重损害人们的切身利益、威胁人身安全。与此同时，在智能化、数字化环境下，由于资本占据着重要力量、弥散着强烈的资本拜物教气息，为了服务更多资本利益的实现，传统社会的文化、伦理道德和价值极易被遮蔽或“删除”。五花八门的系统软件、应用软件和服务主导着人的价值观，操控着人的心智和社会关系，阻断人获取其他信息的可能，工作环境、社会利益等各方面都由人工智能技术所设计、分配，社会生活的每个层级、社会关系的每个发展阶段都受到机器秩序的制约。面对层出不穷的智能产品，人的生存发展利益同现实社会之间所产生的矛盾愈发尖锐，传统社会的一系列道德规范、伦理关系、价值观念遭受严重冲击，并且由于同智能化时代发展的要求不相适应，正在发生着急剧变革。

三、人工智能时代新型社会关系的构建

立足人工智能时代,社会关系所发生的一系列新的变化,为人的发展提供了新的有利契机,也蕴含着复杂的因素和严峻挑战,需要在马克思关于社会关系思想的指导下,运用丰富的理念和智慧加以应对。

(一)破除资本主导下狭隘生产关系的禁锢

人工智能时代,要克服人工智能技术造成的人的社会关系的物化与狭隘化,必须破除资本主导下的狭隘生产关系,使人工智能技术回归其“工具”本位,服务于满足人们的美好生活需要。依照马克思的观点,在资本逻辑范式中,技术发展和应用技术的根本目的在于,如何驾驭、统治人以扩大资本财富的积累。因此,资本主义社会条件下由技术所引发的一切社会关系的异化都具有一定的必然性,即造成人的社会关系的紊乱和畸形发展的根源并不在于技术本身,而问题的症结在于技术的资本主义社会应用方式。

正如克里斯蒂安·福克斯指出的那样,“奴隶制关系、剥削、帝国主义、家庭主妇式工作和原始积累,它们是信息和通信技术产业劳动关系的核心,从数字媒体人工物上看不出来,但却对象化于其中”[①]。从社会关系的内容体系来看,生产关系在其中起决定作用,支配着其他各种类型的社会关系。人工智能时代,资本趋利的本性成为控制人们的“看不见的手”,与人工智能系统逻辑统合在一起,从生产领域蔓延至日常生活领域,全面渗进并支配人与人的生产和生活关系,对多样性的社会群体实行最深度的剥削,可能造成社会关系的全面异化。在马克思看来,资本不仅是一种生产要素,而且表征着一种生产关系。[②]资本在其自身的发展过程中表现出了深刻的矛盾性,即它一方面通过其所支配的物质力量实现自身扩张和增殖,由此推动社会生产力的发展和文明的进步,但另一方面又必然产生出自我否定的因素,产生阻碍自我扩张的矛盾,导致人类社会陷入各种严重文明的冲突和灾难之中。[③]因此,资本的自我增殖必然导致

① [英]克里斯蒂安·福克斯(Christian Fuchs)著.数字劳动与卡尔·马克思[M].周延云译.北京:人民出版社,2020:379.

② 张一兵.马克思:资本是一种社会生产关系——《雇佣劳动与资本》研究[J].东岳论丛,2022,(07):86-94+192.

③ 王峰明.“一个活生生的矛盾”——马克思论资本的文明面及其悖论[J].天津社会科学,2010,(06):11-20.

资本逻辑的自我否定和自我瓦解，最终在两种力量的对抗中，走向被扬弃的命运。在一定的历史时期，对资本的作用应该予以辩证地看待，对此马克思也曾提出，就资本统治下的社会景象而言，"毫无疑问，这种物的联系比单个人之间没有联系要好，或者比只是以自然血缘关系和统治从属关系为基础的地方性联系要好。同样毫无疑问，在个人创造出他们自己的社会联系之前，他们不可能把这种社会联系置于自己支配之下"[①]。面向人工智能时代，一方面，资本借助于人工智能技术强大的生产能力在创造巨大物质财富的同时，也进一步拓展了人的社会交往活动的范围，在一定程度上造就了日益丰富全面的社会关系，为实现人的自由全面发展提供了新契机、新条件。但另一方面，基于对资本本性的认识，人们要积极对资本关系及其所依附的社会制度进行主动变革，才能最终实现对物化的社会关系的全面超越。从资本的本性上来说，其具有剥削性和邪恶性，对此马克思也曾明确提出，"资本来到世间，从头到脚，每个毛孔都滴着血和肮脏的东西"[②]。所以，面向人工智能时代人的社会关系发展异化风险的治理，其根本要求必须消灭资本统治下的生产关系，更确切地说，就是"在资本主义时代的成就的基础上，也就是说，在协作和对土地及靠劳动本身生产的生产资料的共同占有的基础上，重新建立个人所有制"[③]。这种个人所有制是对私有制和资本主义生产关系的积极否定，是将人工智能技术从资本的统治下解放出来，从而转化为服务于人的自由全面发展的力量。

（二）构建平等开放的新型主体交往关系

人的社会关系是在同其他社会个体的不断交往中生成和发展的，交往的形式和内容都深深烙下了时代的印记。马克思指出：一个"民族本身的整个内部结构也取决于自己的生产以及自己内部和外部的交往的发展程度。"[④]根据他的观点，人类社会是一个"活动着和发展着的活的机体"[⑤]，交往是一个社会不断向前演进发展的内在机制，是社会关系不断变化发展的动力。随着人的交往的深度和广度不断拓展，促进其同社会的各种联系形式也在发生变化和革新，从而

① 马克思恩格斯文集（第8卷）[M]. 北京：人民出版社，2009：56.
② 马克思恩格斯全集（第42卷）[M]. 北京：人民出版社，2016：777.
③ 马克思恩格斯选集（第2卷）[M]. 北京：人民出版社，2012：300.
④ 马克思恩格斯选集（第1卷）[M]. 北京：人民出版社，2012：147.
⑤ 列宁全集（第1卷）[M]. 北京：人民出版社，2013：159.

形成新的社会关系，使社会呈现出不同的特征和样态。人工智能时代，随着生产资料公有制进程不断推进，人工智能技术成果成为全体社会成员的共同所有物，最大限度扩展了人们活动和社会交往的现实物理空间与虚拟智能空间，推动多元主体之间实现了良性互动，人与人之间的社会交往处于一种更为开阔的关系视域之中，在这样的现实场域中，个体不仅强烈要求自己应受到平等的对待，同时也"意识到别人是同自己平等的人，人把别人当做同自己平等的人来对待"[①]，从而传统意义上的主客交往关系模式被进一步打破，要求建构起一种更加开放平等的多元主体的社会交往关系。

立足唯物史观，人是社会交往和社会关系的主体，构建人工智能时代平等开放的新型主体交往关系，离不开具备高智能素养的主体即掌握着丰富人工智能技术知识和使用技能的人与之相匹配、适应。"人—机"关系是社会关系内涵在现代科学技术影响下的时代延展，在一定程度上契合了人的交往发展需要，但本质上还是建立在人与人之间现实的物质和精神交往活动基础之上的。[②]因而要树立对人工智能技术的正确认识，防止人工智能技术对人的交往主体地位的遮蔽。在人工智能时代，掌握着先进技术知识、并具备高超的技术应用能力的人，是一切生产力中最关键的要素，也是推动社会前进最为关键的力量。推动人工智能时代的社会交往发展，必须使全体社会成员接受系统全面的人工智能技术教育，掌握人工智能技术运行逻辑、知识与应用技巧，推动全社会知识水平和智能素养的普遍性提高，还要帮助人们形成对人工智能技术的批判精神和创新意识。其次，要不断增强全体社会成员的学习意识、提升学习能力。人工智能时代既是社会快速发展的时代，也是技术和知识快速更新的时代，人们只有不断提升自主学习的能力、树立终身学习的理念，才能避免被时代所淘汰。最后，要全面提高人的社会交往能力，在全社会形成正确的交往价值理念。在人工智能时代，人们应主动提高自身的道德修养，自觉抵制不良思想的侵蚀，加强与社会成员之间进行广泛而平等的交流和交往，从而构造属于自身的丰富社会关系。

人工智能技术的广泛应用推动社会生产力加速发展，必然引起生产关系和

---

① 列宁全集(第55卷)[M].北京:人民出版社，2017:11-12.

② 王东，张振.人工智能的时代意涵:基于技术变革的风险及规避的视角[J].江海学刊，2020(04):122-127.

上层建筑发生一系列新的变化，进而对传统意义上的社会交往体系及伦理道德体系等方面造成严重冲击，给人的发展带来诸多现实问题。对此，加强对发展人工智能技术的伦理风险与挑战的应对治理，是构建平等开放的新型主体交往关系的必然要求。从其本质上来说，人工智能的道德表达来源于对人类社会多元数据的学习、复杂信息的掌握和提取，所以对于人工智能应用和发展所带来的不公平、歧视、剥削等社会交往问题的解决，首先要回归于"现实的人"本身，即对人自身的伦理价值作出审视和正确塑造。与此同时，在对数据的开发、搜集和分析等方面，要重视对人工智能"人类价值"的塑造。坚持公平公正的原则，增加智能系统的透明度，将人类社会的道德准则和法律规范以数据的形式"投喂"给人工智能，还需要随着人工智能在人类社会交往领域程度的加深不断探索，进而构建一套科学全面的人工智能伦理制度规范体系与法律法规，有效解决由人工智能技术应用带来的诸多现实问题，确保人工智能技术朝着合乎人类价值的方向不断进步。

（三）打造智能化、数字化的人类命运共同体

人工智能时代，人在交通、通信等领域实现了全天候的互联互通，生产生活高度全球化，真正以"类"的方式存在和发展着。正如马克思指出："只有在共同体中，个人才能获得全面发展其才能的手段，也就是说，只有在共同体中才可能有个人自由。"[①]因此，正确处理好人与社会的关系，这是应对人工智能时代条件下人的社会关系发展的新矛盾、新问题、新挑战的基本要求。在人与社会的关系上，历史上总体形成了整体主义和个体主义两种对立的观点，前者认为社会决定个体并具有优先地位，后者的观点则相反。但是，这两种观点都对个体与社会的关系作了抽象、片面化的理解。马克思认为，人与社会的关系是辩证统一的。一方面，人是社会的主体，社会是由"这些个人彼此发生的那些联系和关系的总和"[②]组成的。另一方面，马克思也认为，人的解放和自由个性的实现只有在社会共同体中才能实现，但是在虚幻的社会共同体中，个人迫于生存压力其实是不自由的，人的发展受到严重制约和阻碍。所以，只有在"真正的共同体"之中才能形成人与人之间普遍真实的社会关系，即建立"人的真正的社会联

① 马克思恩格斯选集（第1卷）[M].北京：人民出版社，2012：199.
② 马克思恩格斯全集（第30卷）[M].北京：人民出版社，1995：221.

系”[①]。“人的真正的社会联系”摆脱了物化的社会关系的狭隘性与片面性，但又并非物化的社会关系发展的必然结果，而是在现实的革命运动中不断生成的，它需要经历一个极其漫长的历史过程。正如卡尔·雅斯贝斯所指出的那样：“技术实现了前所未有的交通和通信速度，它带来了地球的一体化。人类的共同历史开始了。”[②]随着人工智能技术日益全面嵌入和应用于人们的生产、生活领域，人与人之间交互性、联通性发展到新的历史高度，推动全球的一体化程度不断加深，构建起了一个以现代技术的运转为支撑的人类命运共同体。

“智能技术已经成为世界科技竞争的核心领域，掌握智能发展主动权，就掌握了全球交往的话语权。”[③]经过人类长期的实践探索，推动人工智能不断更新升级、进入新的发展阶段，正在对经济结构、社会格局、世界版图等方面产生重大而深远的影响，世界各国竞相围绕发展人工智能制定相关政策和采取应对措施，力图取得先发优势和发展主导权。对此习近平总书记明确指出：“要深度参与全球科技治理，贡献中国智慧，塑造科技向善的文化理念，让科技更好增进人类福祉，让中国科技为推动构建人类命运共同体作出更大贡献！”[④]中华民族长期的历史进程中，在多个领域创造了累累硕果，贡献了无数科技创新成果，对世界文明进步产生了重大而深远的影响。进入21世纪以来，全球科技创新进入空前密集活跃的时期，新一代人工智能正在全球范围内蓬勃兴起，深刻改变着人们的生产生活，我国只有参与到全球科技治理之中，不断增强科技创新实力和自主创新能力，才能有效运用人工智能技术的成果为增进全人类的利益福祉服务。

立足新时代的历史起点，习近平总书记立足全球视野，瞄准全球科技前沿，强调要以发展新一代人工智能为重要战略抓手把握住新一轮科技革命和产业革命的重大机遇，实现国家实力和国际竞争力整体跃升，推动经济社会跨越式发展，满足人民对美好生活的需要，为新时代背景下加快发展和应用人工智能提供了行动指南。习近平总书记强调指出：“要把满足人民对美好生活的向往作为科技创新的落脚点，把惠民、利民、富民、改善民生作为科技创新的重要方

---

① 马克思恩格斯全集(第42卷)[M].北京:人民出版社,1979:24.

② [德]卡尔·雅斯贝斯(Karl Jaspers)著.历史的起源与目标[M].李夏菲译.桂林:漓江出版社,2019:264.

③ 韩小谦,梁晨.人工智能时代主体关系的异化与新构[J].学术交流,2023(06):5-15.

④ 习近平著作选读(第2卷)[M].北京:人民出版社,2023:474.

向。”[①]满足人民群众对美好生活的需要，增进人类利益福祉，是中国发展人工智能的真正夙愿。要坚持从保障和改善民生出发，推动人工智能技术深度运用发展，打造宜人的幸福生活。人工智能作为重要颠覆性技术，其加速突破拓展了时间、空间和人们的认知范围，为维护经济安全和社会稳定、推进全球治理带来重大历史机遇，但也同其他许多技术一样，兼具技术属性和社会属性，可以造福人类，利用不当则会损害民众的利益。与此同时，人工智能发展的不确定性与不成熟也可能对社会伦理、个人隐私、国际关系准则等方面带来挑战，对传统产业格局和就业形势造成冲击。因此“要整合多学科力量，加强人工智能相关法律、伦理、社会问题研究，建立健全保障人工智能健康发展的法律法规、制度体系、伦理道德”[②]，妥善应对发展应用人工智能技术所带来的风险，实现提前预判并进行有效应对，确保其安全、可靠、可控，保证人工智能技术始终朝着有利于人类利益的方向发展。

要加快各国合作，才能共同把握好智能化发展机遇。习近平总书记指出：“处理好人工智能在法律、安全、就业、道德伦理和政府治理等方面提出的新课题，需要各国深化合作、共同探讨。”[③]构建人类命运共同体，这是全球化浪潮不断推进的历史潮流，也是人的社会关系不断丰富拓展的现实要求。进入人工智能时代，人们之间的相互交往和联系日益便捷、密切，每个人的生存发展命运都受到其他人的密切影响，成了一个利益相连的共同体。习近平总书记指出：“中国正致力于实现高质量发展，人工智能发展应用将有力提高经济社会发展智能化水平，有效增强公共服务和城市管理能力。”[④]我国愿同各国在技术交流、数据共享、应用市场等方面开展交流合作，共创智能时代，共享智能成果，推动新一代人工智能健康发展，更好造福世界各国人民。中国作为当前世界上最大的社会主义国家，正积极发挥社会主义制度优势，以中国式现代化人类文明新形态积极引领和推动人工智能时代人类命运共同体的构建，实现人工智能技术成果为世界各国人民共享，推动以人类可持续发展为中心的智能化发展，共同迎接

① 十九大以来重要文献选编（上）［M］. 北京：中央文献出版社，2019：464.

② 加强领导做好规划明确任务夯实基础 推动我国新一代人工智能健康发展［N］. 人民日报，2018-11-01(001).

③ 习近平著. 习近平书信选集（第1卷）［M］. 北京：中央文献出版社，2022：193.

④ 中共中央党史和文献研究室编. 习近平关于网络强国论述摘编（大字本）［M］. 北京：中央文献出版社，2021：164.

和创造“数据驱动、人机协同、跨界融合、共创分享的智能经济形态”[①]。

总之，随着人工智能的充分发展和在社会各领域的广泛应用，将逐步建立起互联互通的全球智能信息空间，推动人类社会不断朝着数字化、智能化的方向发展，在这个过程中，人们的各种社会关系将得到进一步拓展和彰显，逐步被引入“自由人联合体”的理想状态。

① 中共中央党史和文献研究室编．习近平关于网络强国论述摘编(大字本)[M].北京：中央文献出版社，2021：140.

第五章

人工智能时代人的个性自由的发展

马克思关于人的自由个性发展的主要思想，是考察人工智能时代人的个性自由发展的理论指引。在马克思的语境中，自由个性与个性自由是两个不同的概念，其中，前一个是用来表示人的个性发展的最高境界和人的发展的理想状态的。而个性自由是自由个性实现的基本前提，人的自由发展是自由个性实现的基本途径，人的全面发展则是自由个性实现的最切近的基础。[①]从这个意义上，人工智能时代人的个性自由的发展是根据马克思关于人的自由个性发展的主要思想为指引的，人工智能时代人的个性自由的发展将为人的自由个性的实现奠定基础。因此，以马克思关于人的自由个性发展的主要思想为指引考察人工智能时代人的个性发展会发现，一方面个性自由得到释放，另一方面个性自由发展又面临困境。立足这些变化，探索人工智能时代人的个性自由的解放会发现，需要保持人在运用技术时的主体性地位，这是前提。进而从技术层面看，以算法优化来增强人在人工智能技术面前的自觉。最后，通过提升治理效能来保障个性自由的发展。

一、马克思关于人的自由个性发展的主要思想

马克思关于人的自由个性发展的主要思想是人工智能时代洞悉人的个性自由发展的理论基础。马克思从历史演进的角度考察人的个性的发展，并挖掘个性的发展的现实基础，将人的个性纳入现实的劳动实践和社会关系中。在考察资本主义生产方式对人的个性发展的影响过程中，马克思看到人的个性的自由发展需要在历史发展中逐渐形成对社会关系和个人能力的全面自主控制，而这将指向一种更高的发展阶段。

（一）自由个性奠基于现实基础上

马克思在《评普鲁士最近的书报检查令》一文中，犀利地揭示了普鲁士书报检查制度未能体现国家核心精神的本质，直言不讳地指出这一制度对新闻出版自由的严重背离，其不合理性不言而喻。这种制度忽视了政治与法律的公正性，基于此，马克思的注意力逐渐转移至现实物质利益问题的考量上，并且认为要对物质利益问题发表意见是比较困难的。因此，马克思开始从社会关系的角度考察人们的自由。而生产关系又是受现实的生产力决定的，因此对人的自由

① 汪信砚.论马克思的"自由个性"概念[J].学习与探索，2004(05)：11-15.

的考察需要立足现实的生产力的发展。

首先,生产力的发展为自由个性的形成提供物质基础。马克思从人的发展的角度将人类历史划分为三个阶段。第一阶段是人对人的依赖阶段,由于生产能力有限且社会相对孤立,人们完全依赖他人和群体才能生存。在这个阶段,个性和独立性都被压抑。第二阶段,随着物质变换的扩展和频繁发生,人们逐渐在"物的依赖性"基础上获得一定程度的独立性和个性。然而,由于物质生产力发展水平还不够充分,个体多样化的需求还不能得到充分的满足,因此个体的发展并不完全。要实现个性发展,需要发展生产力,有充分的商品自由交换来满足多样化的需要。但是这种市场交换在资本主义生产方式中发生了异化,使得生产不一定是为了消费,但生产一定是为了交换,因而这时的生产也使个体具有了独特性,并且客观上也促进了个人的社会关系和能力的全面发展。马克思指出:"资本作为孜孜不倦地追求财富的一般形式的欲望,驱使劳动超过自己自然需要的界限,来为发展丰富的个性创造出物质要素,这种个性无论在生产上和消费上都是全面的,因而个性的劳动也不再表现为劳动,而表现为活动本身的充分发展,而在这种发展状况下,直接形式的自然必然性消失了;这是因为一种历史地形成的需要代替了自然的需要。"[①]在这里,马克思将人的需要划分为了"自然的"和"历史的"。"自然需要"或自然形成的需要主要是满足自己生存和发展的,尤其是对生存资料的需要,为了满足这一需要,人们开始从事物质生产实践,进而确证了人类社会的存在和发展。在满足这一需要的基础上,人们开始向往和追求更高级需要——更加全面地享受和发展等方面的需要,以逐步实现更加全面的发展。与此同时,也推动了人类社会乃至人类文明的历史演进和不断前进,进而也就形成了历史的需要,而这些都为人的个性的自由发展创造出了"物质要素"。随着物质财富的丰富和物质变换的普遍拓展,人们的个性发展因素变得更加多样化和全面化,从而迈入了自由个性的阶段。其次,必须变革生产关系以迈向自由个性的发展阶段。

在《政治经济学批判(1857—1858年手稿)》中,马克思指出:"如果考察的是产生出不发达的交换、交换价值和货币的制度的那种社会关系,或者有它们的不发达程度与自身相适应的那种社会关系,那么一开始就很清楚,虽然个人之间的关系表现为较明显的人的关系,但他们只是作为具有某种规定性的个人而

① 马克思恩格斯文集(第8卷)[M].北京:人民出版社,2009:69-70.

互相发生关系，如作为封建主和臣仆、地主和农奴等等，或作为种姓成员等等，或属于某个等级等等。在货币关系中，在发达的交换制度中（而这种表面现象使民主主义受到迷惑），人的依赖纽带、血统差别、教养差别等等事实上都被打破了，被粉碎了（一切人身纽带至少都表现为人的关系）；各个人看起来似乎独立地（这种独立一般只不过是错觉，确切些说，可叫做——在彼此关系冷漠的意义上——彼此漠不关心）自由地互相接触并在这种自由中互相交换；但是，只有在那些不考虑个人互相接触的条件即生存条件的人看来（而这些条件又不依赖于个人而存在，它们尽管由社会产生出来，却表现为似乎是自然条件，即不受个人控制的条件），各个人才显得是这样的。"[①]马克思在此明确区分了两种截然不同的社会关系。首先，他关注到了基于不完善的交换体系，特别是货币体系尚未成熟的社会背景建立起来的社会关系。在这种经济结构中，人们之间的关系更多地体现为人身依附关系，个体被特定的"社会角色"所定义，如封建主与臣仆、地主与农奴等。在这样的社会框架中，身份或地位成为人际互动的先决条件，这种关系往往被概括为"人的依赖性"，这在封建社会和奴隶社会中尤为显著。尽管奴隶社会与封建社会之间存在显著的差异，但两者都共享一个核心特征：即个体在身份上的相互依赖。而另一种社会关系则建立在高度发达的交换制度之上，特别是当货币体系臻于完善时。马克思将货币比作"社会的抵押品"，从社会学的视角来看，成熟的货币制度实际上是对血统、教育和身份差异的消解，特别是对"人的依赖性"的消解。随着货币体系的演进，"人的依赖性"逐渐减弱。

然而，这并不意味着人们能够无拘无束地进行交流和交换。在资本主义高度发达的货币体系下，个人的自由和独立看似得到了提升，但实则仍是一种表象。因为人类的生存条件仍然受到难以逃避的严格限制，这种限制的本质在于"物的依赖性"。个体在依赖他人的同时，也受制于物；而物不仅是人们依赖的对象，还成为支配他们的力量。在对物依赖的背景下，尽管个人相对于之前的人来说似乎获得了更多的自由，但此时的人依旧处于对外在物的依赖关系中。人们不仅受到物的支配，还受到观念的束缚。这里的"观念"实际上是物质关系的反映，它揭示了人们在思想和意识上仍然受到物质世界的深刻影响，无论在何种情况下，只要依赖关系存在，自由个性就无法实现。只有变革个人受物的

① 马克思恩格斯文集（第8卷）[M].北京：人民出版社，2009：57-58.

依赖关系所制约的情况，才能逐步迈向“自由个性”阶段。

（二）个性异化与自由个性的发展

从马克思的视角审视，原始社会、奴隶社会以及封建社会均显著体现了一种以“人的依赖性”为主导的社会结构形态。聚焦原始社会，由于生产力水平比较低下，人们不得不依赖于群体协作和相互支持，以确保生存和繁衍。在这种情境下，人们的自由被极大地限制着，仅能在物质匮乏的束缚下寻求最为原始的、极为有限的自由。而奴隶社会则是一个典型的以人身依附关系为基石的社会形态。在这样的社会条件下，奴隶被视为奴隶主的私有财产，被冷酷地称为“会说话的工具”，他们的命运完全掌握在奴隶主的手中，被随意买卖和转让，也毫无自由可言。进入封建社会，地主或领主对土地享有垄断权力，通过占有土地资源，对农民或农奴进行压榨和剥削。这种社会形态体现了权力与资源的集中，以及劳动者对土地所有者的依赖关系。在这种社会条件下，农民或农奴对地主或领主存在着强烈的依赖关系，他们的生产和生活都受到地主或领主的严格控制和剥削，自由同样受到了极大的限制。即使到了资本主义社会，人的价值也只有依赖于商品、货币、资本等物的价值来实现，尽管资产阶级凭借占有的生产资料就能够无偿有商品、货币、资本等物，进而使自己的个性自由得以实现，但那只是少数人的特权，而广大无产阶级由于不占有生产资料，在资本主义生产方式下面临被剥削和压榨的境地，因而个性自由是根本无法实现的，甚至在资本主义生产方式下其个性异化走向了更极端的方向。对此，马克思认为，只有在消除分工、私有制和阶级差距的共产主义社会中，人们才能实现真正的个性自由。

马克思认为，资本主义社会是建立在“物的依赖性”之上的社会形态，在这个形态中，尽管人摆脱了人身的束缚，却陷入了对物的依赖性的漩涡。资产阶级个性解放所解放的只是资本的个性，而工人的个性解放受到资本的束缚和制约。资本主义社会的生产关系突出表现为生产资料的私有制，在这样的制度条件下，广大劳动群众因与生产资料相分离，因此不掌握生产资料的工人的劳动出现了异化，资本主义私有制因而成为阻碍其自由实现的核心因素。在资本主义的生产方式中，工人不得不依附于资本家，一旦离开资本家，其生存将变得异常艰难，甚至连基本的生活资料都难以确保。某种程度上来讲，与封建社会的农奴相比，资本主义社会中的工人境遇更为凄凉。封建领主或地主至少为农奴提供了某种生存保障，而资本主义下的工人所标榜的“独立自由”实则只是表面的假象。在资本主义社会中，人们时常受到物质条件的束缚，导致他们独特的个性自由受到外部物质力量的牵制。因此，在资本主义扭曲的劳动关系中，工人越是辛勤工作，亲手创造出的产品越多，却愈发感受到一种强烈的异己之力，仿佛这些产品并不真正属于他们自身。这种力量不断侵蚀着他们的自我认同和尊严，使得工人与其劳动成果之间发生了严重疏离。在资本主义社会中，资本家为了攫取剩余价值，不断增强工人的劳动强度，延长工作日，导致工人能够自由支配的时间相当有限。马克思深刻洞察了这一现象，他将人的自由个性与自由时间紧密相连，认为自由时间的多少是衡量自由个性实现程度的关键。若一个人无法拥有自由支配的时间，那么其地位甚至可能不如一头役畜。进一步探究其根源，资本主义社会的资本逻辑正是阻碍工人的自由个性充分实现的主要原因。总之，在资本主义制度下，资产阶级掌控着生产资料，而工人阶级除了自身的劳动力外，几乎一无所有，这使得他们难以实现真正的自由与个性发展。

自由个性的真正实现要求消灭资本以及资本主义私有制。马克思指出：“社会上一部分人享有生产资料垄断权的地方，劳动者，无论是自由的或不自由的，都必须在维持自身生活所必需的劳动时间以外，追加超额的劳动时间来为生产资料的所有者生产生活资料。”[①]资本逻辑的本质在于资本不断追求自我增殖，为此甚至不惜牺牲工人的利益。在资本逻辑支配下，机器的广泛应用并未给予工人更多自由支配的时间，反而催生了大批廉价劳动力和产业后备军。更为严峻的是，产业后备军的涌现加剧了工人之间的竞争，为资本家提供了进一步压低工资、压榨工人的条件，加剧了其生存发展困境，阻碍了工人自由个性的实现。然而，自由个性的实现并非遥不可及，它深深植根于生产力的高度发展之中。在这一领域，马克思以他独特的辩证思维审视了资本逻辑，他认为，尽管资本主义社会存在诸多缺陷和挑战，但它也不自觉为通向自由个性的共产主义社会提供了准备了一定条件。

马克思所阐释的自由个性，具有丰富的内涵，其实质上是指个体的个性发展摆脱外部制约，实现自我决断、自我管理和自我调整，使人真正成为独立的自由主体，能够掌控自己的命运。这种自由个性是人实现全面自由发展的核心内

① 马克思恩格斯选集（第3卷）［M］. 北京：人民出版社，2012：534.

容。他认为，为了促进人的自由个性的发展，必须摒弃旧有的分工模式和资本主义私有制等前提条件。在资本主义生产方式下，工人的真正自由将如同空中楼阁，遥不可及。那么，人类又该如何迈向真正的自由之境呢？这成为必须深入思考和探索的问题。马克思在批判资本主义社会的同时，也描绘了一个共产主义新社会的蓝图。在这个新社会中，人们将形成一个"自由人联合体"，其中每个个体的自由发展都是所有人自由发展的先决条件。要进入这一崭新的社会形态的前提在于，推翻资本主义私有制的统治，对私有财产进行积极扬弃并非简单的否定或摒弃，在继承前人累积的丰富财富的基础上，进一步推动社会生产力的蓬勃发展。

唯物史观认为，自由个性的实现需要多方面因素和条件的支持。其中，物质生活条件和共同的生活方式构成了自由个性发展的经济基础，此外，还需要一定的社会政治等方面条件来对自由个性的发展予以保障。人的自由个性的实现还有赖于人的需要的全面发展，而这需要建立在高度发达的社会生产力基础上才能满足。马克思指出，资本主义追求超额剩余价值的内在动力和激烈的外部竞争，使得资本家争先恐后采用先进技术，提高劳动生产率。资本主义为人的需要发展丰富提供了一定条件，但是这些条件也只是掌握生产资料的资本家阶级才能享受。同样的，资本主义生产由于先进技术的不断采用，实际上劳动的必要劳动时间已经被不断缩短，只不过当前自由时间被资本化，而一旦解除了资本主义生产关系，使自由时间重归个人所有，那个人就拥有了充分发展自身个性的自由时间。拥有了发展个性的充足的时间也就为发展个人能力奠定了基础，而马克思让我们看到，这一切的实现都必须破除资本主义生产关系，到社会主义社会才能实现。

（三）人的独立自主性的历史发展

个性并非一成不变或孤立存在，而是深受物质生活条件和社会历史背景的制约。社会的发展水平直接决定了人的个性发展空间。本质上，个性的形成源于劳动实践，其发展受到生产力水平和社会交往的广度与深度的双重影响。

首先，我们需认识到，阶级社会的人是阶级性和个性的统一。回顾人类历史，从原始社会到奴隶社会、封建社会，再到资本主义社会，每一次社会形态的变迁都伴随着生产力的扩大和社会关系的丰富，为促进人的个性的发展提供了必要条件。然而,在阶级统治的社会中,个人的生产活动和社交互动不可避免地受到其社会地位的限制,从而使得个性被赋予了鲜明的阶级印记。在私有制的框架下,文明的发展往往伴随着不平等的加剧。当统治阶级的地位日益稳固,往往伴随着被统治阶级权利的逐渐丧失和生活质量的下滑。在这样的社会结构中,个人并非以独立的个体身份存在,而是作为某一特定阶级的成员,其个性深受该阶级内部关系的深刻影响。进入资本主义社会,尽管世界历史的形成逐步打破了个人发展的封闭状态,但私有制和旧式分工的束缚却限制了人的活动范围,导致个性发展的片面性。因此,在阶级社会中,个性自由只是针对统治阶级而言的。总之,人的个性发展是一个复杂而漫长的过程,受到多种因素的制约,在阶级社会中,个性与阶级性紧密相连,被统治者要追求个性就必须打破束缚其发展的枷锁。

其次,个人在历史中对社会关系的全面控制也是个性发展的重要方面。这种控制是历史发展的产物,正如马克思所言,“全面发展的个人——他们的社会关系作为他们自己的共同的关系,也是服从于他们自己的共同的控制的——不是自然的产物,而是历史的产物。”[①]在人类社会发展的初期阶段,个人依附于家庭和氏族等共同体,缺乏独立自主性。随着历史的演进,个人逐渐从共同体中独立出来,进一步丰富了自身的社会关系,从而获得更多的独立自主性。在第二发展阶段,“物的依赖性”下人的偶然独立自主性凸显。此阶段以人与“物”的紧密依赖为基石,人的独立自主性呈现为“偶然的个人”形态,资本主义社会成为其典型代表。在此社会中,物质财富或金钱如同无形的力量,悄然操纵着每个人的行为。人们需依赖物质的积累或财产的占有来彰显自身的力量,将个性发展物化于商品之中,争夺更多物品以证明其健全个性。农夫因谷物而存,渔夫因渔具而兴,牧民则依赖马匹与羊群。然而,这种对物的占有似乎成为个性的映射,实则是扭曲的写照。马克思将这种被物质所主导、丧失独立性和个性的状态称为“偶然的个人”,是一种社会关系全面异化的个性发展状态。

劳动原本应是充满自由与自觉的活动,它代表着人们对生命的热爱和对个性的肯定。但在资本主义体系下,劳动却成了资本家剥削和压迫工人的异化活动。随着商品经济的深化和分工的细化,人对物的依赖增强,自主性减弱,个性与自我愈发疏离,导致个性和能力的扭曲、片面发展。然而,我们亦需认识到,

① 马克思恩格斯文集(第8卷)[M].北京:人民出版社,2009:56.

资本主义在其发展过程中也不自觉为人的个性自由发展创造了一定条件。它使生产劳动摆脱自然的束缚,创造出前所未有的物质财富,这些财富为人的个性发展提供了物质基础。同时,资本主义打破了封建等级秩序,赋予了人们法律与人格上的平等地位。

马克思在批判私有制基础上商品经济的同时,也看到了其在个性发展史上的过渡性。这种过渡性体现在,尽管发展以牺牲工人阶级为代价,但建立在发达生产力基础上的个性发展获得了更好的物质基础。不过,资本主义所带来的积极作用也是有限的。为了实现人的全面自由发展,我们必须超越当前阶段,迈向第三个层次——即人的自由个性阶段。在这一崭新的阶段中,人将真正实现人与人、人与自然、人与社会的和谐相处,较好满足生存发展的多样化需要。个性将得到全面、充分而自由地发挥,劳动也将蜕变为自我实现、自我发展和自我解放的关键途径。人们将把劳动视为首要需求,从中感受到无尽的快乐,而非沉重的负担。随着物质财富的极大丰富,人们将有更多时间发展才能,实现个人存在的无限可能性和开放性。独立自主性作为个体自由的实现,象征个人个性的发展已经达到较高高度。透过个体独立自主性的发展可窥探到整个社会的发展水平和发展纵深,从而更好地阐释马克思从社会现实查探个体独立自主性的发展。从个体独立自主性的发展佐证社会历史的前进步伐。个体与社会发展是有机统一的整体。

最后,个人对自己各方面能力的全面塑形和提升是全面发展的个人的基本要求。自由个性的塑造,意味着个体在自然、社会以及自我之间达到一种和谐统一的状态。它要求个人能够自主地挖掘、发展和展现自身的才能与力量,从而成为全面发展、自由个性的个体。实现这种全面自由发展的前提,离不开个体能力的全方位提升。

可以预见的是一个拥有“自由个性”的人,必然是一个“多才多艺”的个体。这种全面自由发展并非仅局限于认识、实践、组织、审美、表达、思维和批判等能力,而是深入渗透到社会生活的每一个角落。随着个性发展的逐步深入,个体的自主性、自觉性、能动性和创造性也将得到持续增强。然而,这是一个历史性的演进过程,从低级到高级,从片面到全面,不断迈向更高的境界。个体的活动方式,决定了其才能的塑造、品质的锻造和独立性的培养。正如马克思所言,全面发展的个人是那些能够应对不同劳动需求,并在各种职能中自由发展其先天和后天能力的个体。然而,在旧有的分工模式下,个体的活动范围被严格限定,难以实现自由个性的发展。实现人的自由个性的发展,关键在于获得更多的自由时间。在这样的前提下,个体可能得以沉浸在科学创新的殿堂、艺术欣赏的海洋、文化创造的乐园以及理论批判的思辨中。这些活动如同雨露滋润,不断滋养并提升着个体的能力之树。自由时间的累积与能力的持续进步,为个体独立自主性的觉醒和个性的全面绽放提供了坚实的土壤。在共产主义社会的广阔天地里,个体挣脱了自然和社会的桎梏,得以按照内心的兴趣、爱好和专长自由发展。这里不再有固定的边界,每个人都可以驰骋在无限的领域中,无论是科技的前沿、艺术的殿堂,还是文化的交融与理论的创新。这种前所未有的自主性和选择性的提升,让个体能力的全面发展不再是遥不可及的梦想。因此,在共产主义社会这片沃土上,每个人都能自由地发展并发挥他的全部才能和力量,绽放属于自己的光芒。

二、人工智能时代人的个性自由发生的变化

在马克思关于人的自由个性发展主要思想的指引下,我们考察人工智能时代人的个性自由发展有了理论基础和方法论指引。可以预见的是,人工智能时代人的个性化需要得到了一定程度满足,需要的满足推动着个人独立自主性的发展,进一步使人的个性自由得到释放。但是,在资本逻辑支配下,人工智能时代人的个性发展的自由时间也可能面临被侵占的风险,甚至出现大数据、算法等合围人们的休闲时间的困境。自由时间被侵占,人用来发展自身能力的机会就变少了,最终对人的发展形成阻碍。

(一)人工智能时代人的个性自由得到释放

人工智能时代个性化需要的满足进一步推动了个性的张扬和个人能力的提升,推动了个人独立自主性的发展。

1.个性化需要的满足

人工智能时代,人的需要在互联网、大数据、云计算、区块链的赋能下,可以得到定制化的满足。这种满足表现为一种"自觉"甚至"自主"的过程。就拿购物而言,人工智能时代一改过去的以销售商为主,"规模化生产"出供大家选购的商品,而以消费者为中心,个性化地满足人们的需要。例如百需平台和百应

科技公司。2018年下半年，百需公司在广州推出了一个人工智能百需平台。在这个平台上，人们可以发布需求，然后不同的商家就会根据发布的需求，主动与其洽谈如何合作。换言之，就是在保证低价的情况下，提供一种能够使顾客满意的个性化服务。虽然最后这家公司没能存活下来，但能在很多企业中找到这种需求服务思想的身影。又如，百应科技有限公司（百应），它的服务便是基于这样一种服务理念，有需求就有回应，还能做到个性化的回应。百应的智能服务可以为有需要的政府、企业与个人等多样主体供给个性化定制服务，以满足消费者的个性化需要。百需公司和百应科技公司等都是在人工智能时代满足人们个性化需要的一种积极尝试，这种尝试还在智能家居、智慧医疗、智能机器人等产业中不断进行着。人的个性化需要的满足还表现在出行方面、学习方面、营养膳食方面、医疗卫生方面、投资方面、情感方面等等。

个性化出行需要的满足。就交通管理者而言，借助人工智能的机器学习算法，可以优化交通。例如，“经过长时间的研究，阿里云ET构建了‘互联网+信号灯’控制优化平台，该平台能够实时分析路口车辆的运行情况，为调整信号灯时间提出建议。2016年9月广州交警引入该平台并使用，用来解决广州市的交通拥堵问题。实验结果表明，使用该平台的路段，其拥堵指数下降了25%。”[①]从出行人的方面看，“借助机器学习算法，人工智能能够依据不同的出行场景，如出行时长、距离等构建出科学的出行决策模型；还能依据各种用户数据，如出行数据、反馈数据等，为用户提供符合出行偏好的决策模型。以高德地图为例，高德地图的AI引擎就结合了大数据与机器学习能力，能够根据不同的出行环境和出行需求，为用户提供个性化的出行服务。”[②]另外，现在主流的地图软件都在试图运用自己积累的相关数据为用户提供个性化的服务，比如根据燃油车和新能源车来合理规划行程，提供补能站、停车场、餐饮、休息等标记和导航服务，甚至根据新能源车的续航里程，在长途自驾中为车主提前规划补能，缓解续航焦虑。另外，主流的地图软件基本上都支持个性化导航声音的选择甚至是录制，还可以根据用户提供的目的地等，引导车主顺利、准确到达目的地。

个性化学习需求的满足。人工智能时代，借助大数据和云计算，基于大量的数据，数据平台公司可以为学习者提供专属的学习方案。例如数字学习公司

---

① 陈炳祥著.人工智能改变世界：工业4.0时代的商业新引擎[M].北京：人民邮电出版社，2017：72.

② 陈炳祥著.人工智能改变世界：工业4.0时代的商业新引擎[M].北京：人民邮电出版社，2017：72.

麦格劳-希尔教育集团(McGraw-Hill Education)基于数百万学生的学习数据,通过人工智能技术为学生提供专属的学习方案。"当学生们在学习某一方面的知识时,系统平台可以根据学生对该知识点的掌握程度,提供适合他们学习习惯的学习资料,从而有效提升学生们的学习成绩。此外,为了能够为学生提供长期的帮助,后台系统还会为学生制定学习档案。"[①]这种专属的学习方案是对学生个体学习习惯的关照,也能更有针对性地满足学生的学习需要。另外,个性化学习方面,目前有些公司还借助智能的学习设备、智能数据模型、丰富多彩的课程,甚至让学生在AR/VR中学习,进一步充实了教学内容,丰富了教学形式,来激发人们个性化学习的内驱力。

总之,在个性化需求的满足方面,人工智能时代体现出了定制化的特点。这种定制充分彰显了个性,也使个体在需求满足的过程中个性自由得到释放。人工智能时代个性化制造的这种定制,在市场应用中可以分为聚定制、模块定制、深度定制、要约定制。[②]定制化就是试图改变之前的外观相似、功能相同的商品,而给人提供一种外观个性化、功能个性化的商品以满足人们的个性化需要。就外观个性化而言,进行了积极的尝试。"只要用户上传规定尺寸的图片,就可以享受个性化图案设计服务,不论是人气偶像、动漫角色或文艺作品,都可以在机器表面得以轻松实现。英特尔推出的3D打印机器人套件是一种很有趣的个性化经营模式。这种模式能够支持用户下载打印机器人零部件,并进行组装,它除了可以满足用户的个性化需求之外,还能够提高用户的参与感和互动性,从而提高他们对产品和服务的相关体验和评价。"[③]就功能个性化而言,扫地机器人会根据人们居住面积大小、是否饲养宠物等进行电池、吸毛等个性化功能的设计。就目前被较多人使用的智能穿戴设备而言,智能化穿戴设备正朝着个性化的方向发展,比如通过用户的指纹、视网膜等进行解锁,在穿戴的过程中,识别个体的心率、血脂、血糖,生成睡眠分析报告,然后结合这些分析给个体提出针对性的建议,提供个性化方案。

2.个人独立自主性的发展

人工智能时代,个人独立自主性的发展集中表现在随着社会逐渐步入智能

① 陈炳祥著.人工智能改变世界:工业4.0时代的商业新引擎[M].北京:人民邮电出版社,2017:141.

② 陈炳祥著.人工智能改变世界:工业4.0时代的商业新引擎[M].北京:人民邮电出版社,2017:7.

③ 刘进长,雷瑾亮著.人工智能改变世界:走向社会的机器人[M].北京:中国水利水电出版社,2017:155.

化的时代,个人自我意识、自由意志不断增加,自主性逐渐增强。这种自主性的增强得益于大数据、云计算等技术,科技、信息网络的高速发展,也表现在个人对社会关系的控制得以增强。人工智能时代,在实践活动中,个人借助人工智能能够更好地控制和驾驭自己同外部自然界、外部社会的对象性关系,使个人的能力得以增强。这些都使得人工智能时代的人的主体性地位得以增强,个人独立自主性得以发展。人工智能不仅使人能够更好地控制社会关系、提升个体能力,而且,人工智能还能通过赋能的劳动实践节省必要劳动时间,通过广泛的社会交往、全方位的社会关系而拓展人的个性发展的空间。

正如上文所说,人工智能时代,能够在技术赋能下为个体需要的满足提供定制化服务。这种定制化满足的个体需要,更进一步彰显了个体的差异性,人不再是原子式的同质化的个体,而是基于一定的实物定制、服务定制、技术定制后的个性化的个体。例如,从以消费者为中心的C2B模式的打造来看,一种个性化的消费模式,甚至是个性化的生产方式、生活方式和思维方式正在改变人们的生活。C2B以消费者为主导,借助大数据等技术,实现消费者主导的实物、服务和技术定制。[①]其中近年广受关注的3D打印就是技术定制,该技术广泛应用在食品、服装、家居、航空航天、玩具等领域,进一步彰显个体在技术加持下的个性化。定制化的出现,一方面是人工智能技术发展的必然,另一方面也进一步推动技术的发展,带来社会的全面变革。随着生产力的发展并转化为越来越高的生产效率,人们的物质需要将得到极大地满足,那时候人们的需求结构和性质将发生变化。人们更期待精神需求的高质量满足,更追求与众不同的、个性化的体验,比如对成长型个人助手的期待。期待个人助手能够更智能、更懂人,并且能够不断地成长和学习,而这当然离不开人工智能技术的加持。

人工智能可以提升个人的能力,增强个人实践活动的自主性。在专业性强的医疗领域,医生和医疗技术人员相对有限,但由于人工智能技术的赋能,医生和医疗技术人员的能力将大大增强。例如,利用人工智能技术为恶性肿瘤的识别赋能。人工智能在经过大数据处理和深度学习后,能够在预处理的基础上,将医学影像图片进行分割,然后在不同部位提取参数,以数据库中存储的信息资源为对照进行分析,在综合比对之后给出评估结果。[②]这就为放射科的医疗

① 陈炳祥著.人工智能改变世界:工业4.0时代的商业新引擎[M].北京:人民邮电出版社,2017:9.

② 陈炳祥著.人工智能改变世界:工业4.0时代的商业新引擎[M].北京:人民邮电出版社,2017:147.

技术人员乃至医生提供了重要的参考，同时借助于大数据库中的案例，人工智能可以根据患者的X光照片进行对照，给出参考性意见，为医生节省了时间和精力。如美国公司Enlitic推出的图像识别软件，能够在分析X光照片和CT扫描图像的基础上，精准判断恶性肿瘤的位置。该系统通过深度学习，将以往经过确诊的医疗图像数据作为资源，分析恶性肿瘤的存在概率以及肿瘤所处位置，在大量分析和机器学习的基础上，找出恶性肿瘤的存在规律，以及对诊断有帮助的关键性因素等。为了验证该软件的应用效果，Enlitic将肺癌数据库作为实验的参考数据，最终证明，与专业肺癌检测者相比，该系统的诊断结果更具说服力，其准确性要高出50%。[①]Enlitic这个系统主要是充分运用算法，尤其是深度学习的算法来深入挖掘医疗图像、诊断书、临床试验等一些重要的医疗数据，基于这些重要的数据进而能够实现比较快速、可行并且还相对准确的医疗诊断。在医疗领域各大人工智能公司都试图大展拳脚。比如IBM建立的Watson Health试图用Watson超级计算机来深度分析海量的医疗数据，还有微软试图借助人工智能技术帮助医生为患者找到更合理的诊疗方案和最佳的药物，腾讯集团也在人工智能+医疗领域加大投资，等等。总之，人工智能加持下的健康管理系统，能够实现对诊疗方案的设计，对患者健康状况的预测，根据患者的具体情况制定个性化的医疗方案，进一步提升医患双方的自主性。类似的例子还有智能视频监控系统，运用这个系统能够为安保人员节省大量的时间和精力。例如，格灵深瞳公司通过对三维视觉感知技术进行深入研究，使智能视频监控系统能对人、物进行精确的检测与跟踪，能对人的动作姿态和运动轨迹进行精确的检测和分析，其中动作姿态包括暴力、跌倒等，人物运动轨迹包括逆行、徘徊等。如果发现异常，系统就会自动发出报警信号提醒安保人员，保证安保人员能够及时发现异常，这就解决了普通监控容易漏掉信息的问题。[②]另外，这个智能监控系统借助“三维视觉感知技术”可以从监控视频中抽出人物的特征，这为安保人员进一步进行追踪、检索、画像提供了技术支持。

人工智能拓展个人的社会关系，增强个人的自主性。人工智能时代，个人的社会关系借助于互联网、大数据能够更有自主性，个体可以选择一系列的趣缘组织，形成个性化的社交圈子。同时，人工智能也在分析用户，让用户在社交

① 陈炳祥著.人工智能改变世界:工业4.0时代的商业新引擎[M].北京:人民邮电出版社,2017:148-149.

② 陈炳祥著.人工智能改变世界:工业4.0时代的商业新引擎[M].北京:人民邮电出版社,2017:101.

软件上看到喜欢同一类型的电影、图书，逛同类型景点的人，给用户推荐可能认识的人、可能在关注的商品等，这些都为结成个性化的社会关系提供了便利。另外，人们通过一系列社交软件，时刻保持着与这个世界的互动。人们通过智能化家居贡献着数据，与后台的技术人员互动、与商家互动。智能家居的服务助手也是人们进行人际关系的对象，在与语音助手的沟通中，使其为人们找到舒适的温度、光线，让人们生活在相对舒适的环境中。这个经由智能家居打造的环境也给人们的生活水平和生活质量赋能，进而让人们在个性化需要得到满足的过程中，感受到身心的放松和自由。总之，借助于人工智能，人与人之间有了随时沟通和交流的纽带，让人与人之间能够实现跨越时空的互动交往。这种跨越时空的互动交往甚至都可以克服不同语言的障碍，比如Google Translate、科大讯飞等智能语音助手所带来的强大的语音转换技术，能比较精准地识别语音，并进行不同语言的即时互译，这就较大程度地解决了跨国交流的障碍，拓展了人际交往的范围。

（二）人工智能时代人的个性自由发展困境

社会在加速，人工智能技术更是进一步提升了效率。加速的社会进一步压缩了个性发展的时间，甚至通过大数据算法进一步围猎人们的休闲时间。个性发展的时间被侵占使人面临能力退化的风险，人一旦大量应用人工智能甚至依赖它，这会导致思维能力退化、知识的存储和转换能力退化、现实交往能力退化、审美能力退化等风险，而人的能力退化又会使智能时代人的自主决定空间被削弱。

1.人工智能时代个性发展的时间被侵占

加速的社会压缩了个人发展个性的时间。伴随着移动互联网的普及，尤其是5G技术的赋能，世界进入万物互联阶段。万物互联一方面给人们带来了便捷，另一方面也带来了倍速式的生活、被加码的工作，让人倍感忙碌和焦虑。这种忙碌来自便捷的移动办公，移动办公得益于像腾讯会议、钉钉、QQ群、微信群、超星、科大讯飞等办公平台的使用。换句话说，只要有网络，借助于一系列智能化办公系统，个人可以在任何场合办公，也能够在任何场合办公。这一方面带来了办公场所和时间的灵活化，给予人更大的自由，另一方面也让人无论身在何方都在被网络和智能化办公平台所拉扯，难以真正做到身心自由、放松。

这或许是下班后甲方在微信群里要的新方案，或许是团队伙伴在线上开的一个头脑风暴会议，抑或是人们需要在一些平台上进行的打卡，等等。近年来的“打卡式度假”“特种兵旅游”都从侧面反映出社会在加速，时间的稀缺性愈益加剧，谁拥有了自由时间，谁就拥有更多的发展自我的空间。但很明显，这种自由发展的时间在智能时代越来越稀缺，在智能化生活场景下，人时时刻刻在思考，在被动地完成一些缺乏自主性的操作，甚至是在休息时间完成工作，而这种看似主动式的加班，实际上隐含着对个人个性自由发展时间的侵占。

大数据算法围猎我们的休闲时间。人工智能时代，大数据、云计算等似乎更懂我们。抖音、小红书等APP能够让人们一点开就难以停下来，它们总是能精准推荐人们感兴趣的事物。例如你刷过一次搞笑视频，小红书等APP就轮番给你推荐爆笑视频、整蛊视频、大型社死现场等等，让同类型视频、图片等推荐在你面前不停地呈现，不知不觉中自由时间被围猎了。像今日头条这样的APP，也利用人工智能技术在不断地、精准地向用户推荐所谓的新闻，因为它所推荐的只是它依据大数据筛选过的、认为你会感兴趣的新闻，进而达到让用户贡献数据、流量、时间的目的。还有购物类的APP，它们能够在用户进行一系列一次性的搜索后给人贴上一些标签，例如“养宠、男士、家有老人、小孩……”然后当用户打开APP时，它们能精准地向你推荐宠物用品、男士用品、老人和小孩用品。这些商品的反复推荐，精准营销，给人营造了一种消费的景观，并且，在这种景观中的人或许还会进一步去多平台比价，看知乎、小红书等平台评价。经过这一轮的流程下来，人们似乎买到了自己心仪的商品，实际上在可能不是很紧缺的这些商品上投入了大量的时间和精力，而这就是人工智能带给人们的便捷吗？正如有学者所言，“人类利用休闲的能力则可能是对人类文明的更严峻和更深层的一次考验。”[①]而在人工智能时代，在大数据的围猎中，在信息过载的包围中，人的注意力逐渐涣散，自由时间逐渐流逝。

2. 人工智能时代能力发展面临退化风险

人工智能时代人的思维能力面临退化的风险，这主要是由人对机器的大量使用甚至依赖所导致的。人的个性要通过主体性来彰显，个体的主体性发挥得越充分，他就越有个性。而主体性的发挥是人在处理与自然、社会和他人关系的对象性实践活动中体现出来的能动性、自主性和创造性。个人的能动性、自

① 成素梅、张帆等著．人工智能的哲学问题[M]．上海：上海人民出版社，2020：23.

主性和创造性在人工智能时代却面临退化的风险。

人工智能+互联网，使得机器在运算、视觉、学习、语言处理、语音识别等一些专业性领域已经超过了人类。人类发明机器是为了减轻一些枯燥的、危险的劳动，但不得不看到在人工智能时代，智能化赋权的机器让发明它们的人类越来越依赖它们。相比于个体，智能化赋权的机器能够轻松处理海量数据，并根据一定的算法程序进行深度学习，从效率和速度上远远超过人类。因此，对智能化赋权的机器的普遍化应用势必会导致人类相应能力的退化。比如，数学思维的退化的风险。"数学思维是人类在进化过程中获得的高级认知能力，它原本属人独有，而现在也是人工智能的强项，单就运算速度来说，已经碾压了人类。以效率考量，人自然会选择点动按键，而不是'蒙头苦算'。"①在高度抽象的形式逻辑推理能力方面，人工智能技术已经明显超越人类，如果人们再不注重在这些方面的专门训练，人失去的将不仅仅只有数学思维能力、逻辑思维能力，而可能面临更严重的能力退化风险。

人工智能时代人的知识的存储和转换能力面临退化的风险，这是由于人对人工智能技术的大量应用甚至依赖所导致的。人工智能技术具有小容量、大空间、可检索等特点，使得人们在使用的过程节省了时间和精力。但是，从能力发展的角度看，这其实也就让人们习惯性地将网络上存储的信息、知识直接拿来就用，而这一方面削弱了用户上下求索的钻研能力，另一方面也会分散用户的专注力，削弱用户的记忆力。因为只要有网络，信息、知识就是唾手可得的，遇到问题的时候直接"问度娘""找知乎""看小红书"甚至"刷抖音"问Kimi.AI或找秘塔AI。而知识的获得和信息的获取，其实要经历一个螺旋式上升、破浪式前进的过程，这样的经历和获得的知识才能融进人们的个体生命，并成为记忆中难忘的一部分。另外，人工智能时代的人与传统社会的人相比，明显不是信息不够，而是信息过载，人们习惯了碎片式阅读，试图在碎片化的信息中满足对信息的饥渴，这其实恰恰是知识需要结构化的一种表现。而如何从浩瀚的知识海洋中对知识进行结构化、条理化，恰恰需要提升个体的思维能力和记忆力。

虚拟社交带给人的舒适感使主体的交流能力面临退化风险。人工智能赋权下的虚拟社交能够给予个体个性化的交流体验，在大数据的加持下，虚拟社交更能迎合个体的兴趣、爱好等，能根据个体的性格特征来迎合交流。因而个

① 陈文捷，解彩霞.人工智能对人主体性影响的思考[J].学术论坛，2019(03)：112-117.

体如果沉迷于这种人工智能营造出的舒适的虚拟社交中，那么一旦脱离开这种舒适圈，个体会呈现出“社恐”的一面。在这个过程中，人工智能潜移默化地规训着人际交往，使个体之间在成为“低头族”后，渐渐在压缩了的时空中难以建立亲密关系，降低了人与人之间亲密交往的可能性。加上智能监控设备等的普及，人与人在现实交往中多了一些戒备，而少了一些交流的坦诚。

人工智能时代人的审美能力面临退化的风险。审美作为人与动物相区别的，确证人的主体性的很重要的一种能力，在人工智能技术的应用下，人的审美能力也被符号化、数据化和程序化。人工智能根据既定程序从大数据库中提取相关数据，并根据深度学习后进行艺术创造，因此，人工智能的艺术创作实质上是在调控缺乏情感深度与内在深意的数字符号与代码组合。人工智能技术使得本来应该是一种高阶的、独特的生命体验，变成了一种可模仿、可推演的程序艺术似乎缺失了一部分灵魂。人在欣赏这些人工智能“创作”的作品时美的情感体验似乎缺少了一些。并且一旦人习惯了欣赏被符号化、程式化和编码化的艺术后，人的艺术鉴赏力都会不同程度地下降。

3. 人工智能时代个体的自主决定遭削弱

自主决定在个性自由发展中尤为重要，然而人工智能时代个体的自主决定受到种种限制而遭到削弱。

人工智能技术加持下，个体的一些自主决定的空间被不断挤压。就人们日常生活经常接触到的外卖和网约车业务而言，商家、顾客和中介其实都被挤占了自主决定的空间。就商家而言，一家美食店要想提高营业额很大程度上需要做线上外卖等业务，而这就需要向线上平台缴纳一定的费用，甚至还需要通过充值等方式增加曝光度，进入首页推荐等等，而商家可以选择的平台其实并不多。就顾客而言，尤其是到一个陌生的地方消费之前习惯了在各平台看推荐、看评价、看排名，很难盲目地走进一家店就消费，但是顾客所能看到的、搜到的这些所谓的探店、排名、评价其实也是大数据呈现给人们的，是经过算法精心推送的。这其中留给人们的自主选择空间是有限的。就外卖骑手和网约车的司机而言，也是被大数据、各种算法所定义的对象。以送外卖为例，据有关调查，“平台系统可以在短时间内将订单分配给骑手、计算预计送达的时间、规划配送路线以指导骑手的配送，并在骑手配送过程中提供各种技术协助，从而提升整体配送效率。”[①]在骑手配送的过程中，平台系统除了负责指导、奖惩以外，还源源不断地通过骑手随身携带的智能手机以及安装在其中的配送软件收集骑手的数据。[②]骑手只能在人工智能的监管下接受任务和评价。网约车司机也类似，他们需要在人工智能技术的监管下完成每一单的任务，并根据平台制定的规则获得积分，他们自主选择乘客、路线等等的空间相当有限。

人工智能时代由于数据本身的选取、录入等的偏差，模型在建构和训练过程中的偏见，以及数据和程序编写者本身的价值观偏好等等，会导致出现算法的偏见甚至出现“信息茧房”。而个体在“信息茧房”中其实可以选择的信息是比较单一的，这就削弱了主体的自主选择权。“人工智能时代，人类对算法‘偏见’并未达成统一的认识，但基本涵盖了从测量和误差的输入偏见到算法模型在不同群体中表现的失衡性，再到结果的系统性倾斜，最后模型结果被解释和应用时出现的差异性影响和歧视等”[③]。这种偏差使人们沉浸在算法让人们看到的内容里，这些内容是“量身定制”的、被大数据精准推送的，但这些内容却让人们被孤立和隔绝在浩瀚的信息世界之外，渐渐失去了自主选择的自由。并且，用户对算法的逻辑其实是不理解或者不能理解的，因而算法其实是一个“黑箱”，“为人所不知的、既不能打开又不能从外部直接观察其内部状态的系统。”[④]试想在“黑箱”算法面前，个体能有多少自主决定权。

在隐私或便利面前，人的自主选择权也很有限。人工智能时代，由于对隐私数据的处理更加便捷，并且技术带来了大范围的监控，获取了大量的数据，让人似乎生活在透明的空间内，成为“透明人”。隐私在人工智能时代甚至成了一种生产要素，成为剩余价值的生产源泉，“隐私数据作为‘受众劳动’和‘玩劳动’的产物，被资本全盘取走，而这个过程中，主体陷入无意识的沉默与被动。从这

① 陈龙.“数字控制”下的劳动秩序——外卖骑手的劳动控制研究[J].社会学研究，2020(06)：113-135+244.

② 当骑手在户外配送的时候，平台系统通过骑手智能手机中的全球定位系统追踪骑手的运动轨迹。当骑手进入室内取餐或送餐的时候，由于室内的GPS信号较差，平台系统转而通过智能手机的无线网和蓝牙继续追踪骑手，并且根据作为传感器的智能手机传输的信息对骑手在室内的行为进行监测，掌握骑手在室内的“一举一动”。陈龙.“数字控制”下的劳动秩序——外卖骑手的劳动控制研究[J].社会学研究，2020，35(06)：113-135+244.

③ Ryan S. Baker, Aoron Hawn. Algorithmic bias in education[J]. *International Journal of Artificial Intelligence in Education*, 2022(32)：1052-1092.

④ 孙立会，沈万里.算法风险与智能教育中人的全面发展[J].现代远距离教育，2023(02)：61-69.

个意义上来说，主体的自我意识重新被淹没，主体性被彻底打垮和解构。”①另外，当人们要使用一些便捷的软件办理一些业务时，软件会有一些获取相关权限的声明，而这就是在获取人们的一些数据，比如设备信息、位置信息、通讯录等等，虽说软件声明会对这些数据保密，实则也经常发生信息泄露的情况。但是，如果不同意这些声明，实际上就只能部分使用甚至是无法使用这些软件所提供的便捷的服务。就生活中广泛存在的人脸识别而言，这项技术一方面带给了人们诸多便利，另一方面其实也有侵犯隐私的风险，在这种风险和便利面前，人们的自主决定权其实是相对有限的。

三、人工智能赋能人的个性自由的解放

人工智能时代要促进人的个性自由的解放，需要增强人在运用人工智能技术时的主体意识，在此基础上不断提升主体运用人工智能技术的多种能力以保持人在运用技术时的主体地位。算法是人工智能技术的基础之一，因此，要从算法的角度引导算法向善以增强人的主体性，引导算法透明以增强人在技术面前的自觉性。人工智能作为一种先进的科学技术，要造福人类需有好的制度，因此还需要提升治理效能以切实推动个性自由发展，这就需要创新治理模式、整合治理工具，多措并举让人工智能赋能人的个性自由解放。

（一）保持人在发展应用技术时的主体地位

从猿到人的进化是一个漫长的历史过程，在这过程中，人通过劳动实践确证了自身。劳动不仅证明了人的存在，而且在劳动过程中人结成了丰富的社会关系，形成了独特的语言、文字符号，在漫长的时间中沉淀了人类文明，这些都确证了人在宇宙中的独特存在。人的这种独特性又通过个体的能动性、创造性和主体性凸显出来，其中人的主体性是人的独特性的前提，主体性越强人的个性越强。因此，人工智能时代，人的个性自由的解放首要的是保持人在技术面前的主体性地位，在运用技术时人要有一种主体的自觉。因此，一是要不断增强主体的意识，二是在增强主体意识的基础上还要不断提升自身的能力。这两个方面相互联系，缺一不可，意识是先导，对人在人工智能技术面前的主体性地

① 吴帮乐．人工智能终结了个人隐私吗？——从《咖啡机中的间谍：个人隐私的终结》谈起[J]．科学与社会，2021（02）：79-93.

位的保持起着能动的反作用;能力的提升是其保障,只有不断提升自身的能力,人的主体地位才能在人工智能技术面前不至于被消解。

1.增强人的主体意识

人类社会从传统农业社会进入工业社会后,伴随着机械化工业的广泛使用,生产的效率大幅提升,在这过程中生活的节奏也越来越快。快节奏的生活又为进一步的机械化,进一步地研发机器以提升效率提出了现实的需要。人与机器之间就逐渐形成了依赖关系,人需要依靠机器甚至是依赖机器从事劳动实践,进一步提升生产、生活的效率。在人工智能时代,社会更加注重绩效、讲究效率和速度。而机器的逻辑就是效率优先,速度取胜,因此从这个逻辑出发,智能化的机器更加符合绩效社会的需要。但是,智能化机器在效率和速度方面的完胜,却可能引发机器对人类主体性的挑战,消解人在机器面前的主体地位。人在被无处不在的智能设备包裹的生活方式中,逐渐产生对这些智能设备的依赖,而无形中降低了自身在使用智能设备时的主体意识和主体地位,甚至产生"技术压力"和出现"技术不安症"[①]。

加强教育以增强人在技术面前的主体意识。意识是人脑特有的机能和属性,是人在长期的社会实践过程中逐渐形成的对自然界、人类社会的主观印象。人的意识具有目的性、计划性和创造性等特点,这些特点集中表现了人的意识的独特性。就目前的人工智能技术而言,虽然在计算速度甚至是在某些专门的领域已经远远超过人类,但与人类的意识和思维能力相比还是相形见绌。人在人工智能技术面前应该有这种自信,这种自信的建立和巩固离不开持续强化的教育。就个体而言,从出生到成长的过程都伴随着主体意识的增强,要想这种主体意识不被已经在某些方面超过人类的人工智能机器所消解,就需要持续强化的教育。首先要加强人工智能的普及教育。要让人工智能的教育更加普适化、通俗化,只有认识了人工智能,更加了解其算法逻辑,才能在人机互动的过程中不断明晰自己的地位和角色,在智能机器面前增强主体意识。人工智能是日新月异的,因而教育也需要持续强化,教育人们在充分认识人工智能的基础上,持续强化人在人工智能面前的自主性。同时,教育人们充分认识自我,认识人类意识的独特性,缓解自我身份认同的焦虑。尤其是在人工智能时代,人在日益强大的智能化机器面前,更加要在智能化技术的赋能下更好地研究基因工

① [日]森冈孝二著.过劳时代[M].米彦军译.北京:新星出版社,2019:77-78.

程、脑科学等,更好地了解人类,更能在技术面前保持人所特有的自主性。

自省和反思以增强人在智能技术面前的主体意识。卢克·多梅尔(Luke Dormehl)曾指出:“在算法时代必须养成提问的好习惯”[①]。当算法根据自身的逻辑,进行算法推荐和精准推送时,人应该跳出这个逻辑,对算法的逻辑进行提问和反思。人在算法面前不能任其宰割,要充分发挥主观能动性,进行创造性的反思和自省。如果我们安于现状,被算法逻辑牵着鼻子走,完全陷入精准推送营造的景观中,那这种短暂的安逸将造成人的能力的退化,甚至是主体性的丧失。另外,人工智能技术的研究人员也应当进行经常的自省和反思以增强责任意识。在设计算法和程序的过程中,研究人员要贯彻人类共有价值观,保持对这些价值观的自省。同时,对人工智能技术所可能产生的内生性风险更要前瞻,以前瞻性的自省和反思确保人在技术面前的主体性。

2.提升主体的能力

提升劳动者的知识水平和创新能力。知识水平和创新能力是劳动者在人工智能时代的安身立命之本,也是作为人与其他存在相区别的重要方面。就知识水平而言,虽然人在信息的存储和检索方面不如智能机器,但是人在智能机器提供的唾手可得的知识面前要敢于批判,积极思考,而不能直接拿来就用,不断弱化自己的思维能力和记忆能力。人类不仅仅是学习以往的知识,而且要在现有文明的基础上创造出新知识,这才是人类所应该不断提升的知识能力。就创新能力而言,智能机器虽然根据大数据和深度学习已经开始写诗、写文等等,例如,当前由OpenAI公司研发的ChatGPT这类人工智能工具已经在文案策划、作品创作等方面表现出了很强的能力。但是,这些经过机器算法和大数据生成的作品目前仍然难以与人的创作相媲美。就拿诗歌的创作而言,古代诗人创作的诗句是人生的一种独特体验,更是当时社会的一种生动映现,作品蕴含了深厚的历史、人文底蕴,而不仅仅是简单的文字和词句。诗人的独特人生历练甚至都难以被人工智能技术所模仿,这背后体现的创新能力更是难以被当前的人工智能技术所超越。更不用说这些诗歌带给人们的独特审美体验,这种审美体验是差异性很大的一种存在,是人之独特性的重要表现。

提升公众的智能素养。人工智能时代,要通过教育培训等增进人们对人工

① [美]卢克·多梅尔(Luke Dormehl)著.算法时代:新经济的新引擎[M].胡小锐,钟毅译.北京:中信出版社,2016:221.

智能技术的了解。对于人工智能而言,既不能夸大这项技术带给人类的福利,也不能忽视这项技术可能带来的风险与挑战。因此,需要借助一些通俗性、科普性的教育培训,了解人工智能技术,了解大数据、云计算、深度学习等等。在了解的基础上还要进一步地学习和逐渐掌握这项技术,这样才能跳出算法的逻辑而拥有主体意识。就拿在互联网浏览算法精准推送的内容而言,当看到一个社会热点新闻时,我们需要具备一定的智能素养,懂得去反思推送的热点新闻背后的逻辑。大数据精准推送的特点就是主动迎合个体的兴趣爱好,也就是说社会的面貌不一定如此,而是人工智能技术给我们营造的世界如此。当我们具备了一定的智能素养之后,在浏览网上的内容时就能避免被精准营销,进而避免陷入算法的偏见之中。因此,可以通过公益性的讲座、智能设备推文和官方、非官方的教育培训等方式,让公众了解人工智能的技术运行方式,智能设备尤其是可穿戴设备和智能家居等对信息的搜集、存储和应用方式。因为这些信息一旦集聚,会绘制出特定的个人画像,而这可能侵犯个人隐私。因此,人应该增强自我信息保护意识,通过学习、培训进一步提升预防个人隐私泄露、确保个人信息安全的能力。总之,人工智能时代的我们要不断提升智能素养,这是在智能化机器越来越懂我们、越来越像我们的时代,保持人的主体性的必备技能。

(二)以算法优化增强人在技术面前的自觉

算法主要是一种通过技术解决问题的专门方案,强调的是"在有限的时间内输入特定函数代码获得所要求的输出。它的价值主要是在最短的时间内把问题归类处理。"[①]算法的发展与人工智能技术密切相关,算法的每一次进步都促进了人工智能时代技术的更迭和进步。如果从算法的角度理解人工智能技术,可以将它看作是"建立在现代算法基础上,以历史数据为支撑而形成的具有感知、推理、学习、决策等思维活动并能按照一定目标完成相应行为的计算系统"[②]。由此可见,"大数据和算法是人工智能技术应用的两大基石,其中,先进的算法设计更是其智能实现的关键"[③]。因此,要有效应对人的个性发展在人工

---

① 禚海英.人工智能背景下思想政治教育的算法风险与应对策略[J].中学政治教学参考,2021(28):53-56.

② 贾开,蒋余浩.人工智能治理的三个基本问题:技术逻辑、风险挑战与公共政策选择[J].中国行政管理,2017(10):40-45.

③ 赵友华.人工智能时代优化民生政治参与的算法逻辑[J].宁夏社会科学,2019(05):49-57.

智能时代所遭遇的挑战，需要借助算法的优化。需要通过优化算法并引导算法向善来增强人在使用人工智能技术时的一种自觉性，进而始终做到在人工智能技术面前人的主体性的保持。

1.引导算法向善以增强主体性

人工智能时代，无数的算法被实践和时间反复证明是“有限、确定、有效的并适合用计算机程序来实现的解决问题的方法”[①]。这种方法使用范围之广，效果之明显，使得算法广泛渗透于人们这个时代的日常生活。但是算法的广泛渗透又会因为算法偏见、算法黑箱等带来一些风险和危机，导致公正性缺失，甚至是主体的被剥离。因此，从算法优化的角度看，首先是要引导算法向善。例如，就个性化推荐而言，应当是通过算法的优化引领人的高层次需求，而不是一味地迎合人的需求，营造“定制个性需求”的景观。

算法本身是由设计者、开发者人工设置的，并按照一定的规则进行公式化操作，因而，设计者、开发者的道德责任感是引导算法向善的重要因素。但是算法的设计者、开发者的道德责任感又是有差异性的，因而对设计者、开发者进行社会良善、道德伦理教育、主流意识形态教育是非常必要的，要积极引导算法的设计者、开发者追求工具理性和价值理性之间的平衡。在算法的运行过程中，也要对算法所依赖的大数据进行反复的引导和监管，加入正向的数据，而不能任由机器自我学习、深度学习造成算法歧视。例如，微软开发的聊天机器人Tay，当它在Twitter上与“00后”互动后，仅试用了24小时，就被迫下线。“在发了100万条微博后，这款产品开始表达出与主流价值观不吻合的偏激观点，比如‘9·11’是布什干的，希特勒显然比我们现在这位猴子一样的家伙（应该是指奥巴马）干得更好；现在特朗普（一位争议极大的总统竞选人）是我们唯一的希望。除了政治类的，她还会口无遮拦地说性与‘我恨女权主义者’这样的观点。对此，美国人比较接受不了，所以这成为微软公关的噩梦，为了避免事态恶化，这款产品很快就下线了。”[②]从Tay下线的案例可以看出，算法在运行的过程中，基于自我学习可能会产生设计者意料之外的情况，因此，算法在运行过程中需要加强引导，引导算法朝着社会良善的方向发展。另外，算法基于的计算机程序

① [美]塞奇威克（Robert Sedgewick），[美]韦恩（Kevin Wayne）著.算法（第4版）[M].谢路云译.北京：人民邮电出版社，2012：4.

② 李智勇著.终极复制：人工智能将如何推动社会巨变[M].北京：机械工业出版社，2016：89.

在应用的过程中可能出现在设计逻辑上注重量化、效率和速度,而产生相关即因果的谬论。例如,美国的教师增值评价模型(Value-added Model,VAM),该模型将学生成绩的进步程度作为衡量教师教学活动是否有效的标准,在优秀教师谢里·莱德曼(Sheri Lederman)的指导下,学生在第一年的成绩十分优异,这使得学生在第二年成绩再次进步的可能性微乎其微,因此模型为她在两个学年内的教育教学工作贴上了"无效"的标签,从而使其面临着被开除的风险。①很明显,在教学活动中,衡量学生进步程度的标准不应该进行简单量化,尤其是在不同的学段更不能进行简单的"唯分数"论。如果依照这个算法模型,教师在教育过程中的教书育人作用会大打折扣。从社会发展和人的发展的长远角度看,都需要对类似的算法系统进行优化,加强算法设计和推演中的因果推理研究,并在设计之初就将人类共识性的良善嵌入进去。在引导算法向善的过程中,人保持一种主体性存在。

2.引导算法透明以保持自觉性

人工智能时代,"信息茧房"、算法"过滤泡"和"算法黑箱"带来的风险已经引起了人们的关注。人们对"信息茧房"存在程度的认识虽然存在差异,但就其是否存在已经达成了共识。人们被隔离在算法营造的"茧房"和"过滤泡"这样的"洞穴"中,逐渐迷失自我和丧失主体性,而"算法黑箱"又进一步加剧了这种风险。所谓"算法黑箱",是指"为人所不知的、既不能打开又不能从外部观察其内部状态的系统"②。"算法黑箱"的产生一方面是由于掌握先进技术的大公司往往以技术专利、商业机密等拒绝公开算法及设定的规则。另一方面,在人工智能技术赋能下,算法具有了深度学习的能力,"一旦算法进阶至无监督学习模式时,算法将摆脱研发者设定的规则,在没有人为干预的条件下可以做到自动从民生数据中抽取知识,输出的规则集也是算法技术专家无法理解的自然语言,这里的输入与输出两端可以构成一个完整的闭环式黑箱"③。这种"算法黑箱"对人工智能专家和算法设计者、开发者而言都是不透明的,更不用说对一般用户而言了。另外,就用户来说,如果人工智能专家和算法的设计者、开发者仅仅

---

① 转引自倪琴,刘志,郝煜佳等.智能教育场景下的算法歧视:潜在风险、成因剖析与治理策略[J].中国电化教育,2022(12):93-100.

② 孙立会,沈万里.算法风险与智能教育中人的全面发展[J].现代远距离教育,2023(02):61-69.

③ 张淑玲.破解黑箱:智媒时代的算法权力规制与透明实现机制[J].中国出版,2018(7):49-53.

公布程序代码规则，其实基于算法自身的复杂性和用户知识的局限性，也是无法理解算法的推演过程的，更不用说保持在算法面前的自觉了。

一定程度公开透明的算法和普适性的算法说明可以增强人在算法面前的自觉。基于算法在人工智能时代的重要性和运用的广泛性，要保持人在人工智能技术面前的自觉，需要优化算法，使算法在一定程度上公开透明，并用尽量通俗的语言或图像向大众进行算法说明。例如在2018年，美国Google大脑团队的克里斯·欧拉（Chris Olah）就曾发布了一项研究成果——“可解释性的基础构件”。这个成果可以对相关专业信息进行相应的简化，有利于解决算法的可视化问题，例如最难理解的神经网络部分的问题。让晦涩难懂的专业算法能够被用户看懂，并在一定程度上被理解，真正让算法为人类服务。无疑，Google大脑团队在算法的透明化方面做了很好的尝试，并且告诉我们，算法的高深和专业门槛不是产生“算法黑箱”的原因，任何高深甚至是晦涩的语言，制造出的专业门槛只会带来“算法黑箱”。而“算法黑箱”的产生会加剧大家在使用算法时的不信任，并且也会导致人在使用人工智能技术时的不自觉。一旦算法进行了部分公开，并进行了通俗化的说明后，算法在运用过程中带给人们的更多是信任，而这种信任又会反过来增加算法所依赖的数据，夯实算法依赖的物质基础。并且，人在人工智能技术面前应该拥有充分的自主决定权，而这自主决定权的获得也需要依赖一定程度公开透明的算法和普适性的算法说明。在用户充分了解了算法的设计理念、运算逻辑、数据模型等之后，可以自主决定是否进一步同意一些需要让渡的权限，而这是用户拥有自觉的智能素养的一种体现。

通过合理处理被遗忘数据来增强人在算法面前的自觉性。被遗忘数据的处理也是算法一定程度透明化的表现。在使用智能设备的过程中，每个人每时每刻都在产生数据，这些数据中有些可能还是敏感数据和歧视性数据。这些敏感和歧视性数据被使用后，该如何进行处理，这是算法的事情，也是每个产生数据的主体要面临的，更是国家等权威部门需要重视的。如果我们任由这些数据遗忘在大数据库中，它们带着已经被标记的痕迹，在深度学习的算法赋能下可能会产生意想不到的风险。因此，对被遗忘数据的处理是人在人工智能时代自觉性的重要彰显。为此，我们可以借鉴参考欧盟的《数据保护通用条例》、英国的《数据保护法案》等的做法。它们“主张在数据控制者对个人数据进行分析利用时为用户提供删除或者脱敏处理的选项，相较于其他方式，被遗忘权的行使是体现数据自决、应对算法规训最为直接和有效的手段”[①]。被遗忘数据的处理是一个法律问题,也是一个监管的问题,虽然各国的处理方法不一样,但实际上在人工智能时代这是一个值得各国关注的重要问题。除了自然的时间流逝带来的遗忘之外,我们还应该通过数据保护手段采用去除链接、减少数据关联性、让并行数据增殖等方式,“通过技术混淆,比如差分隐私中增加噪声的做法,等等”[②]。通过技术的手段,在引导算法透明的过程中,切实保障人在人工智能技术面前的自觉和自主。

(三)提升治理效能以推动个性自由的发展

为了求真,人类发明了各种科学技术,这些科学技术极大地推动了社会生产力的发展,也推动了生产关系的变革。尤其是资本主义生产方式的建立,一方面极大地推动了生产力的发展,另一方面也出现了广泛的人的异化,即人在自己发明的科学技术面前逐渐丧失主体性,沦为科学技术创造的机器的附属。人工智能技术是人类发明的一项已经给人带来出乎意料的速度、效率的科学技术,但人们也看到如果任由资本来推动人工智能技术发展,人将在这项技术面前遭遇史无前例的危机。人工智能与人的日常生活深入融合之后,人的生产方式、生活方式和思维方式都发生了极大改变。这些改变一方面为人的个性自由发展提供了更多可能性,另一方面也给人的个性自由发展带来诸多前所未有的挑战与风险。为了应对这些风险与挑战,人需要自觉发挥主体性,并创新治理模式,整合治理工具以提升治理效能,进而推动个性自由的发展。

1.创新人工智能的治理模式以确保人的主体性

人工智能技术治理的核心是促进人工智能技术朝着造福人类的方向发展,让人工智能技术赋能人的自由全面的发展。为了实现这个目标,使人工智能技术为人的个性自由发展赋能,需要创新治理模式。传统的治理模式强调分散治理核心的要素、应用场景,并通过算法备案、影响评估和审计等制度来进行事前治理。但是现在的生成式人工智能(Generative Artificial Intelligence)具有一些新特点,例如它的运行更加复杂,生成的内容更具有拓展性,因而就具有了一些不确定的风险点。并且生成式人工智能(GAI)迭代升级非常快,这些都使得传

① 姜野.算法的规训与规训的算法:人工智能时代算法的法律规制[J].河北法学,2018(12):142-153.

② 王苑.中国语境下被遗忘权的内涵、价值及其实现[J].武汉大学学报(哲学社会科学版),2023(05):162-172.

统的治理模式有待更新以提升效能。要不然,人在高速发展的生成式人工智能技术面前将会失去主体性地位,遭遇前所未有的挑战。

多主体协同以提升主体的治理效能。以OpenAI在2018年首次开发应用的生成式人工智能为例,仅仅5年时间已经完成了5次迭代升级,并于2022年推出了第四代ChatGPT这个千亿级参数的生成式人工智能,引起全世界的关注。这项人工智能技术以"加速度"的创新让人们看到它从2018年第一代GPT-1最初只有1.7亿参数,预训练量只有5GB这样的技术发展到2022年第四代ChatGPT时,已经拥有千亿级别的参数,预训练量更是达到了100TB。这样一种更新迭代快,后果未知且不可控的人工智能技术,不是某个国家、政府,甚至是企业能够把控的。面对这样一项先进的技术,人需要充分认识到自己在技术面前的主体性地位,并调动多元主体参与规制,以避免在资本的裹挟下这项技术给人带来难以想象的危机。就国际范围而言,需要在人类的共同价值指引下,加强全球合作与对话、交流与沟通,反对以某国或地区为主导的治理主导权的争夺。要倡导各国摒弃文化和价值差异、治理规则主导权的博弈,反对对外技术遏制和技术脱钩,积极构建全球人工智能治理的命运共同体。就国家层面而言,要明确各主体的权利和义务,推动多主体协同治理。这里主要涉及政府、第三方机构、企业以及公众等主体的权利和义务。就政府而言,要做好顶层设计,供给法律、政策文本,承担好国际协作的责任,还要承担好监管、备案等操作层面的职责。就企业而言,要做好技术创新工作,并秉持一定的伦理道德,保持在技术面前的道德自觉。就第三方机构而言,要做好学术研讨、理论研究、制定行业专门的伦理道德规范等协助治理。而普通的公众也要通过教育培训提升智能素养,保持在人工智能技术面前的主体性。要探索建立多主体交流和沟通的长效机制,以国内国际多主体协同促进人在人工智能技术面前的个性自由发展。

探索建立分类分级模式。人类对科学技术的治理一直面临着治理程度和创新发展之间平衡的问题,也就是说如果设置了严苛的治理模式,这对科技创新将会产生一定的抑制,而如果治理模式比较松散,又可能引发一系列风险。当前,人工智能的风险治理模式主要可以分为以下六种:规制型治理模式、创新型治理模式、自治型治理模式、市场导向型治理模式、集中式治理模式、敏捷治理模式。[①]当然，在实际的治理过程中，这些模式之间也并不一定是互斥的，也就是说，各主体应根据自己的国情、自身的特点而综合运用。而对生成式人工智能的风险治理应该探索采取分类分级的模式。换句话说，进行监管的组织为了让监管更精准、更高效，应当基于生成式人工智能（GAI）所应用的领域、之前面临的风险、技术的成熟性等方面来制定相应的政策，采取相应的措施。虽然对如何实施分类分级治理还没有形成全球性共识，但国际上一些国家好的做法仍值得借鉴。因此，应当从国际上的经验出发，探索适合我国的分类分级标准，并将治理贯穿事前、事中和事后全过程，在评估风险和影响的基础上制定治理措施。

重视治理实践中的“敏捷”。面对更新迭代极快的生成式人工智能，人要保持主体性必须得反应敏捷，在人工智能技术治理中要重视“敏捷治理”。这个概念是在2018年的世界经济论坛后发布的白皮书中提出的。发展至今，我国人工智能领域的治理也逐渐引入这一理念，并走进现实。例如，在2019年，我国发布的《新一代人工智能治理原则——发展负责任的人工智能》就在确立治理原则时将“敏捷治理”纳入其中。并在2021年发布的《新一代人工智能伦理规范》中明确了“推动敏捷治理”这一提法。一年后，我国发布了《关于加强科技伦理治理的意见》，要求对科技伦理的治理要敏捷等等。[②]人在生成式人工智能面前要进行及时的风险研判与追踪，并前瞻性地调整治理策略，动态调整治理规则，以快速、灵活、敏捷地应对生成式人工智能带给人们的伦理挑战，这样才能确保人在技术面前的主体性。

2.整合人工智能的治理工具以保持人的主体性

在人与自己创造出来的科学技术的关系中，人处理这种关系会用到一些工具，其中法律和伦理工具是两种主要的治理工具。这两个治理工具可以说一“硬”一“软”，整合得好将大力提升人工智能的治理效能，筑牢人在技术面前的主体地位，进而实现在人工智能时代人的个性自由的发展。

不断完善人工智能法律制度建设。在科学技术发展的过程中，如果法律过度对其进行规制，则科技创新将会受阻，但是如果法律不予规制或者规制不严、

---

① Christian Djeffal, Markus B. Siewert & Stefan Wurster (2022): Role of the state and responsibility in governing artificial intelligence: a comparative analysis of AI strategies, Journal of European Public Policy.

② 陈万球.中国生成式人工智能顶层设计的伦理视界[J].伦理学研究，2023(05):100-107.

滞后,人类的尊严、权利等可能遭到侵害。因此,在完善人工智能法律制度建设过程中就要处理好这两者之间的关系,以期达到两者之间的动态平衡。为此,首要的就是要推动人工智能治理有法可依,即要出台书面的规范性法律文本以达到事前有监管和事后有追责的目的。例如,"欧盟走在世界前列,《通用数据保护条例》是各国对数据安全、算法安全事后监管的范本与立法基础,此外《数字服务法》从源头上遏制数字权力扩张的负面效应,《人工智能法》则规定了生成式人工智能的版权规则,填补了智力成果认定的法规空白。"[①]我国也积极地就生成式人工智能进行法律制度建设以保障人的权利,探索形成了"包容性法律治理"的做法。2023年7月13日,国家网信办联合国家发展改革委、教育部、科技部、工业和信息化部、公安部、国家广播电视总局发布《生成式人工智能服务管理暂行办法》(以下简称《暂行办法》)。这是全球范围内首部针对生成式人工智能技术的立法。《暂行办法》第3条明确规定:"国家坚持发展和安全并重、促进创新和依法治理相结合的原则,采取有效措施鼓励生成式人工智能创新发展,对生成式人工智能服务实行包容审慎和分类分级监管。"[②]另外,要以法律为人工智能治理的重要工具,探索建立专利法和相关科技法律、法规相配合的模式,对人工智能的开发、应用设定限制机制、禁止机制以及惩戒机制[③]。有法可依之后才能对人工智能的法律地位和法律责任进行界定和规范,当然,由于生成式人工智能更新迭代速度快,因此需要结合现有的法律法规对其进行动态的治理。

积极推动人工智能伦理规则的补给。为此,首先需要提升人工智能各主体的伦理认知,先认识到人工智能的应用可能导致的伦理问题,以清晰的认知来预防进一步的伦理风险。国际社会在人工智能时代高度重视伦理规则的供给问题,并进行了积极的探索。2017年1月,近千名人工智能领域和机器人领域的专家在美国的California的Asilomar举行了一个关于人工智能的会议,并且签署了《阿西洛马人工智能二十三条原则》,它向全世界发出倡议——人工智能的发展不得有损我们共同的伦理、利益及安全。在2018年的12月,日本内阁府在

① 邓悦,许弘楷,王诗菲.人工智能风险治理:模式、工具与策略[J].改革,2024(01):144-158.

② 生成式人工智能服务管理暂行办法[J].中华人民共和国国务院公报,2023(24):39-42.

③ 吴汉东.人工智能时代的制度安排与法律规制[J].法律科学(西北政法大学学报),2017(05):128-136.

综合考虑人工智能对人类社会带来的影响时，发布了《以人类为中心的人工智能社会原则》，主张要构建一种“AI -Ready社会”以保障人工智能更加安全且有效地得以应用。2019年4月，欧盟从人工智能要有利于个人、社会，这一先进技术的应用要有利于人类等方面确立人工智能发展的价值观，并发布了《可信人工智能伦理准则》。其次，各主体要加强伦理自律。切勿因为设计研发主体的伦理自觉的缺失，在与人工智能产品交互的过程中对其进行人为的恶的规训。对人工智能企业而言，可以建立伦理审查委员会来进一步对企业在人工智能技术研发中的伦理进行规范。对人工智能技术的研发人员而言，要经常进行伦理道德的自省，以科技促进人类福祉。针对算法在应用过程中涉及到的伦理问题，美国的电气和电子工程师协会（Institute of Electrical and Electronics Engineers，简称IEEE）批准了一项旨在解决人工智能在应用过程中产生的道德问题的文件《在系统设计中处理伦理问题的模型过程》。该标准通过设计一个模型，让工程师、技术人员等能够在人工智能模型启动、进行分析和设计的这些过程中通过模型来处理阶段性的伦理问题。这个过程模型涉及内容广泛，例如新的IT产品的开发所涉及的伦理问题、价值敏感问题，还包括利益相关者的道德设计等等。其旗下的自主与智能系统伦理全球倡议项目更是将伦理事项进行了扩展，并且倡议专家在人工智能的设计时要将伦理问题置于优先考虑。最后，要与时俱进推动伦理道德建设，并积极营造良好的伦理道德氛围，潜移默化地引导人工智能技术向善，增进人类福祉。国外的这些探索提供了丰富的参考，中国也高度重视人工智能伦理治理这个工具的使用。在2019年的6月，中国发布了《新一代人工智能治理原则——发展负责任的人工智能》，提出了8条人工智能治理原则：“和谐友好、公平公正、包容共享、尊重隐私、安全可控、共担责任、开放协作、敏捷治理。”①2021年9月25日，我国在《新一代人工智能伦理规范》中提出了“增进人类福祉、促进公平公正、保护隐私安全、确保可控可信、强化责任担当、提升伦理素养”②等基本伦理要求。同时，对具体的伦理要求进行了规范，涉及到人工智能的管理、研发、供应、使用等特定活动。习近平总书记在中国科学院第二十次院士大会、中国工程院第十五次院士大会、中国科协第十次全国代表大会上讲话指出，“科技是发展的利器，也可能成为风险的源头，

① 发展负责任的人工智能：新一代人工智能治理原则发布[J].科技与金融，2019(07)：2-3.

② 《新一代人工智能伦理规范》发布[J].机器人技术与应用，2021(05)：1-2.

要前瞻研判科技发展带来的规则冲突、社会风险、伦理挑战，完善相关法律法规、伦理审查规则及监管框架。要深度参与全球科技治理，贡献中国智慧，塑造科技向善的文化理念，让科技更好增进人类福祉，让中国科技为推动构建人类命运共同体作出更大贡献！”[①]另外，《关于加强科技伦理治理的指导意见》[②]中也充分强调了科技发展带来的风险挑战。为了有效应对这些风险挑战，需要整合人工智能治理的工具，以提升综合治理的效能。

① 习近平.在中国科学院第二十次院士大会、中国工程院第十五次院士大会、中国科协第十次全国代表大会上的讲话[M].北京:人民出版社,2021.

② 关于加强科技伦理治理的意见[N].人民日报,2022-03-21(001).

余　论

人工智能时代人的发展的远景展望

马克思主义经典作家在展望未来社会的问题上采用了科学的方法论原则，为展望人工智能时代人的发展问题提供了重要指引。在批判当前人的发展面临的现实困境基础上，展望未来，让人工智能技术为人的需要、劳动能力、社会关系和个性的全面发展赋能。立足于揭示一般特征，并不断在当前人的发展的过程中深化对未来社会人工智能技术加持下人的发展的规律性认识。面向未来，实现人工智能技术更好赋能人的发展，要以"全民终身教育"制的落实为重要途径，探索构建主体关系的智能新形态，以开放、共赢的合作机制来保障人工智能技术的应用以增进人类福祉，致力于构建人工智能时代的"自由人联合体"。

一、人工智能为人的全面发展赋能

马克思认为，人的发展表现在人的需要、劳动能力、社会关系和个性自由等多方面的发展。立足全新的时空条件，人工智能技术加速发展，与人的生产、生活等方面发生紧密互动，将全方位、高质量赋能人的全面发展。

（一）人工智能为人的需要发展赋能

人工智能技术在发展与应用的过程中，一方面带来人的需要的全方位拓展与丰富，另一方面在资本的逻辑下出现新的异化。展望未来，要合理利用人工智能技术，让它为人的需要的全面发展赋能。

第一，人的需要在资本逻辑下的新异化。人的需要虽然与其他生物的需要有相似之处，但作为目前最高级的智能体——人及其需要又有其特殊性。这种特殊性表现为人的需要是在人的有目的、有意识地改造外部自然界、人类社会和人的思维的过程中产生的，并随着人类实践活动的多层次、全方面拓展，人的需要的内容和范围也不断丰富。与动物的本能式的需要不同，人的需要会随着社会的发展而不断发展。社会进步了，人的需要的内容、范围和实现方式也会不断地发展和变化。例如同样地摄取食物来充饥，人和动物的区别就很大，"用刀叉吃熟肉来解除的饥饿不同于用手、指甲和牙齿啃生肉来解除的饥饿"。[①]随着社会生产的发展，人们不仅满足需要的方式会发生改变，而且物质和精神等方面需要的发展将更加协调。人的需要是由社会生产等实践来生产、创造并得

① 马克思恩格斯选集(第2卷)[M].北京:人民出版社,2012:692.

以满足的,因此人的需要具有客观性、自觉能动性、社会性、发展性等特征。

伴随着人工智能技术的应用,人们的社会生产方式、生活方式和思维方式都发生了变化。这些变化引起了人工智能时代人的需要的内容的更新、人的需要的范围的扩展和人的需要实现方式的变革。但同时也应该看到,人工智能时代人的需要在资本逻辑下面临着被异化的风险。马克思主义认为,人的需要的产生、发展与满足都离不开人的实践特别是劳动实践。但在人工智能时代,人的劳动形态、劳动能力等都发生了变化。具体而言,数字劳动的兴起、"玩劳动"的产生,这些劳动形态的变化会引起人的需要的变化,人的需要方面的这些变化叠加资本对人工智能技术的裹挟,也会影响人的整体性发展。不容忽视的事实是,人工智能技术的开发和应用离不开资本的驱动,正是近年来资本对人工智能技术的热捧掀起了一次又一次人工智能的热度。但资本毕竟是逐利的,不断吮吸剩余价值是资本的本性。因而,在对人工智能技术的热捧过程中,也应该清醒地认识到资本加持下的人工智能技术,如果任由其野蛮生长,势必影响人的发展。以微信拉票为例,微信拉票本身是一种现代人的社交方式,但一旦被资本利益所"绑架",那这种虚拟社交会成为刺激主体关注、推动甚至操控情绪的一种工具,而扭曲主体间交往的需要。正常的投票行为成为拉拢关系的一种方式,成为社交中拥有的权力的一种标榜,满足人际交往中攀比的需要,而拉票成果带来的收获又刺激出新的不健康的需要。另外,人的需要也具有社会性,因此总是在一定的社会关系条件下,通过一定的社会生产方式和生活方式得以满足和实现的。在人工智能时代,人在现实社会中的需要也会被投射和反映到由人工智能所编制的虚拟空间里,一定程度上满足了人的需要发展诉求,但一些不合理的需要也会被放大化,最终带来不好的社会影响。例如,网络暴力的出现,人肉搜索的产生。在资本裹挟下,一些负面信息往往短时间快速传播,而其中涉及的人和事容易被人肉搜索,甚至被网暴。网友甚至认为这极大程度满足了他们的"为民除害"的需要,一副侠肝义胆,大有仗剑走天涯之势。网暴的出现,一方面带来一些网民的狂欢,在这过程中即使有些网友发出质疑,对过度暴露他人隐私给予善意的提醒,但囿于"沉默的螺旋"效应,他们的疑问和质疑往往被网暴群体的意见倾轧,难以引起较大的影响。另一方面,受到网络黑灰资本的助推,形成"流量经济",网络热点事件往往成为赚取流量的工具被肆意删减、替换和扭曲部分关键事实,给网民营造一种集体审判的假象,满足他们充当正义化身的虚假需要，这些在现实生活中难以满足的围观、审判的需要借助网络得到了扭曲化的满足。尤其在人工智能技术的加持下，资本推波助澜，借助AI换脸、变声等方式，制造虚假信息，混淆视听。这些都无形中助长了"虚假的需要"，使人的真实的、正常的需要发生异化。

第二，让人工智能助力人的需要的全面发展。人的需要是一个复杂的系统，具有不同的结构和层次。从不同的角度，依据不同的标准，可以把人的需要分为不同的结构。例如根据起源的不同可以将需要划分为自然性和社会性的需要，依据不同的对象，需要可以被分为物质需要和精神需要，再可以根据主体的不同将需要分为个体需要、群体需要和社会需要，等等。马克思恩格斯对需要的划分也是具有层次的，他们将需要分为生存、享受和发展的需要。后来恩格斯在《自然辩证法》的"各门科学的辩证内容"中相应地将人的需要的对象物划分为"生活资料、享受资料和发展资料"[①]。

马克思主义经典作家关于人的需要的结构和层次的划分，为理解人工智能时代人的需要的全面发展提供了重要的指导。人工智能时代，人的需要的内容以及满足需要的对象和方式等方面发生了一些新变化，可以根据马克思主义经典作家的方法论指导将这一时代人的需要分为生存需要、情感需要、服务需要、社会生活需要、享受需要和发展需要。展望未来，需要以人工智能技术的发展和应用为契机，有效推动人的需要的全面发展。就人的生存需要而言，人工智能技术的研发和应用有利于拓展人们生存的空间，更好地满足人们的生存需要。人类的生存往往受到极端自然条件的限制和面临各种危险的挑战，人类研发的一些工具，尤其是智能化工具将会较大程度地改善人们的生存环境，使人逐渐从一些危险的活动中解放出来，进而满足人的生存需要。例如，无人机搭载一只由它的螺旋桨固定的悬挂式机械臂到人类难以涉足的悬崖上采集珍稀濒危植物，这样的无人机系统还能帮助研究人员前往一些人类难以到达的地方，甚至是威胁人的生命的地方从事科学研究，例如亚马逊雨林里耸立的"桌状山"(table-top mountains)或者美国西南部的"太空岛"(sky islands，沙漠中骤然升起的孤立山脉)。[②]就人的情感需要而言，人工智能技术加持的陪伴、照护型

① 马克思恩格斯选集(第3卷)[M].北京:人民出版社，2012:987.

② 苏珊·科西尔(Susan Cosier)著.让机器人采集悬崖上的植物[J].安君译.环球科学(Scientific American)，2023(03):18-19.

机器人能够一定程度上更好地满足人们的情感需要。例如日本等发达国家在面临老龄化问题时，大力发展机器人技术和产业，让机器人在照护老人的过程中有一定的交互功能，为老人的晚年生活提供一定的情感慰藉，同时，科学家还在研究如何通过人工智能技术再现逝去的亲人，等等，这些工作将会让人们在人际互动中体会到一种新型的情感需要的满足。就人的服务需要而言，人工智能时代简单重复性的工作将会被逐渐取代，到那时，人们更多地需要一些服务性的工作，甚至是定制型的服务。而这些服务工作一方面将会产生一些新的工作岗位，另一方面也能满足人们的服务需要。就人的享受需要和发展需要而言，由于人工智能的赋能，生产力高度发展，物质财富将极大涌流。一旦克服资本对人工智能技术的裹挟，建立起了合理的社会制度，人工智能带来的巨大生产力将为人的享受需要和发展需要提供坚实的基础。因为人工智能在一些事务性工作中已经逐渐成为人们的得力助手，这一方面提高了劳动效率，另一方面也极大地节省了劳动时间，而这就为人的享受和发展赢得了充足的时间。例如，自动驾驶技术的发展将会大大缓解交通拥堵，缩短人们的通勤时间，为人的享受和发展赢得大量的自由时间。目前的交通拥堵很大程度是人的误操作造成的，而随着人工智能技术的发展，在交通信息的汇总方面将会极大增强，在通行流量方面将会大大优化，在出行需求和供给的协调方面将大幅提升，而这些都会有助人的需要的满足。另外，就上文提到的网络暴力信息的有效遏制而言，网民企图通过网络对个体进行审判，甚至是以一副侠肝义胆仗义网络，这些需要应该加以引导，引导到正常的、健康的需要上面来。另一方面也可以借助人工智能技术，对国家监管的难点——确定源头的信息传播人进行技术赋能，从技术层面去深挖这些虚假信息背后的源头。而且，一旦网暴发生，事中监管也离不开人工智能技术。例如，可以从技术层面对一些敏感信息进行标记，再结合人类监管人员的甄别，对相关网暴信息进行封禁账号，屏蔽、删帖等形式进行直接拦截。还可以通过监管私信的收发数量等，对评论内容进行审核，对关键词进行筛选，进而保护个人隐私，遏制不良势头。

（二）人工智能为人的劳动能力发展赋能

人工智能技术的应用一方面带动了劳动能力的飞速发展，表现为人工智能技术优化劳动能力发展的条件，并大幅延展人体的劳动能力。另一方面，不合理地利用人工智能技术又会使人的劳动能力的发展面临阻碍。

第一,人工智能时代人的劳动能力发展面临的阻碍。在马克思看来,人的能力尤其是劳动能力的发展是彰显人的发展的重要标志。他进一步指出,自由自觉的劳动是人的类特性,这个类特性的确证就是在劳动过程中进行的。他在《1844年经济学哲学手稿》中指出,劳动的形成“取决于对象的性质以及与之相适应的本质力量的性质”①,人的这种本质力量是独特的,“人不仅通过思维,而且以全部感觉在对象世界中肯定自己”②。人通过思维,凭借劳动将自己的主观见之于客观,并将客体主体化,进而使自己的本质力量得以通过劳动的形式进行公开展示。在劳动过程中,人使其自身与动物相区分开来,不仅改造着对象世界,也使本质力量逐渐展现,进一步促进了自身劳动能力的发展。由此,劳动成为确证人之为人的内在根据。在劳动的确证下,人的发展既包括个体的发展也包含类的发展,但无论是个体的发展还是类的发展,从根本上说都是人的劳动能力和劳动形式的发展。因此,对人的发展的理解需要从人的本质力量,从人的劳动能力的角度进行。但是,劳动能力的使用在资本主义私有制条件下,受到了极大限制和禁锢,换句话说,只有在共产主义条件下,彻底消灭了生产资料的私有制,人才能“全面地发展自己的一切能力”③,“每一个社会成员都能够完全自由地发展和发挥他的全部力量和才能”④,“人类全部力量的全面发展”⑤才能实现。因此,恩格斯在《共产主义原理》中论述了未来社会将是按照共产主义原则组织起来的,将会造就出“才能得到全面发展、能够通晓整个生产系统的人”⑥,而不是囿于旧式分工的片面发展的人,这个社会“将使自己的成员能够全面发挥他们的得到全面发展的才能”⑦。因此,个人或社会整体劳动能力的发展,对于人的发展和社会进步都具有根本意义。

尽管人工智能的发展为人的劳动能力提升带来了新的机遇,但同时也形成了新的挑战。一方面,人工智能技术应用所带来的“马太效应”加大了人的劳动

① 马克思恩格斯文集(第1卷)[M].北京:人民出版社,2009:191.
② 马克思恩格斯文集(第1卷)[M].北京:人民出版社,2009:191.
③ 马克思恩格斯全集(第3卷)[M].人民出版社,1960:330.
④ 马克思恩格斯选集(第1卷)[M].北京:人民出版社,2012:302.
⑤ 马克思恩格斯文集(第8卷)[M].北京:人民出版社,2009:137.
⑥ 马克思恩格斯选集(第1卷)[M].北京:人民出版社,2012:308.
⑦ 马克思恩格斯选集(第1卷)[M].北京:人民出版社,2012:308.

能力之间的差距。人与人之间的劳动能力存在较大差异,有时这是因为人的先天禀赋因素造成的,即人与人之间出生时就有一定的差异甚至出现一定的差距,但是有时这种差距又是受到一些社会因素所造成的,一旦这种差距超过一定的范围,则会给人的发展带来诸多不利影响甚至是严重阻碍。例如,在不同的国家、民族和地区之间,人工智能的发展尚存在较大差距,这对弥合人与人之间的劳动能力发展差距带来了严重挑战。总体而言,目前在人工智能技术的发展过程中,发达资本主义国家还占据优势,而发展中国家由于在人才、资金等方面的匮乏,在这场竞争中还面临着更多挑战。如果不积极作为和有效应对各方面挑战,可能导致不能很好地将人工智能赋能于人的劳动能力的发展,最终在竞争中处于不利地位。

另一方面,人工智能技术的不合理应用还会带来人的劳动能力的退化。随着科学技术的发展并成为撬动社会进步的第一生产力,也可以看到人的劳动能力的发展呈现出一些悖论。在资本主义社会里,机器的设计和使用本来是解放人类的,工人在资本主义生产方式中却沦为了机器的附属物。反观人工智能时代,当人们的生活被各种半智能、智能化设备所辅助甚至接管后,一个需要迫切回答的问题是,人们的劳动能力真的增强了吗?有一个理论认为只要能够比较方便地查到的讯息其实都是人们不需要记忆的,人们也不会去记忆,因而也逐渐习惯了在有疑问时“问度娘”“查知乎”“刷小红书”,问Kimi.AI或找秘塔AI,向深度求索、ChatGPT、文心一言、讯飞星火、通义千问等求助。而在这种查阅并快速求解的过程中,人们的独立、专注思考能力在下降,这种能力的下降会进一步导致人们在认识和改造世界过程中能力的退化。根据中国青年报社社会调查中心联合问卷网发布的一项有1333名青年参与的调查显示,53.3%的受访青年感觉近几年自己的语言文字表达能力下降了。47.1%的受访青年感觉自己词汇量匮乏、表达单一,43.2%的受访青年表示用笔写字变少,41.5%的受访青年遇到过词不达意,难以准确表达想法的情况。究其主要原因,与阅读量减少和依赖网络语言及表情包有关。[①]语言匮乏背后是人的表达能力和思维能力的退化风险。另外,伴随着人工智能技术赋能智能化家居、智能医疗、智能教育等等,人们是否会过于依赖机器,尤其是智能家居、智慧农场等的普及,人们的体力是否会下降,这些问题都是值得深思的。

① 王志伟.这些年轻人为何“词穷”[N].中国青年报,2024-02-27(007).

与此同时,人工智能技术可能诱发失业等风险,进而阻断劳动能力的使用。伴随着人工智能的发展,人是否会被人工智能取代而面临失业的问题一直在引起人们的关注和讨论。也有不少学者对失业率、失业的工种进行了一些预测性分析,不乏真知灼见。但立足马克思主义经典作家对人的劳动的论述可以发现,劳动对人的意义异常重要。虽然每一次技术的重大变革都会带来就业结构的变化,在带来一些人失业的同时也创造了大量的工作岗位,但人工智能技术作为颠覆性的技术,不仅能够实现对人类智能的模拟和应用,甚至在一些领域已经超越人类智能,那么人工智能是否还会同以往的任何技术一样,在发挥巨大破坏效应的同时也会创造巨大创造效应呢?尽管这些问题还不得而知。但有一点应该看到,随着人工智能尤其是通用人工智能技术的发展,将会有越来越多的人类劳动被人工智能技术所取代,因此人们要重新思考自身与劳动的关系。或许人们可以重新定义一些劳动,使劳动的概念得以演化,但人工智能技术可能阻碍人的劳动能力的使用,使人失去存在的意义和价值,这不得不令人们深思。

第二,让人工智能助力人的劳动能力的全面发展。人的能力发展本质上是人的劳动能力的发展,而人的劳动能力的发展又具有不同的表现。根据经典作家的相关论述,主要可以从以下方面进行划分[①]:首先是按主体分,可以把人的劳动能力分为个体能力和集体能力。人工智能时代,发达国家尤其是头部国家和企业已经借助于先进的技术,逐渐占据优势,使自己国家和经济体的个体能力和集体能力都得到增强。例如Google的Alphabet人工智能公司、IBM的"认知系统"、微软、特斯拉汽车、ChatGPT、百度、腾讯、华为等。其次,按性质分可以把人的劳动能力分为"自然力"和社会能力。马克思认为人的劳动能力是由主体生理层面的耗费程度和客体对象的改变程度来共同衡量的,因而人的劳动能力是"自然力"和社会能力的统一。人工智能时代,通过智能化赋能,甚至是智能化改造,人的"自然力"是可以得到增强的。例如在2024年2月20日,埃隆·马斯克(Elon Reeve Musk)在一个叫做X的社交媒体上表示,"首位植入了'神经连接'(Neuralink)大脑芯片的人类患者似乎已完全康复,其成功地利用意念控制了电脑鼠标。马斯克设想未来植入式BCI将像智能手机一样无处不在,并且有

① 袁贵仁主编.对人的哲学理解[M].上海:东方出版中心,2008:466-467.

可能改变人们的生活、工作以及与周围世界互动的方式"[①]。脑机接口、VR等现实增强技术都在试图增强人的自然力,进而减少人的生理意义上的劳动耗费,同时也大幅提升了劳动对象的改造程度。就更不用说人工智能技术赋能的机器人等不知疲倦、不分昼夜地劳作,这些都节约了人的劳动。再次是按存在形态分,可以把人的劳动能力分为"潜力"和现实能力。马克思认为人的劳动能力是潜藏于劳动者体内的,是伴随着劳动实践而逐渐外化出来的。人工智能技术的合理利用将为人们提升劳动能力提供充足的时间,并可进一步将人的潜力外显为人的现实的劳动能力。最后从生理基础角度看,人的劳动能力又可以进一步划分为智力和体力。马克思认为人的体力劳动是防止一切社会病毒的"消毒剂",科学技术的进步不断地解放人的体力,使人从繁重、危险的体力劳动中逐渐解放出来。但同时也应该看到,人工智能技术的应用一方面解放人的体力劳动,另一方面也会创造出一些新的体力劳动,甚至是重新界定人的一些体力劳动为放松的活动。

(三)人工智能为人的社会关系发展赋能

人是社会性存在物,人的发展决定于社会关系的发展程度。人工智能时代,人的社会关系的发展一方面表现为人的社会交往与社会联系的全面丰富,另一方面面临着"人机关系"带来的新挑战。

第一,人工智能时代人的社会关系的发展遭遇新挑战。一方面,虚拟社交带来的社会关系的虚拟化冲击现实社会关系。借助于互联网、大数据等技术,加上便携的移动智能设备的大面积普及,越来越多的社会交往通过网络进行,这种虚拟社交一方面能够提供自由化的空间,让人们的交往彰显个性、提升自由度和自主性。但是,虚拟社交一旦受到算法歧视的影响,就会出现地位不平等、"交往茧房"等负面影响。交往的负面影响又会进一步折射到社会关系的异化上,算法对人进行标签化标注后,人与人之间的交往变得不平等,社会关系也会出现失衡。这种失衡表现在算法加持后的数字穷人和富人之间、男性和女性之间、不同肤色人种之间,他们在面对社会提供的就业机会、信贷额度方面,甚至是商品的价格方面都是有差异的。有不少研究表明,在智能搜索中往往黑色人种的姓名、住宅区域位置容易和一些不良信息相关联,因而会在信贷额度方

① 张梦然.首位脑机接口设备植入者能用意念控制鼠标[N].科技日报,2024-02-22(004).

面受到一些歧视。另外,建立在智能算法基础上的虚拟社交不仅会带来人与人之间地位的不平等、社会关系的失衡,而且会被资本所裹挟而使人过度依赖人机虚拟交互。这种人机虚拟交互在人们日常生活中需要与客服进行沟通时感受颇深,无论是阿里小蜜还是其他平台或商家的智能客服助理,在与之沟通的过程中人们更多地感受到的是程式化的冷冰冰的语言,并且反复沟通无果才能进一步呼唤出人工客服。这种沟通、交流方式带来的便捷当然是显著的,但同时带给人的困扰和无助也是客观存在的。德国社会学家韩炳哲说过,“数字媒体让真实的对方逐渐消失于无形。它将真实的面对面看作阻碍。如此一来,数字交流就变得越来越多地脱离肉体,脱离面容。”①就更不用说近年来借助AI换脸、模拟语音等形式以网聊、抽奖、放贷等方式骗取钱财的网络诈骗层出不穷,而且经常是熟人作案,给社会带来了恶劣影响,消解了人与人之间社会关系的可信度。

另一方面,社会交往的标签化带来社会关系可编码。通过信息技术尤其是人工智能技术的精准算法推荐,人们可以基于一些标签找到、建立和融入一定的趣缘组织。这一方面会增加人们社会关系的深浅可控性,但同时也会带来一些交往壁垒。例如曾流行的“飞盘社交”。青年人根据大数据精准推荐,可以借助标签找到更多的飞盘爱好者。并通过活动过程中的影音资料进一步扩大影响,形成“飞盘圈子”。而某个“飞盘圈子”的点击率、转发数较高时,又会进一步引流。在这个流量为王的时代,谁能够引流谁就能获得资本的青睐,而在资本助推下的趣缘组织是否能坚守初衷,造福普通玩家就有待观察了。另外,在人工智能时代,人与人之间因交往而结成的社会关系也需要遵循数字的逻辑,这些逻辑包括“关注”“成为好友”“可见”等才能浏览对方主页或者与之互动,并且还必须符合平台的规则进行发言,视频也需要按照平台的规约进行剪辑才能得以呈现,才可能获得流量。这让我们看到近年来无数草根被捧红,而又人设坍塌重新回到草根的戏剧性画面。当草根成为网红时,他拥有大量粉丝的关注,拥有大量媒体的追捧,而一旦某些行为被放大后重新回到草根,可能还会伴随着反转式的谩骂甚至网暴,这不得不令人唏嘘。在大数据和新媒体技术的加持下,人际交往营造出了可以依据关注与被关注、点赞、评论来筛选交往对象的社交氛围,并依据粉丝数、点击率等数据来对交往对象进行评估,以及确立与之交

① [德]韩炳哲著.在群中:数字媒体时代的大众心理学[M].程巍译.北京:中信出版社,2019:34.

往的亲近程度。人与人之间的互动交往被数字技术、数字平台所规训,人逐渐丧失在这些互动交往中的主体性,已越来越难以依据便捷的互动式通信软件和社交媒体而自由自在地交往了。另外,数字技术往往能够将人们推荐给熟悉的人,进而通过算法复制加深了既有的熟人圈,形成了社会关系的壁垒,无形中给人们在社交平台上展现自我时带来了压力。例如,社交平台上的吐槽、发牢骚可能还会引起一系列不良后果,转发信息到群聊稍有不慎就可能引发风险,因为信息一旦上网就会被传播,传播可能就会带来不同的解读甚至是过度解读而曲解原意,甚至引发舆情。

第二,让人工智能助力人的社会关系的全面发展。社会关系的构建离不开科学技术的助力,换句话说,科学技术的发展促进了人们社会关系的高度丰富。依据马克思的相关论述,人的关系的发展主要表现在三个方面①:首先就是全面生成对象性关系。人的发展是一个历史过程,在这个过程中经历了"人对人的依赖"的"原始丰富性"阶段,"人对物的依赖"的个人片面发展阶段,最终指向每个人自由全面发展阶段。在这个历史过程中,人通过劳动实践不断改造对象,形成丰富的对象性关系。因为与动物不同,人的需求是多样的,因而其劳动实践也是丰富的,进而人的生产过程是全面的,在生产过程中结成的对象性关系也会是全面的。只不过在"人对物的依赖"阶段,工人受到资本主义生产方式的束缚,囿于资本主义的分工而呈现出了片面性。其次是个人社会关系的高度丰富。由于生产力的发展和社会的进步,人们会扩大自己的交往,使交往呈现出全方位、多领域的特点。人在这种全方位、多领域和多层次的交往中自然会结成丰富的社会关系。最后,人对社会关系的共同控制。资本主义生产方式一方面带来社会交往的普遍化,另一方面又用看不见的锁链将工人束缚在工厂中,马克思认为这种看似丰富实则带给了工人片面性发展的生产关系终将被取代。取而代之的是个人对高度丰富社会关系的全面占有和共同控制,而这只有到未来共产主义社会人与人之间社会关系高度和谐才能实现。

立足人工智能时代,要使人工智能技术发展有效赋能人的社会关系发展,一个重要前提在于消解人工智能领域的资本对狭隘社会关系的塑造。资本的嗅觉是尤其灵敏的,一旦某件事即将成为热点,某个人突然有了热度,资本往往蜂拥而至对其进行炒作,借助现代传媒进行精准传播,给人们塑造明星、公知的

① 袁贵仁主编.对人的哲学理解[M].上海:东方出版中心,2008:468-469.

形象,以服务自身增殖的需要。因此,要理性看待热点事件,尤其是负面新闻,不要困于资本营造的“茧房”而不去反思。更不能为了所谓的明星、公知而大搞饭圈文化,形成圈子社交。在人际交往中还要防范资本助推的泛社交化,资本的触角已经伸向了我们的工作、生活等空间,推动社会关系不断出圈,人们疲于应对各种即时通信设备带来的互动,往往需要多方串场。而这明显增加了人们的时间成本,扩大了的无效社交也耗费了人们的大量精力。对此,人更应该时刻警醒,保持在社会关系中的主体地位,不过于依赖社交软件、通信设备,也不沉迷于各种串场社交。而更多地将时间精力投入到精神对话和交流中,以这种精神的对话和交流带动人们的内省和反思,而这将成为人工智能时代的重要能力。在人的发展过程中,内心的成长、成熟,精神层次的交流和沟通,心灵的抚慰将是一个循序渐进的过程,缺失了这个过程,很难说人是完整的。

让人工智能助力构建和谐的社会关系。社会关系的构建离不开科学技术的助力,换句话说,科学技术的发展促进了人们社会关系的高度丰富。但这高度丰富的社会关系不一定是和谐的,因为这高度丰富的社会关系可能呈现出了不平等。应当首先从技术层面逐渐消除人与人之间社会关系的不平等,例如以技术手段规避算法歧视等等。另外,从观念层面,也应该进一步解放,要努力挣脱数字技术对人际关系的规训,跳脱出数字技术人为设置的一些高赞、热评、热搜等标签化的景观。重新树立人在社会关系中的主体性、主导权的观念,在人机互动的过程中要把握主导权,在人机关系中要增强主体性。期待未来社会有人工智能技术的全面赋能后,人能够更多地回归本真,从趣缘出发,多进行一些深层次的沟通与交流,促进彼此心智的成熟和精神层面的内省和反思。

(四)人工智能为人的个性自由发展赋能

人工智能使人的需要得以定制化,并满足人的个性化需要,促进人的独立自主性的发展。但是,人工智能时代人的个性发展又会面临一些困境,展望未来,需要立足当下的困境继续发挥人工智能的作用,让其为人的个性自由发展助力。

第一,人的个性自由的发展遭遇困境。马克思关于个性的论述更多的是侧重于论述自由个性的发展,他认为自由个性奠基于现实的生产力和交往发展基础之上,但是这需要变革束缚人的个性自由发展的资本主义生产关系。因为在资本主义生产关系中,由于资本主义的私有制和分工的发展使人的个性发展出现了异化。在资本主义生产关系中,人的个性发展呈现出两重性的特征,这主要是由生产力的发展和私有制乃至分工导致的。资本主义生产方式中尤其是大机器生产工具的广泛使用,使得生产过程有了广泛的科技赋能,因而生产过程出现了更细致的、更专业化的分工。在这种生产方式中的工人,一方面得以从封建束缚中解放出来,获得了一定程度的个性解放,另一方面又陷入了个性发展受资本束缚的两重性中。因此,资本主义生产方式带给了工人更多的束缚、压抑甚至是摧残,资本疯狂追逐剩余价值的动机会促使它不断压缩必要劳动时间,而占有工人更多的发展个性的时间。另外,强制的分工和机器的资本主义使用也会占有工人发展个性的空间。加上资本主义的所有制关系的束缚,使得工人在产品的分配过程中处于不平等的地位,使其个性发展就缺乏了一定的物质保障。资本主义商品交换使得商品要完成惊险的跳跃,只有跳跃成功才能顺利实现价值。而在这过程中,货币作为交换手段起到了极为重要的中介作用。经过这个中介,人与人之间的关系被转换为物与物的关系,甚至是货币与货币的关系。而货币作为一般等价物在这过程中进一步用无个性的等价物的形式代替了有个性的人,更进一步说,有个性的个体被无个性的货币所代表了,无个性的货币剥夺了在资本主义生产方式中的工人的真实个性。总之,个性虽然是人的个体独特性、自主性,但在阶级社会里,人是阶级性和个性的统一体。在阶级社会里,个性的发展是要服从类的发展的,甚至在某些时期,类的发展以牺牲大量个体,甚至是一个阶级的个性发展为代价的。就资本主义社会而言,资本家凭借拥有的资本等生产资料充分解放了个性,使个性得以自由发展,但同时,广大工人阶级由于不占有生产资料,只能靠出卖劳动力为生,因而个性发展面临挑战,人的自由发展受阻碍。

人工智能时代人的个性发展对照马克思"自由个性"的发展还有些差距,与此同时,由于资本与人工智能的深度合谋,致使人的个性自由发展在当下还面临一些困境。首先表现为人的个性发展的时间被侵占。侵占人们个性自由发展时间的其实是资本,是资本裹挟下的数据、算法等。它们为人们的工作、生活等营造出种种景观,人在这种景观中看到的是数据精准投喂的景象。并且,在资本裹挟的人工智能技术下,工作和生活之间的界限越来越模糊,全域式的信息处理会日益填满个人时间的各个缝隙。人们在人工智能时代似乎对信息有一种天然的"饥渴",而实际上不少人都存在信息过载。多任务操作、跨空间协作已经成为常态,而人在这过程中失去的不仅仅是自由的时间,还变得同质化,渐渐失去个性。其次表现为人的能力发展面临退化的风险。最后表现为个体的自主决定遭到削弱。依据马克思关于人的个性发展的相关思想,人的个性的发展在阶级社会里是阶级性与个性的统一,也就是说个人虽然会有一定的个性,但是隶属于某个阶级的。因而人在人工智能技术面前,虽然会有一定的个性,但毕竟当前人工智能技术的发展是受到资本所推动的,因而人的能力会受到资本的牵制。并且,人的自主性的展现也在资本裹挟下的人工智能技术面前遭遇了削弱。人对社会关系的控制被算法所牵引,需要按照平台的规则进行关注才能互动,并且只有在关注并互动频繁的基础上才会被推送。人与人之间的互动借助于数据、算法、平台进行,人对自己社会关系的控制力减弱了。人不但对自己的社会关系的控制力减弱了,而且伴随其中的还有人的独立思考能力、专注力等的削弱。总之,如果任由人工智能技术在人们日常生活中泛滥并起主导作用,人在技术面前的独立自主性将被大大削弱,进而逐步丧失在技术面前的个性,并蜕变为同质化的对象。

第二,让人工智能助力人的个性自由的发展。马克思立足资本主义的现实的人是"偶然的个人",是个性受到资本所压抑的人,在此基础上展望未来社会的人是"具有自由个性的人"。因此,人的个性的发展,进而"自由个性"的实现是马克思对未来社会人的发展的题中之义。依据马克思的相关论述,人的个性发展除了人的某一种素质的改善和提高外,主要表现在两个方面:一是人的独立性的发展,也就是强调人在阶级社会里,是阶级性和个性相统一的存在。人的发展从属于他所在的类的发展,受到类的发展的制约,但是人的发展又不仅仅局限于他所在的类的发展,单个的人、群体还会发挥主观能动性,使自己保持在类的发展面前的独特性,这就是人的发展的独立性。二是人的自主性的发展,也就是人在发展的过程中逐渐能够掌控自己的能力,并实现对社会关系的控制,而这是个过程。当然,只有到了共产主义理想社会,人才能实现对自己能力和社会关系的全面控制。①

人工智能赋能下的人的独立性将得以增强。人工智能技术所具有的定制化、个性化服务将极大增强人的独立性,而使人不仅仅是一个个同质化的"原子"。机械化大工业开创了商品的批量化生产和流水化作业,例如以汽车行业

① 袁贵仁主编.对人的哲学理解[M].上海:东方出版中心,2008:469-470.

为例,福特、丰田等老牌车企都在各自的品牌中有成熟的生产流程,甚至是汽车的平台都是标准化的,而这些都为汽车的成本控制和质量保障奠定了基础。但同时,标准化生产平台又会使产品同质化,一定程度上难以兼顾人的个性,除非是经过特殊改造的汽车。伴随着人工智能技术的运用,这些标准化流程的经验依旧可用,但一些定制化的产品和服务将逐渐进入人们的视野。例如现在新能源汽车的个性化尝试。有了智能化技术加持的新能源汽车,一方面可以实现汽车机械、动力和智能化系统的整合,让高算力芯片为机械、动力赋予智能,另一方面也可以实现人的一些个性展现。比如个性化的汽车解锁方式,这种方式可以是传统的机械钥匙,也可以是人脸识别、指纹解锁,还可以是蓝牙钥匙、NFC解锁等等。另外还包括座椅的调节记忆,可以依据智能化系统设置适合自己的座椅角度,当个体解锁汽车后汽车座舱、后视镜等可以调节到个体之前保存的角度,当然,这只是智能化座舱非常基础的一个方面。智能化座舱还包括空调温度、风速,是否加热、按摩的强度、通风等,当然也包括零重力座椅的使用等等。就智能化语音交互而言,在人工智能语音识别技术的加持下,智能化的汽车能够实现免关键词唤醒,还能实现"所见即所得",借助人工智能语音助手可以实现车辆的车窗、空调、导航、座椅调节、辅助驾驶、车辆设置、娱乐休闲等等功能的控制。借助智能语音助手可以实现便捷操作,并减少在行驶过程中操作显示屏、手机等带来的安全隐患。并且,这些语音助手还能设置个性化的称呼、声音,它还在逐渐学习,借助数据模型进行不断训练,进而更懂那个开车的"你"。而开车的人也在这种定制化产品和服务中进一步彰显了个性,发展了自身。

人工智能赋能下人的自主性将得以增强。人的独立性的增强将会带来人的自主性的发展,而人的自主性的发展表现为人对自身劳动能力和社会关系的自主控制上。在人类历史发展过程中,人的劳动能力总体而言是逐步增强的,社会关系也逐渐丰富。尤其是在先进的科学技术的助力下,人对其劳动能力和社会关系的控制力也在增强。只不过,在阶级社会里,人的劳动能力的使用和社会关系的缔结都受一定的生产关系的影响,因此,人对其劳动能力和社会关系的全面控制需要不断变革生产关系。在资本裹挟下的人工智能技术会带来工人劳动能力的异化发展,甚至带来人的劳动使用机会被机器人剥夺,人的社会关系被符号化、程序化。而社会主义制度将会对资本在人工智能技术方面的负面影响进行最大限度的约束,让人工智能技术真正以有利于人的个性自由发展的方向发展。因此,要让信息、数据等作为生产要素进行共享,以共享的生产要素为人的劳动能力的增强而赋能。人的劳动能力得到智能化增强后,人与人之间在劳动实践中建立的社会关系也会丰富起来。另外,信息、数据的共享性特征,也就是说信息、数据等通过共享会增进大数据的效益,而不是共享了就减少了,它们的这个显著特征应用于个性化的教育、个性化的医疗等,将会极大增强人的自主性。人工智能技术的应用使定制化、个性化的教育得以实现,大数据赋能的教育可以根据个体或群体的特征进行课程规划、内容筛选,进而激发学习兴趣,增强个体能力。就智能化医疗而言,人工智能技术运用于医疗,将可以提高医疗技术,提升医患信任关系,甚至是增加患者的治愈率。人工智能技术+医疗已经可以帮助超声科医技人员快速、准确读取医学影像,并且在朝着为患者制定定制化的诊疗方案方面发展。患者可以根据人工智能技术的大数据模型,预测自己的病情发展,并根据定制化的诊疗方案自主选择治疗进程。总之,人工智能技术加持下人的独立性得到极大增强,与之相应人的自主性也将得以增强,人将逐渐实现"自由个性"的发展。

二、构建人工智能时代的"自由人联合体"

展望人工智能时代人的发展,我们可以从当前人的发展面临的一些困境中看到人的发展在未来的一些趋势和规律。教育是促进人自由全面发展的重要途径,人工智能时代的"全民终身教育"制的落实是先导。用人工智能技术加持的教育促进人的劳动能力的全面发展,进而促进人的社会关系的丰富,教育是促进人的发展的重要途径。人工智能时代人的发展还要构建主体关系的智能新形态,这种新形态要求以保持人在技术面前的主体地位为前提,追求人机关系的和谐发展。最后,从技术、组织和政策层面提升治理效能,保障人工智能技术的发展是以构建"自由人联合体"为指向的。

(一)落实"全民终身教育"制

人工智能技术作为当下最新的技术,或将成为颠覆人及其所创造的社会的技术。这项技术已经引起人们关于存在、意义和价值等关乎人类主体发展的讨论,例如人是否会集体失业,甚至是沦为"无用阶级"的讨论。在哲学、政治经济学、教育学等学科领域也掀起了大风浪，让理论界思考是否要重新界定主体、劳动等基本概念，是否需要颠覆已有的教育体系，以全新的教育体系塑造适应上工智能时代发展要求的人。这些问题确实值得深思，一方面人工智能技术确实和之前的科技革新一样，会改变人们的生产方式、生活方式和思维方式，但另一方面人工智能技术又和之前的科技革新不同，充满极大的不确定性。

以全民终身教育的落地培养未来社会需要的技能。参考美国、日本等国的人工智能战略规划可以发现，美国在政策导向上主张创新优先，监管其后，日本注重发挥其在机器人技术领域的传统优势，并大力投资逐渐建立多层次的呈梯队的人才培养体系。当前，中国已经从顶层设计和宏观规划层面布局了人工智能教育与人才培养，但放眼未来，为了实现人工智能有效赋能人的发展，还可以从以下方面进行加强。

首先是完善人才培养的层次。人工智能的竞争主要是顶尖人才的竞争。人工智能技术从研究开发到落地生根，再到宣传推广都需要各领域人才尤其是一些顶尖人才的共同努力，然而，放眼全球人工智能领域的顶尖人才其实是比较稀缺的，而且就区域分布而言是非常不均衡的。据腾讯研究院2017年发布的《全球人工智能人才白皮书》的估算，“全球人工智能研究及直接从业者约30万，而市场需求在百万量级。其中，高校领域约10万人，产业界约20万人，大部分分布在各国初创企业和科技巨头中。从这30万人中，我们筛选出其中各领域顶尖人才近千人进行了较为详细的调查和统计后，筛选出有代表意义的人才进行了‘画像’，包括：学术领域204人，领先企业81人，科技巨头50人，投资人24人。从国别来看，主要分布在美国、中国及其他国家的企业中。全球共有367所具有人工智能研究方向的高校，每年毕业生约2万人，远远不能满足市场对人才的需求。这367所高校中美国拥有168所，占全球的45.7%。”[①]从年龄层次看，中青年为主的学者比较活跃，其中机器人学者年龄偏大，机器学习学者相对年轻；从性别分布看，男性学者占有绝对优势，女性学者比例极低，男女学者比例约为7∶1；就地区分布来看，学者主要分布在北美、欧洲、中国、日本、新加坡、澳大利亚等国家。[②]另外，就全球人才的投入来看，“现阶段，全球AI领域高强度人才投入的企业集中在美国，中国仅有华为一家企业进入前十。国际人工

① https://www.tisi.org/4960.

② https://www.tisi.org/4960.

智能人才投入主要以计算机软硬件开发企业为载体，美国相关行业发轫于19世纪末，IBM、微软、谷歌等公司皆为行业巨头，在世界范围内拥有广泛的影响力，成为聚集人工智能领域人才的企业前三甲。”[①]总之，在人工智能时代，技术的迭代升级离不开人才，尤其是顶尖人才，可以说人工智能领域的竞争归根结底是人才的竞争。而人才的培养离不开教育，因此，应该如何重塑我们的教育，培养出更高层次人才，并在技术面前保持人的专属能力成为摆在我们面前的首要的并且是重中之重的任务。

要从科技启蒙开始，针对小学、中学和高校不同学段学生的特点，有差异而又系统性地进行潜力的挖掘和人才的培养。另外，要打通基础教育、专业教育和职业教育的通道，将人工智能人才的教育、培养贯穿其中，着力大范围普及，精准化塑造，精细化培养。在基础教育阶段要激发学生对人工智能技术的兴趣，夯实编程等计算机科学方面教育培训，并挖掘其潜力。在高等教育阶段，要借助计算机科学并在基础上设置人工智能相关学科、专业，借助系统交叉的学科培养新方式着力培养学生的创新思维和综合素质。在这个过程中，除了加强基础性的培养外，还要注意拔尖人才和顶尖人才的培养和引进。“据人力资源和社会保障部统计，中国人工智能人才缺口超过500万人，截至2021年7月，共有345所高校设立了人工智能专业，但培养的人工智能人才只有5万人，供需比例严重失衡。根据领英发布的人工智能全球最具影响力学者榜单（AI 2000），美国提名学者有1146人次，而中国仅有232人次，这说明中国在高端人工智能人才储备方面与美国存在较大差距。”[②]人工智能人才的培养需要一定的周期，并且需要跨学科、跨领域进行，因此，形成完整的培养体系尤其重要。与此同时，我国要开辟专门的通道，面向全球争夺顶尖人才，精准引进神经认知、机器学习等领域的国际顶尖人才和高水平团队。

其次，学会学习并增强人的专属能力。人类在人工智能面前需要重新思考人类应该保留哪些专属的能力。劳动确证了人的本质，在人的发展轨迹中，人的劳动能力的发展是基本的方面。在人工智能时代，人要有已经在某些专门领域针对特定任务开发的人工智能所不具有的一些专属能力。目前看来，创造力、反思力应该是人所特有的，除此之外，社交和情商，艺术和手工技艺等领域

① 《2019互联网人才白皮书》解读人才职业发展新趋势[J].国资报告，2019(02):105-106.
② 赵志君，庄馨予.中国人工智能高质量发展:现状、问题与方略[J].改革，2023(09):11-20.

也应该是人的"自留地"。就人的创造力而言，人能够改变旧问题或者提出新问题，改变既有的规则，而根据新的思路提出新的规则和方法。[①]人能够发挥主观能动性去认识和掌握规律，进而根据规律的要求从事创造性活动。而反观当前的人工智能，无论是微软小冰写作的诗集，还是Sora创作的短剧，这些都是通过大数据的训练，基于深度学习而组合、联想和模仿出来的"创作"。而这一类的训练是可以借助技术手段进一步进行甄别的，例如北大和华为的研究团队提出了一种识别各类人工智能生成资料的可靠文本检测器。该检测器借助名为"PU学习"的方法，通过将人类语言标记为"正类"，将机器语言标记为"无标记类"来改善检测器的训练过程，使其能够更准确地区分出人类和人工智能语言的不同。[②]由此可见，当前的人工智能是难以具有真正意义上基于全局、整体而进行创造的思维能力的。"人类思维的真正特异功能是超理性的反思能力——反思能力不是理性的一部分，相反，反思能力包含理性而大于理性。反思首先表现为整体思维能力，尤其是把思维自身包含在内的整体思维能力。"[③]与创造性相应的还有人的艺术鉴赏、手工技艺等，可以预见人类社会的发展虽然会产生出品类繁多的商品满足人们多样化的需要，但这些商品中必定有一些人类通过手工技艺赋予商品的独特性，而这些商品是机器甚至是智能化机器所难以取代的。另外，就人类的社交和情商而言，人是社会性的动物，难以离群索居地独自成长，人工智能时代人的社交只不过是线上线下相融合，丰富的是社交的形式，不变的是社交带给人的价值和意义。而情商的训练则是一个长期的过程，目前人类的情商都具有极大的差异性，很难说能给人工智能体编入人类的某些高情商。

人工智能已经在改变人们的学习方式，让人们的学习更加具有个性，甚至开启定制式学习方式，未来的学习应该是开放性的，并且是让人感到快乐的事情。例如当下大模型Kimi AI助手可以通过对长达20万字的长文本的分析和理解，帮助人们提炼观点，理清思路。人借助这些智能助手能够提高学习的效率，拓宽人的知识面，增强人的创造能力等。展望未来，首要的是要学会人机协作，以人为主，主动适应人机交流的方式，提升人机协作的能力。并学会借助智能

① 赵汀阳著.人工智能的神话或悲歌[M].北京:商务印书馆,2022:12.

② 北大、华为提出新方法检测AI生成文字[J].环球科学(Scientific American),2023(13):11.

③ 赵汀阳著.人工智能的神话或悲歌[M].北京:商务印书馆,2022:13.

化的工具、设备等提升跨领域、跨学科学习的能力,增强自身的综合能力。这实际上就是要求进行全面的学习,通过知识的交叉和融合来激发创新思维的生长点。另外,要保持良好的学习习惯,终身学习,自主学习。人工智能技术的更新迭代非常迅速,我们要保持人所特有的批判、反思能力,对人工智能技术保持一种好奇与自主,并充分发挥主观能动性自主、自觉地学习、提升自己。

(二)构建主体关系的智能新形态

人工智能时代,智能化机器的出现并大范围应用正在挑战传统的人机关系,使"人机关系的张力"[①]发生变化。在人机关系的发展过程中,人制造机器的目的是出于一种功能性的价值设定,即通过制造机器来节省劳动力或者拓展人的能力。以往的机器也确实是作为一种工具性的存在为人的劳动服务,受人所支配。但伴随着机器人的出现,尤其是经由人工智能赋能的机器人的出现,人们逐渐意识到人工智能赋能的机器已经在某些专门的领域超过人类,并正在朝着通用人工智能的方向发展。一旦发展到通用人工智能(AGI)或强人工智能(Strong AI)甚至是超级人工智能(Super AI)[②],那时候出现的智能化设备,例如智能机器人,我们还能单纯地把它们当做工具来使用吗?与之相关的是在人机关系这种张力另一端的典型观点,即"恐怖谷"。"恐怖谷理论是一个关于人类对机器人和非人类物体的感觉的假设,它在1969年由日本机器人专家森昌弘提出。当机器人与人类相像超过50%的时候,由于机器人与人类在外表、动作上都相当相似,所以人类会对机器人产生正面的情感;直至到了一个特定程度,人的反应便会突然变得极度反感,这个节点就是95%的相似度。越过这个节点后,哪怕机器人与人类有一点点的差别,都会显得非常显眼刺目,让整个机器人显得僵硬恐怖,让人有面对行尸走肉的感觉。人形玩具或机器人的仿真度越高人们越有好感,但当达到一个临界点时,这种好感度会突然降低,越像人越反感恐惧,直至谷底,称之为恐怖谷。可是,当机器人的外表和动作和人类的相似度继续上升的时候,人类对他们的情感反应亦会变回正面,贴近人与人之间的移情作用。"[③]这个临界点也就是在说明人机关系的张力,当机器人与人有明显的

---

① 计海庆编著.人的信息化与人类未来发展[M].上海:上海人民出版社,2020:55.

② 王晓阳,马迅.从单智慧体社会到多智慧体社会:人工智能与人类的共同未来[J].自然辩证法通讯,2023,45(11):26-36.

③ 计海庆编著.人的信息化与人类未来发展[M].上海:上海人民出版社,2020:57.

差别时，人理所当然地把它当作工具来使用，但当达到某个临界点时，人会思考这到底是工具还是要越过界限与人平起平坐的另一种智能存在，因而陷入一种天然的排斥和恐惧。但随着技术的进步，机器人越来越像人，人就需要把原本是工具的存在从单纯的对象性关系中剥离出来，需要建构一种新的主体关系形态。

人工智能技术的迭代升级丰富了人们的社会关系，但也使人与机器之间的关系呈现一定的“颠倒”甚至是异化。智能化工具的发展近年来呈现出可喜的成绩，比较亮眼的代表有美国OpenAI公司在2022年推出的自然语言处理工具ChatGPT，并持续性地进行了升级迭代，最近的GPT-4产品适用范围更广，对自然语言的识别和处理能力更强，甚至能模拟出人类交流的过程。ChatGPT的应用在全球掀起了一场智能语言模型的热潮，值得一提的是2023年Google推出的“Bard”大型智能语言模型，米斯特拉尔发布的“Mistral 7B”模型，俄罗斯央捷科斯公司开发的YandexGPT，越南VinBigData公司研发的生成式人工智能产品ViGPT、韩国振兴财团推出的结合了新闻大数据分析的生成式人工智能“Big-kinds AI”服务，百度推出的“文心一言”生成式人工智能语言模型。还有能实现20万字长文本阅读和理解的信息搜索智能助手——Kimi AI，借助抖音的数据库开发出来的“豆包”，日本、新加坡等国家也相继研发了本国语言的生成式人工智能大语言模型。另外，还有专注于美学风格的Midjourney AI绘图工具，对物理世界进行模拟的Sora，等等。这些大语言模型相当于超级聪明的agent，它们支持多语言，能通过对话式的搜索，给人带来惊奇的表现。但同时也应该看到，大型智能语言模型需要大量的数据进行投喂，在投喂的过程中如果数据是带有倾向性的，加上算法是有偏差的，经由这一系列训练过程后的模型也可能会出现偏差甚至歧视。另外，这些大型智能模型还可能被不法分子所利用，制造出虚假的新闻，营造出虚假的交流氛围，为人际交往的信任关系带来不可忽视的冲击。

展望未来，一种新型的主体关系形态正在出现。这种新型的主体关系有别于传统的人机关系，换句话说，人在机器面前不再是一种主宰型的存在，即机器从属于人、受人支配，甚至受人奴役，人是机器的主人。这种新型的主体关系形态也将有别于之前的受资本支配而形成的狭隘的社会关系，因为受资本裹挟的技术只会以追逐更多的剩余价值为终极目标，甚至不惜践踏人类社会一切规则，不惜践踏人格尊严。在资本逻辑和市场导向下的技术只会放大人们的理想空虚，营造虚假的繁荣，制造虚假的消费景观，在这种逻辑下的人只能顺从资本逻辑和市场导向，更加地陷入无意义的境地。因此，一种新型的主体关系形态的构建需要首先消除资本逻辑，让人从资本的控制下解放出来，让人重新获得在技术面前的主体性和自觉性。为此，就人工智能技术的发展而言，人要重新确立主体地位，理清与人工智能技术的关系，既不能重回主客二分的既有框架，也不能让技术反客为主，而要探索一种平等开放的新型智能关系形态。立足全球而言，人工智能技术的发展更新非常迅速，不是某一家企业，某一个地区和国家所能掌控的。为了人类整体的智能关系形态的构建，人们需要首先反对人工智能技术的私人占有制度，在实际应用落地的过程中，也不能完全由资本来推动和由市场来主导。

人工智能技术将有助于主体关系新形态的构建。伴随着科学技术的发展，在全球范围内已经逐渐改变了以往的垂直分工，而呈现出水平分工的态势。而"人工智能与互联网、物联网、区块链技术的结合下，'多主体''去中心'式的生产和交往体系逐渐建构起来。"[①]人们在新的生产方式和交往方式中建立起了新型的主体关系，尤其是在虚拟网络化空间中，这种交往关系更是去中心化的，并且是反权威式的，更倡导人与人之间的平等。例如短视频平台抖音的火出圈其实就是为用户提供了展现自己生活的一个平台、窗口。另外，以往在国际事务中，西方发达国家的媒介往往具有绝对的话语权，能够很好地设置议题、引导舆论，但俄乌冲突似乎改变了这一状态。人们通过抖音，TikTok 等了解国际形势，而这种信息源似乎更加广泛，并且通过这种虚拟空间的交往，人与人之间的距离也拉近了。正如日本学者此本臣吾所描述的那样，伴随着人们大量使用便携设备，各种各样的传感器也遍布日常生活，与此同时，人在使用这些设备所带来的数据也急剧增长，这些都在塑造着一种新型的主体关系。我们已很难单纯地将便携式设备等当成一个对象，而实际上他们已经逐渐深入我们生活的方方面面，在实践中逐渐与我们互动，具有了"主体化"的一些特征。总之，人工智能技术借助大数据、区块链能够优化既有的内部科层结构，使社会交往的主体更加多元、独立。并且，信息、数据等具有共享性，因而为新型的平等主体关系间的良性互动提供了技术支持，而这种技术支撑又反过来促进了现实空间、虚拟场域中的人际交往。

① 韩小谦，梁晨．人工智能时代主体关系的异化与新构[J]．学术交流，2023(06)：5-15.

(三)构建开放、共赢的合作机制

为了建设“人机协同、跨界融合、共创分享的智能时代”[①],习近平总书记指出,“要深度参与全球科技治理,贡献中国智慧,塑造科技向善的文化理念,让科技更好增进人类福祉,让中国科技为推动构建人类命运共同体作出更大贡献”[②]。立足当下,展望未来,人工智能技术正在为人类命运共同体的构建而助力,只是我们在研发技术的过程中要进行前瞻性的思考和做好必要的准备,包括但不限于从技术层面、组织层面、政策层面、伦理法律层面等提升全球治理效能。

首先,从技术层面来看,人与技术之间一直存在着一种张力,人们一直在探寻怎样趋利避害地使用技术。早有最初发表在《惊世科幻》(Astounding Science Fiction)三月刊中1942年阿西莫夫的短篇小说《环海》(Runaround)中提出“机器人学的三大法则”,即机器人不得伤害人,也不得见人受到伤害而袖手旁观;机器人应服从人的一切命令,但不得违反第一法则;机器人应保护自身的安全,但不得违反第一、第二法则。[③]也有国家层面的原则宣言、行动倡议等等,还有学者层面提出的“人工智能新三原则”,即(1)智能体永远是辅助;(2)人类决策占比不低于黄金比例;(3)人类应时刻把握着人工智能发展的节奏,并随时准备好暂停或减速。[④]这些法则、原则都是试图在追求技术创新和有效监管中间找到一种平衡,而试图避免“大数据的发展可能加剧数字时代的权力失衡”[⑤]。实际上,基于人工智能技术叠加互联网、大数据之后,技术的迭代升级非常迅速,在监管上会出现一定的滞后性。但并不能因此就可以放任技术的发展,相反对这样一个发展迅速且影响未知的技术,我们更应该前瞻性地进行监管。通过这种方式要看到,有些问题实际上也要通过技术的进步来进一步解决。例如人工智能算法歧视、算法黑箱的问题,人工智能开发所需要的高端芯片的研发问题等等,这些问题的解决都依赖于大量的投资,以促进技术攻关。通过技术创新,研

① 习近平向国际人工智能与教育大会致贺信[N].人民日报,2019-05-17(01).

② 习近平.在中国科学院第二十次院士大会、中国工程院第十五次院士大会、中国科协第十次全国代表大会上的讲话[M].北京:人民出版社,2021:15.

③ [美]卢克·多梅尔(Luke Dormehl)著.人工智能[M].赛迪研究院专家组译.北京:中信出版社,2016:246.

④ 高奇琦.马克思主义视域下的人工智能与未来治理之道[J].政治学研究,2021(03):78-88,162.

⑤ 转引自张晋铭,徐艳玲.智能革命时代人类命运共同体的构建意蕴[J].东南学术,2021(03):54-63.

发可解释性人工智能技术，人工智能算法歧视和算法黑箱的问题能够得到一定程度的缓解，通过数据保护技术的创新，例如区块链非对称加密技术的发展，可以一定程度上缓解隐私侵犯，并削弱人工智能公司拥有的至高的"内容审核"权力，既实现了参与公平，又实现了数据公开，还能保护个人隐私。从技术上来说，各个企业、各个国家在技术创新和产业应用上存在着激烈的竞争，尤其是在资本推动下的人工智能技术更是为了获得超额剩余价值进而获得相对剩余价值而会封锁技术，缔造自己在先进技术上的"遥遥领先"地位，造成技术发展的不平衡。实际上就当前最重要的信息、数据而言，这两种要素是可以共享增益的，也就是说信息、数据的共享会增进全人类福祉。因此，各个国家应该在增进人类福祉的价值导向下，共享数据、信息，建立全球性的技术攻关团队，以促进信息、数据效用的最大化。当然，人工智能技术的开发和应用还被各国广泛应用于军事，这往往是各国不会公开和共享的部分。但是，就军事方面人工智能技术的应用，也可以在技术标准的制定上着力，协商一般数据的保护，并要防止致命自主武器系统的开发和滥用。

其次，就组织层面而言，需要人工智能相关的组织、机构和个人联合起来，加强国际合作。这些利益相关者虽然会有竞争，但由于他们在发展的技术路线上的侧重点是有差异的，并且各个国家发展的侧重点也不同，加之人工智能技术发展过程中带给人们的威胁与挑战，各个组织亟需联合起来，共同致力于让人工智能技术真正增进人类福祉。可喜地看到，人们已经在行动了。2024年2月5日，全球著名的八家科技机构和公司[①]在第二届全球人工智能伦理论坛上与联合国教科文组织签署了一项与人工智能（AI）相关的协议。这份协议在全球范围内开创了私营企业与联合国就AI领域相关问题进行合作的先河。根据这份协议，它们在设计和使用人工智能相关的系统时要结合《人工智能伦理问题建议书》所规定的伦理、价值观。联合国教科文总干事还强烈呼吁相关科技方要以它们为榜样，致力于构建"促进公共利益的AI"。《人工智能伦理问题建议书》是2021年通过的全球性的第一份人工智能伦理方面的协议，在过去两三年的时间里，"超过50个国家积极参与，相关多边合作也显著增加"[②]。联合国教

① 即全球移动通信系统协会（GSMA）、INNIT、联想、LG AI研发（LG AI Research）、微软、摩托罗拉、赛富时和西班牙电信。

② 秦天弘.全球论坛探讨人工智能治理格局[N].经济参考报，2024-02-07(004).

科文组织负责社会科学与人文科学的助理总干事加芙列拉·拉莫斯指出，“我们需要真正全球性的协调和知识分享，以建立一个负责任的人工智能生态系统，让每一个人受益”①。这个负责任的人工智能生态系统的建立需要全世界的利益相关者共同努力，需要行业协会切实发挥作用，需要各技术人员切实从增进全人类福祉的角度出发，不断深化人工智能的国际合作，构建人类命运共同体。而不是任由掌握先机的机构、组织来主导技术进程，进一步加深已经存在的数字鸿沟。“我们需要通过系统性努力增加人工智能的可及性，这样发展中经济体才能从其巨大潜力中受益。我们需要弥合数字鸿沟，而不是加深数字鸿沟。”②全球人工智能利益相关方都应该积极响应古特雷斯在2024年年初达沃斯论坛上的上述倡议，积极加强合作，探索有效的体制机制。

再次，就政策层面而言，展望未来，对于人工智能的应用和发展需要达成更多的国际共识性的公约。各国都已意识到人工智能技术的革命性作用，并从战略规划等角度颁布政策文件等予以支持。其中，美国更强调自己在人工智能领域的科技创新的领先地位，欧盟更加注重法律法规等规则、标准的制定，中国则注重寻求创新和监管之间的平衡。各国当前主要是从原则性、倡议性的政策建议对人工智能的研发进行约束，并且由于各国的文化、价值等有差异，因而全球性的伦理法律规范还有待形成共识。如果相关的法律法规长期落后于人工智能技术的发展，这将对人类带来难以预料的风险。例如深度伪造技术对安全的威胁，对可能存在的漏洞的攻击等等。当然，我们也可喜地看到，欧盟今年通过的《人工智能法案》为全球提供了一种先例。欧盟《人工智能法案》是在2021年进行提案的，后来欧盟的一些国家对该法案有些顾虑，担心法案会阻碍欧盟的人工智能技术创新，造成欧洲的落后。为此，欧盟的《人工智能法案》试图在创新和安全之间找到平衡，并在欧盟委员会的努力下，多措并举以推动支持科技创新，并建立了“人工智能办公室”专门的监管机构。2023年12月，《人工智能法案》在欧洲议会成员国和委员会之间达成了协议，等待提交议会批准后分阶段实施。随后在2024年3月13日，《人工智能法案》通过欧洲议会正式投票的方式，得以通过并批准。其中，将严格禁止“对人类安全造成不可接受风险的人工智能系统”，包括“有目的地操纵技术、利用人性弱点或根据行为、社会地位和

① 秦天弘．全球论坛探讨人工智能治理格局[N]．经济参考报，2024-02-07(004)．

② 秦天弘．全球论坛探讨人工智能治理格局[N]．经济参考报，2024-02-07(004)．

个人特征等进行评价的系统等”①。作为从事人工智能研发的公司一定要对其设计的算法进行控制，让人始终是算法的主体，并且要及时为一些可能存在高风险的应用设计监管系统。欧盟通过立法试图在人工智能领域进行标准和规则制定权的优先，但同时也为全球解决人工智能技术创新和监管之间的矛盾提供了一种参考。

人工智能的全球治理已经在行动。2023年7月，联合国安理会就人工智能与安全问题举行高级别公开会议，代表们呼吁建立符合道德的、负责任的人工智能技术治理框架②。中国常驻联合国代表张军在会议上提出关于人工智能治理的五条原则：一是坚持伦理先行，二是坚持安全可控，三是坚持公平普惠，四是坚持开放包容，五是坚持和平利用。③2023年11月，美国国务院宣布已有46个国家支持美国政府于2023年2月在荷兰海牙“军事领域负责任使用人工智能峰会”（REAIM Summit）上首次发布的《关于负责任地军事使用人工智能和自主技术的政治宣言（Political Declaration on Responsible Military Use of Artificial Intelligence and Autonomy）》④。11月，由英国倡议发起的首届“全球人工智能安全峰会”在伦敦北部布莱切利园举行，中国、美国、英国、日本、德国、印度等28国及欧盟共同签署了首个全球性人工智能声明《布莱切利人工智能安全宣言》⑤，重点在于识别人工智能产生的共同关注风险，建立对风险的精准和科学认知，并制定跨国风险缓解政策。⑥在2023年召开的“一带一路”国际合作高峰论坛（第三届）上，中国提出了《全球人工智能治理倡议》，“支持在充分尊重各国政策和实践基础上，形成具有广泛共识的全球人工智能治理框架和标准规范；支持在联合国框架下讨论成立国际人工智能治理机构；加强面向发展中国家的国际

① 王卫.AI立法的“欧盟视角”《人工智能法案》或对AI产生深远影响[J].法人，2024(01)：13-15.

② 转引自王亚珅，陈浩，葛悦涛，等.2023年人工智能领域科技发展综述[J].战术导弹技术，2024(01)：20-32+67.

③ 转引自王亚珅，陈浩，葛悦涛，等.2023年人工智能领域科技发展综述[J].战术导弹技术，2024(01)：20-32+67.

④ 转引自王亚珅，陈浩，葛悦涛，等.2023年人工智能领域科技发展综述[J].战术导弹技术，2024(01)：20-32+67.

⑤ 转引自王亚珅，陈浩，葛悦涛，等.2023年人工智能领域科技发展综述[J].战术导弹技术，2024(01)：20-32+67.

⑥ 转引自王亚珅，陈浩，葛悦涛，等.2023年人工智能领域科技发展综述[J].战术导弹技术，2024(01)：20-32+67.

合作与援助等。”[①]中国以一个负责任大国的形象，就全球人工智能治理共识提出中国方案，贡献中国智慧。

总之，全球人工智能利益相关者应充分考虑从技术层面、组织层面、政策层面等凝聚共识并进一步深化合作，以增进人类福祉为技术创新和治理效能提升的目标导向，努力优化人工智能技术的生态系统，以构建人工智能时代的“自由人联合体”。

① 王卫.AI立法的“欧盟视角”《人工智能法案》或对AI产生深远影响[J].法人，2024(01)：13-15.

参考文献

(一)经典著作和重要文献

[1] 马克思恩格斯文集(第1、3、5、6、7、8卷)[M].北京:人民出版社,2009.
[2] 马克思恩格斯全集(第1卷)[M].北京:人民出版社,1956.
[3] 马克思恩格斯全集(第2卷)[M].北京:人民出版社,1957.
[4] 马克思恩格斯全集(第3卷)[M].北京:人民出版社,1960.
[5] 马克思恩格斯全集(第3卷)[M].北京:人民出版社,2002.
[6] 马克思恩格斯全集(第4卷)[M].北京:人民出版社,1958.
[7] 马克思恩格斯全集(第26卷)[M].北京:人民出版社,2014.
[8] 马克思恩格斯全集(第28卷)[M].北京:人民出版社,2018.
[9] 马克思恩格斯全集(第30卷).北京:人民出版社,1995.
[10] 马克思恩格斯全集(第31卷)[M].北京:人民出版社,1998.
[11] 马克思恩格斯全集(第32卷)[M].北京:人民出版社,1998.
[12] 马克思恩格斯全集(第33卷)[M].北京:人民出版社,2004.
[13] 马克思恩格斯全集(第34卷)[M].北京:人民出版社,2008.
[14] 马克思恩格斯全集(第37卷)[M].北京:人民出版社,2019.
[15] 马克思恩格斯全集(第38卷)[M].北京:人民出版社,2019.
[16] 马克思恩格斯全集(第42卷)[M].北京:人民出版社,2016.
[17] 列宁全集(第1卷)[M].北京:人民出版社,2013.
[18] 列宁全集(第55卷)[M].北京:人民出版社,2017.
[19] 列宁专题文集 论辩证唯物主义和历史唯物主义[M].北京:人民出版社,2009.
[20] 列宁专题文集 论社会主义[M].北京:人民出版社,2009.
[21] 列宁专题文集 论资本主义[M].北京:人民出版社,2009.
[22] 列宁专题文集 论马克思主义[M].北京:人民出版社,2009.
[23] 毛泽东选集(1-4卷)[M].北京:人民出版社,1991.

[24] 毛泽东年谱(一九四九—一九七六)(第4卷)[M].北京:中央文献出版社,2013.

[25] 习近平著作选读(第1卷)[M].北京:人民出版社,2023.

[26] 习近平著作选读(第2卷)[M].北京:人民出版社,2023.

[27] 习近平谈治国理政(第1卷)[M].北京:外文出版社,2018.

[28] 习近平谈治国理政(第2卷)[M].北京:外文出版社,2017.

[29] 习近平谈治国理政(第3卷)[M].北京:外文出版社,2021.

[30] 习近平谈治国理政(第4卷)[M].北京:外文出版社,2022.

[31] 习近平外交演讲集(第1卷)[M].北京:中央文献出版社,2022.

[32] 习近平书信选集(第1卷)[M].北京:中央文献出版社,2022.

[33] 中共中央党史和文献研究室编.习近平关于科技创新论述摘编[M].北京:中央文献出版社,2016.

[34] 中共中央党史和文献研究室编.习近平关于经济建设论述摘编[M].北京:中央文献出版社,2017.

[35] 中共中央党史和文献研究室编.习近平关于网络强国论述摘编(大字体)[M].北京:中央文献出版社,2021.

[36] 习近平.高举中国特色社会主义伟大旗帜 为全面建设社会主义现代化国家而团结奋斗——在中国共产党第二十次全国代表大会上的报告[M].北京:人民出版社,2022.

[37] 习近平.在中国科学院第二十次院士大会、中国工程院第十五次院士大会、中国科协第十次全国代表大会上的讲话[M].北京:人民出版社,2021.

[38] 十九大以来重要文献选编(上)[M].北京:中央文献出版社,2019.

[39] 十九大以来重要文献选编(中)[M].北京:中央文献出版社,2021.

(二)学术著作

[1] SISS产研编者.蓝色风向标:前沿科技领域产业创新趋势[M].上海:上海科学技术出版社,2021.

[2] 陈炳祥.人工智能改变世界——工业4.0时代的商业新引擎[M].北京:人民邮电出版社,2017.

[3] 陈潮光.马克思主义理论与实践[M].北京:人民出版社,2009.

[4] 陈文通.重温经典:拜访马克思——七个重大理论问题(上)[M].北京:中央文献出版社,2009.

[5] 陈向东.中国人工智能系列研究报告:大型语言模型的教育应用[M].上海:华东师范大学出版社,2023.

[6] 成素梅,张帆等.人工智能的哲学问题[M].上海:上海人民出版社,2020.

[7] 丁波涛主编.全球信息社会发展报告(2023)——生成式人工智能赋能高质量发展[M].北京:社会科学文献出版社,2023.

[8] 丁艳.人工智能基础与应用(第2版)[M].北京:机械工业出版社,2024.

[9] 杜严勇主编.负责任的人工智能何以可能?[M].上海:上海交通大学出版社,2023.

[10] 段伟文.信息文明的伦理基础[M].上海:上海人民出版社,2020.

[11] 段忠桥.重释历史唯物主义[M].南京:江苏人民出版社,2009.

[12] 顾骏.人与机器:思想人工智能[M].上海:上海大学出版社,2018.

[13] 顾伟.陶行知教育思想研究[M].徐州:中国矿业大学出版社,2011.

[14] 郭锐.人工智能的伦理和治理[M].北京:法律出版社,2020.

[15] 郭毅可.人工智能与未来社会发展[M].北京:科学技术文献出版社,2020.

[16] 国务院发展研究中心课题组.以信息化培育经济增长新动能[M].北京:中国发展出版社,2021年.

[17] 韩庆祥,亢安毅.马克思开辟的道路——人的全面发展研究[M].北京:人民出版社,2005.

[18] 侯俊霞.中国社会科学研究伦理审查制度建设研究[M].北京:科学出版社,2023.

[19] 敬采云,王营池,万嵩著.校外站点市场化运作研究——现代远程与继续教育一个范式的经济学分析[M].成都:四川人民出版社,2009.

[20] 计海庆编者.人的信息化与人类未来发展[M].上海:上海人民出版社,2020.

[21] 李春火.马克思资本批判及其当代意义研究[M].北京:中国社会科学出版社,2018.

［22］李德顺.价值论——一种主体性的研究［M］.北京:中国人民大学出版社,2020.

［23］李伦.人工智能与大数据伦理［M］.北京:科学出版社,2018.

［24］李小平等.未来教育技术研究与探索［M］.北京:北京理工大学出版社,2021.

［25］李智勇.终极复制:人工智能将如何推动社会巨变［M］.北京:机械工业出版社,2016.

［26］刘方喜,陈定家,丁国旗.马克思 恩格斯 列宁 斯大林论文艺与文化(上)［M］.北京:中国社会科学出版社,2012.

［27］刘进长,雷瑾亮.人工智能改变世界:走向社会的机器人［M］.北京:中国水利水电出版社,2017.

［28］刘同舫.理想与现实之间的人类解放境界［M］.北京:人民出版社,2013.

［29］刘同舫.马克思的哲学主题［M］.北京:人民出版社,2017.

［30］刘秀华.转型期人的个性与社会秩序关系研究［M］.天津:天津人民出版社,2008.

［31］柳海涛.人类意识与人工智能［M］.上海:上海交通大学出版社,2023.

［32］栾亚丽.马克思经典政治价值思想辑录［M］.北京:经济科学出版社,2015.

［33］罗国杰.人道主义思想论库［M］.北京:华夏出版社,1993.

［34］莫荣.中国人工智能人才发展报告(2022)［M］.北京:社会科学文献出版社,2022.

［35］欧阳玲,洪文兴.教育数字化区块链技术与实践［M］.厦门:厦门大学出版社,2021.

［36］清华大学人工智能国际治理研究院,清华大学中国科技政策研究中心,人工智能治理研究中心.敏捷与协同人工智能治理理念与实践前沿［M］.北京:社会科学文献出版社,2024.

［37］沈建国.人的个性论［M］.苏州:江苏人民出版社,1994.

［38］石谦.全球视野下的人工智能治理(第1辑)［M］.上海:同济大学出版社,2022.

［39］宋永端编著.人工智能未来已来［M］.北京:人民出版社,2021.

［40］孙伟平，戴益斌．人工智能的价值反思［M］．上海：上海大学出版社，2023.

［41］孙正聿．辩证法与现代哲学思维方式［M］．长春：长春出版社，2019.

［42］孙正聿．马克思与我们［M］．北京：中国人民大学出版社，2018.

［43］腾讯研究院，中国信通院互联网法律研究中心．人工智能［M］．北京：中国人民大学出版社，2017.

［44］田凤娟，徐建红编著．人工智能伦理素养［M］．北京：北京邮电大学出版社，2023.

［45］王东．人工智能与科学发现：一种哲学探究［M］．北京：知识产权出版社，2023.

［46］王海屹．AI落地：让人工智能为你所用［M］．北京：机械工业出版社，2024.

［47］王晗等．从人工智能到社会伦理［M］．上海：东华大学出版社，2021.

［48］王和勇，洪明．人工智能发展的趋势性特征及对策研究［M］．广州：华南理工大学出版社，2023年．

［49］王惠，刘睿．当代中国：社区发展与现代性追求［M］．北京：人民出版社，2011.

［50］王聚芹．科学社会主义经典理论专题探究［M］．哈尔滨：黑龙江人民出版社，2021.

［51］王俊．论人工智能时代的劳动关系治理［M］．北京：中国财政经济出版社，2023.

［52］王强，张茂泽．马克思恩格斯学说要义［M］．北京：人民出版社，2018.

［53］王晓升．历史唯物主义的当代重构［M］．北京：社会科学文献出版社，2013.

［54］韦冬，王小锡．马克思主义经典作家论道德［M］．北京：中国人民大学出版社，2017.

［55］未来论坛．人工智能伦理与治理：未来视角［M］．北京：人民邮电出版社，2023.

［56］吴冠军．后人类纪的共同生活：正在到来的爱情、消费与人工智能［M］．上海：上海文艺出版社，2018.

[57] 吴季松.人·人类·人工智能[M].北京:电子工业出版社,2018.

[58] 吴瑞敏.财富与时间——《1857—1858年经济学手稿》研究[M].上海:上海人民出版社,2015.

[59] 吴英等.马克思、恩格斯、列宁、期大林论历史科学.[M].北京:中国社会科学出版社,2014.

[60] 肖潇.马克思人的发展理论及其当代中国论域[M].武汉:湖北人民出版社,2014.

[61] 谢少娜等.基于产教融合背景下的高职学生就业创业教育研究[M].沈阳:辽宁大学出版社,2021.

[62] 谢瑜.人工智能社会前沿问题哲学研究[M].北京:中国社会科学出版社,2023.

[63] 徐瑞萍,向娟,戚潇.重塑人工智能与智能生活[M].北京:北京邮电大学出版社,2020.

[64] 杨耕.重建中的反思:重新理解历史唯物主义[M].北京:北京师范大学出版社,2017.

[65] 杨阳等编著.人工智能基础与实践[M].北京:北京邮电大学出版社,2024.

[66] 余斌.马克思、恩格斯、列宁、斯大林论政治经济学[M].北京:中国社会科学出版社,2013.

[67] 袁方.人工智能与社会发展[M].保定:河北大学出版社,2022.

[68] 袁贵仁.对人的哲学理解[M].上海:东方出版中心,2008.

[69] 袁贵仁.马克思主义人学理论研究[M].北京:北京师范大学出版社,2017.

[70] 张成岗.走向智治时代:人工智能赋能社会治理现代化[M].北京:清华大学出版社,2023.

[71] 张军平.人工智能极简史[M].长沙:湖南科学技术出版社,2023.

[72] 张凌寒.权力之治:人工智能时代的算法规制[M].上海:上海人民出版社,2021.

[73] 张欣.人工智能时代的算法治理机制与方案[M].北京:法律出版社,2022.

[74] 张一兵.文本的深度耕犁:第1卷(西方马克思主义经典文本解读)[M].北京:中国人民大学出版社,2004.

[75] 张智.通往人的全面发展之路:社会主义条件下人的现代化研究[M].北京:中国人民大学出版社,2019.

[76] 赵家祥.马克思恩格斯的哲学变革之路[M].北京:中国社会科学出版社,2016.

[77] 赵家祥.东方社会发展道路与社会主义的理论和实践[M].北京:商务印书馆,2017.

[78] 赵睿涛编著.世界人工智能发展态势[M].北京:国防工业出版社,2022.

[79] 赵汀阳.人工智能的神话或悲歌[M].北京:商务印书馆,2022.

[80] 赵岩.人工智能发展报告(2022—2023)[M].北京:社会科学文献出版社,2023.

[81] 中国人民大学马列主义发展史研究所.马克思主义史(全四卷)[M].北京:人民出版社,1996.

[82] 中国社会科学院哲学所历史唯物主义研究室,中国历史唯物主义研究会.论人性[M].北京:清华大学出版社,1983.

[83] 中国社会科学院哲学所历史唯物主义研究室,中国历史唯物主义研究会.马克思 恩格斯 列宁 斯大林论人性、异化、人道主义[M].北京:清华大学出版社,1983.

[84] 钟志凌.马克思恩格斯关于人的理论及当代启示[M].重庆:西南师范大学出版社,2021.

[85] [奥]马克·考科尔伯格(Mark Coeckelbergh).人工智能伦理学[M].周薇薇,陈海霞译.上海:上海交通大学出版社,2023.

[86] [澳]托比·沃尔什(Toby Walsh).2062:终结[M].罗静译.长沙:湖南科学技术出版社,2020.

[87] [德]韩炳哲(Byung-Chul Han).在群中:数字媒体时代的大众心理学[M].程巍译.北京:中信出版社,2019.

[88] [德]卡尔·雅斯贝斯(Karl Jaspers).历史的起源与目标[M].李夏菲译.桂林:漓江出版社,2019.

[89] [德]乌尔里希·森德勒(Ulrich Sendler).工业4.0:即将来袭的第四次

工业革命[M].邓敏,李现民译.北京:机械工业出版社,2014.

[90][德]尤尔根·哈贝马斯(Jürgen Habermas).作为“意识形态”的技术与科学[M].李黎,郭官义译.上海:学林出版社,1999.

[91][法]居伊·德波(Guy Ernest Dobord).景观社会[M].王昭凤译.南京:南京大学出版社,2006.

[92][法]吕克·费希(Luc Ferry).超人类革命[M].周行译.长沙:湖南科学技术出版社,2017.

[93][法]米歇尔·福柯(Michel Foucault).规训与惩罚[M].刘北成,杨远婴译.北京:生活·读书·新知三联书店,2014.

[94][法]塞尔日·莫斯科维奇(Serge Moscovici).还自然之魅——对生态运动的思考[M].庄晨燕、邱寅晨译.北京:生活·读书·新知三联书店,2005.

[95][加]马歇尔·麦克卢汉(Marshall McLuhan).理解媒介:论人的延伸[M].何道宽译.南京:译林出版社.2019.

[96][立陶宛]伊格纳斯·卡尔波卡斯(Ignas Kalpokas).算法治理:后人类时代的政治与法律[M].邱遥坤译.上海:上海人民出版社,2022.

[97][美]埃里克·布莱恩约弗森(Erik Brynjolfsson),[美]安德鲁·麦卡菲(Andrew McAfee).第二次机器革命[M].蒋永军译.北京:中信出版社,2014.

[98][美]艾里希·弗洛姆(Erich Fromm).健全的社会[M].孙恺祥译.上海:上海译文出版社,2011.

[99][美]拜伦·瑞希(Byron Reese).人工智能哲学[M].王斐译.上海:文言出版社,2020.

[100][美]伯特尔·奥尔曼(Bertell Ollman).马克思的异化理论[M].王贵贤译.北京:北京师范大学出版社.2017.

[101][美]查鲁·C.阿加沃尔(Charu C. Aggarwal).人工智能[M].杜博,刘友发译.北京:机械工业出版社,2023.

[102][美]丹尼尔·贝尔(Daniel Bell).后工业社会的来临[M].高括等译.南昌:江西人民出版社,2018.

[103][美]亨利·基辛格(Henry Kissinger),[美]埃里克·施密特(Eric Schmidt),[美]丹尼尔·胡滕洛赫尔(Daniel Huttenlocher).人工智能时代与人类未来[M].胡利平,风君译.北京:中信出版社,2023.

[104] [美]贾森·萨多夫斯基(Jathan Sadowski).过度智能[M].徐琦译.北京:中译出版社,2022.

[105] [美]杰夫·霍金斯(Jeff Hawkins),桑德拉·布拉克斯莉(Sandra Blakeslee).人工智能的未来[M].贺俊杰,李若子等译.西安:陕西科学技术出版社,2006.

[106] [美]杰瑞·卡普兰(Jerry Kaplan).人工智能时代[M].李盼译.杭州:浙江人民出版社,2016.

[107] [美]凯西·奥尼尔(Cathy O'Neil).算法霸权:数学杀伤性武器的威胁[M].马青玲译.北京:中信出版社,2018.

[108] [美]兰登·温纳(Langdon Winner).自主性技术:作为政治思想主题的失控技术[M].杨海燕译.北京:北京大学出版社,2014.

[109] [美]雷·库兹韦尔(Ray Kuraweil).奇点临近[M].李庆诚,董振华,田源译.北京:机械工业出版社,2011.

[110] [美]卢克·多梅尔(Luke Dormehl).人工智能[M].赛迪研究院专家组译.北京:中信出版社,2016.

[111] [美]卢克·多梅尔(Luke Dormehl).算法时代[M].胡小锐,钟毅译.北京:中信出版社,2016.

[112] [美]马尔科·扬西蒂(Marco Iansiti),卡里姆·拉哈尼(Karim R. Lakhani).数智公司:AI重新定义企业[M].罗赞译.北京:机械工业出版社,2022.

[113] [美]赫伯特·马尔库塞(Herbert Marcuse).单向度的人——发达工业社会意识形态研究[M].刘继译.上海:上海译文出版社.2008.

[114] [美]尼古拉·尼葛洛庞帝(Nicholas Negroponte).数字化生存[M].胡泳、范海燕译.北京:电子工业出版社,2017.

[115] [美]塞奇威克(Robert Sedgewick),[美]韦恩(Kevin Wayne).算法(第4版)[M].谢路云译.北京:人民邮电出版社,2012.

[116] [美]史蒂芬·卢奇(Stephen Lucci),[美]萨尔汗·M.穆萨(Sarhan M. Musa),[美]丹尼·科佩克(Danny Kopec).人工智能(Artificial intelligence in the 21st century: a living introduction)[M].王斌,王鹏鸣,王书鑫译.北京:人民邮电出版社,2023.

[117] [美]斯图尔特·罗素(Stuart Russell),[美]彼得·诺维格(Peter Nor-

vig).人工智能——一种现代方法(Artificial intelligence a modern approach)[M].姜哲等译.北京:人民邮电出版社,2010.

[118][美]亚伯拉罕·马斯洛(Abraham H. Maslow)等.动机与人格[M].许金声等译.北京:中国人民大学出版社,2009.

[119][美]约翰·奈斯比特(John Naisbitt).大趋势——改变我们生活的十个新方向[M].梅艳译.北京:中国社会科学出版社,1984.

[120][日]此本臣吾主编,[日]森建,日户浩之.数字资本主义[M].日本野村综研(大连)科技有限公司译.上海:复旦大学出版社,2020.

[121][日]都留重人.日本的资本主义——以战败为契机的战后经济发展[M].复旦大学日本研究中心译.上海:复旦大学出版社,1995.

[122][日]森冈孝二.过劳时代[M].米彦军译.北京:新星出版社,2019.

[123][瑞典]弗吉尼亚·迪格纳姆(Virginia Dignum).负责任的人工智能何以可能?[M].谢蓉蓉,陈明晰,程国建译.上海:上海交通大学出版社,2023.

[124][匈]卢卡奇(Georg Lukacs).历史与阶级意识:关于马克思主义辩证法的研究[M].杜章智等译.北京:商务印书馆,1992.

[125][以]尤瓦尔·赫拉利(Yuval Noah Harari).今日简史——人类命运议题[M].林俊宏译.北京:中信出版社,2018.

[126][以]尤瓦尔·赫拉利(Yuval Noah Harari).人类简史:从动物到上帝[M].林俊宏译.北京:中信出版社,2014.

[127][以]尤瓦尔·赫拉利(Yuval Noah Harari).未来简史:从智人到神人[M].林俊宏译.北京:中信出版社,2017.

[128][意]西蒙尼·纳塔莱(Simone Natale).媒介的欺骗性:后图灵时代的人工智能和社会生活[M].汪让译.上海:复旦大学出版社,2023.

[129][英]G.A.科恩(G. A. Cohen).卡尔·马克思的历史理论:一种辩护[M].段忠桥译.北京:高等教育出版社,2008.

[130][英]克里斯蒂安·福克斯(Christian Fuchs).马克思主义——卡尔·马克思关于文化和传播研究的十五个核心概念[M].周延云译.西安:西安交通大学出版社,2022.

[131][英]克里斯蒂安·福克斯(Christian Fuchs)等.数字劳动和卡尔·马克思[M].周延云译.北京:人民出版社,2020.

[132] [英]莱恩·多亚尔(Len Doyal),[英]伊恩·高夫(Ian Gough).人的需要理论[M].汪淳波,张宝莹译.北京:商务印书馆,2008.

[133] [英]玛格丽特·A.博登(Margaret A. Boden).AI:人工智能的本质与未来[M].孙诗惠译.北京:中国人民大学出版社,2017.

[134] [英]玛格丽特·A.博登(Margaret A. Boden).人工智能哲学[M].刘西瑞、王汉琦译.上海:上海译文出版社,2006.

[135] [英]迈克尔·伍尔德里奇(Michael Wooldridge).人工智能全传[M].许舒译.杭州:浙江科学技术出版社,2021.

[136] [英]尼克·波斯特洛姆(Nick Bostrom).超级智能[M].张体伟,张玉青译.北京:中信出版社,2015.

(三)报刊、论文

[1] 毕国帅.马克思社会关系思想的价值旨趣、实践意蕴与当代启示[J].马克思主义研究,2022,(12):74-84.

[2] 常江,田浩.尼克·库尔德利:数据殖民主义是殖民主义的最新阶段——马克思主义与数字文化批判[J].新闻界,2020,(02):4-11.

[3] 陈翠玉.保障生存到促进就业:论有劳动能力低保群体社会保障权改革[J].理论与改革,2017,(01):156-163.

[4] 陈龙."数字控制"下的劳动秩序——外卖骑手的劳动控制研究[J].社会学研究,2020,(06).

[5] 陈琪,肖源睿.国际人工智能战略之比较[J].国别和区域研究,2020(01):182-202+212-213.

[6] 陈庆修.叩开大数据机遇之门[N].学习时报,2014-10-13.

[7] 陈堂发.强化法律适用:网络暴力的法治途径[J].人民论坛,2022,(09):96-99.

[8] 陈万球.中国生成式人工智能顶层设计的伦理视界[J].伦理学研究,2023,(05):100-107.

[9] 陈文捷,解彩霞.人工智能对人主体性影响的思考[J].学术论坛,2019,(03).

[10] 陈尧,王宝珠.替代与推升:人工智能对人类劳动的影响[J].学习与实

践,2022,(7):133-140.

[11] 程承坪.人工智能对劳动的替代、极限及对策[J].上海师范大学学报(哲学社会科学版),2020,(02):85-93.

[12] 程启智.马克思生产关系二维理论体系形成过程的系统考察[J].学海,2013,(01):93-102.

[13] 程宏燕,郭夏青.人工智能所致的交往异化探究[J].自然辩证法研究,2020,(09):70-74.

[14] 崔秋锁.历史唯物论和历史辩证法的统一——论马克思的人道主义作为一种历史观念的理论性质[J].北京师范大学学报(社会科学版),2011,(04):114-120.

[15] 党盛文,林津如.人工智能算法的非殖民化伦理策略[J].道德与文明,2023,(06):168-176.

[16] 邓悦,许弘楷,王诗菲.人工智能风险治理:模式、工具与策略[J].改革,2024,(01):144-158.

[17] 邓志文.主体交流异化与现代性迷失——人工智能的精神生态风险[J].北京理工大学学报(社会科学版),2021,(02):173-180.

[18] 翟云,程主,何哲等.统筹推进数字中国建设全面引领数智新时代——《数字中国建设整体布局规划》笔谈[J].电子政务,2023,(06):2-22.

[19] 刁生富,姚志颖.人工智能时代人的自由时间[J].西南民族大学学报(人文社科版),2018,(08):9.

[20] 高岸起.论人的全面发展的哲学基础[J].党政干部学刊,2013,(08):10-12.

[21] 高奇琦.马克思主义视域下的人工智能与未来治理之道[J].政治学研究,2021,(03):78-88+162.

[22] 高奇琦.全球善智与全球合智:人工智能全球治理的未来[J].世界经济与政治,2019,(07):24-48+155-156.

[23] 高奇琦.人工智能、人的解放与理想社会的实现[J].上海师范大学学报(哲学社会科学版),2018,(01):40-49.

[24] 高奇琦.人工智能时代的人类命运共同体与世界政治[J].当代世界与社会主义,2018,(03):40-47.

[25] 郭道明.教育会生产劳动能力——学习马克思有关教育的经济意义的论述[J].广西师范大学学报(哲学社会科学版),1983,(02):8-13.

[26] 郭广.精神生活病症的根源与根治:马克思的分析批判[J].毛泽东邓小平理论研究,2023,(10):25-35+107.

[27] 龚天平,袁家三.论生态需要及其满足途径[J].吉首大学学报(社会科学版),2019,(06):58-66.

[28] 郭小东.生成式人工智能的风险及其包容性法律治理[J].北京理工大学学报(社会科学版),2023,(06):93-105+117.

[29] 国务院关于印发新一代人工智能发展规划的通知[J].中华人民共和国国务院公报,2017,(22):7-21.

[30] 韩立新."物"的胜利——以《政治经济学批判大纲》的《货币章》为中心[J].哲学研究,2017,(12):26-33+123-124.

[31] 韩小谦,梁晨.人工智能时代主体关系的异化与新构[J].学术交流,2023,(06):5-15.

[32] 何云峰.挑战与机遇:人工智能对劳动的影响[J].探索与争鸣,2017(10):107-111.

[33] 胡昌昊.浅析人工智能的发展历程与未来趋势[J].经济研究导刊,2018(31):33-35+196.

[34] 胡承槐.马克思总体方法论"八维社会时空结构"学说的基本涵义——"抽象到具体"方法论行进路线及"哲学革命"的再解释[J].浙江社会科学,2019,(10):100-110+159-160.

[35] 胡敏中,王满林.人工智能与人的智能[J].北京师范大学学报(社会科学版),2019,(05):128-134.

[36] 黄欣荣.人工智能与人类未来[J].新疆师范大学学报(哲学社会科学版),2018,(04):101-108+2.

[37] 姬雁楠,李本乾.社交虚拟现实重塑"云交往"的路径[J].中南民族大学学报(人文社会科学版),2022,(03):118-124+186.

[38] 纪德奎,陈璐瑶.劳动素养的内涵、结构体系及培养路径[J].天津师范大学学报(基础教育版),2021,(02):16-20.

[39] 加强领导做好规划明确任务夯实基础 推动我国新一代人工智能健

康发展[N].人民日报,2018-11-01.

[40] 贾英健.论马克思的个性自由思想及其时代价值[J].山东师大学报(社会科学版),1999,(04):48-51.

[41] 姜淑娟.驾驭资本与防范风险:数字文明建构的实践策略[J].探索,2023,(06):73-184.

[42] 姜建成,王萍霞.马克思发展共同体思想及当代启示[J].江苏社会科学,2012,(06):41-48.

[43] 靳辉明.唯物史观的创立及其伟大意义——为纪念马克思逝世120周年而作[J].马克思主义研究,2003,(02):16-21.

[44] 蓝江.身体的祛魅与生命政治的诞生——解读福柯的三次里约热内卢州立大学讲座[J].烟台大学学报(哲学社会科学版),2023,(05):39-49.

[45] 雷冰洁.关系的时间向度:当代青年人际交往价值观研究[J].青年探索,2023,(03)1-10.

[46] 雷华美,郭强.历次科技革命与社会主义的发展[J].当代世界社会主义问题,2021,(04):21-32.

[47] 雷挺,吴义熔.他山之石:欧盟人工智能监管的经验与启示[J].科技管理研究,2023,(24):43-52.

[48] 李炳炎,向刚.马克思关于人的发展理论的内涵和逻辑[J].改革与战略,2010,(05):27-31.

[49] 李梅敬.资本逻辑下的“数据殖民”风险及数字中国建设[J].理论月刊,2021,(10):59-67.

[50] 李晓青.马克思需要理论及其当代价值[J].理论视野,2023,(08):11-15.

[51] 李志.劳动所有权原则的实践效应[J].中国社会科学,2020,(03):4-24+204.

[52] 李培超.个人自由全面发展的实现——论马克思《1857-1858年经济学手稿》的伦理主题[J].湖南师范大学(社会科学学报),2010,(06):28-34.

[53] 梁玉成,张咏雪.算法治理、数据鸿沟与数据基础设施建设[J].西安交通大学学报(社会科学版),2022,(02):94-102.

[54] 林德宏.科技能力:人类的第一劳动能力[J].自然辩证法研究,1995

(11):47-49.

［55］黎文华，汪荣有.在中国式现代化进程中推进人的现代化［J］.海南大学学报(人文社会科学版)，2024，(03):61-71.

［56］刘召峰.马克思拜物教批判的三重指向与历史性自觉［J］.马克思主义研究，2019，(04):85-96+168.

［57］刘国洲.马克思主义个性观论析［J］.河南师范大学学报(哲学社会科学版)，1997，(02):13-16.

［58］刘建军，赵宇飞.马克思恩格斯提出“教劳结合”的宏观维度与微观视角［J］.学术界，2022，(04):20-31.

［59］刘举，庞立生.人类命运的现实关注:马克思的需要观解读［J］.广西社会科学，2013，(01):31-35.

［60］刘方喜.物联网分享还是人工智能垄断:马克思主义视野中的数字资本主义［J］.上海大学学报(社会科学版)，2018，(02):52-65.

［61］刘清平.马斯洛需要学说的悖论剖析［J］.贵州大学学报(社会科学版)，2023，(02):13-22.

［62］刘荣军.马克思财富哲学视域中的共同富裕与三次分配［J］.深圳大学学报(人文社会科学版)，2022，(01):121-132.

［63］刘同舫.“一切社会关系的总和”的哲学规定［J］.宁夏社会科学，2023，(01):23-28.

［64］刘同舫.人类解放的进程与社会形态的嬗变［J］.中国社会科学，2008，(03):4-14+203.

［65］刘湘丽.人工智能时代的工作变化、能力需求与培养［J］.新疆师范大学学报(哲学社会科学版)，2020，(04):97-108.

［66］刘卓红，彭小伟.论“感性”的本体论向度——以《1844年经济学哲学手稿》为中心［J］.深圳大学学报(人文社会科学版)，2010，(06):20-25.

［67］卢永欣.“社会关系总和”能否作为人的本质的主导性命题［J］.学术研究，2023，(07):25-31.

［68］纪江明，张乐天.居民消费分化:社会分化的重要体现［J］.南京社会科学，2010，(06):64-69.

［69］鲁芳.人工智能时代日常生活伦理治理的难题及对策［J］.中州学刊，

2023,(06):120-126.

[70] 陆幸福.人工智能时代的主体性之忧:法理学如何回应[J].比较法研究,2022,(01):27-38.

[71] 毛勒堂.资本逻辑批判与生态文明建设[J].上海师范大学学报(哲学社会科学版),2014,(03):25-31+49.

[72] 孟婷,张澍军.精微剖析马克思"自由个性"思想的概念内涵——从马克思关于"自由个性"的五处文本直述展开[J].湖北社会科学,2018,(06):10-16.

[73] 倪琴,刘志,郝煜佳等.智能教育场景下的算法歧视:潜在风险、成因剖析与治理策略[J].中国电化教育,2022,(12):93-100.

[74] 潘恩荣,阮凡,郭喨.人工智能"机器换人"问题重构——一种马克思主义哲学的解释与介入路径[J].浙江社会科学,2019,(05):93-99+158.

[75] 庞立生,王艳华.精神生活的物化与精神家园的当代建构[J].现代哲学,2009,(03):8-11.

[76] 彭贤杰,孙晓楠."双一流"大学的产教融合实践模式转型、挑战与路径[J].中国高校科技,2024,(01):27-34.

[77] 蒲清平,黄媛媛.习近平总书记关于新质生产力重要论述的生成逻辑、理论创新与时代价值[J].西南大学学报(社会科学版),2023,(06):1-11.

[78] 齐志远,高剑平.从延伸、强化到替代:人工智能对人类劳动的影响[J].自然辩证法通讯,2023,(07):103-110.

[79] 邱月,张颖聪.人工智能艺术的美学审视:基于人文主义美学的视角[J].江海学刊,2019,(06):133-138.

[80] 邱耕田.认识和构建人与自然的生命共同体——基于马克思主义生态哲学视角[J].江西社会科学,2018,(11):5-12+254.

[81] 秦霞,叶海涛."绝对需要"、"相对需要"及其"去异化"——当代大学生人生价值诉求的反思[J].东南大学学报(哲学社会科学版),2010,(06):130-133+136.

[82] 任劭婷.马克思对自由时间现实化困境的双重批判及其当代意义[J].马克思主义与现实,2019,(04):75-82.

[83] 生成式人工智能服务管理暂行办法[J].中华人民共和国国务院公报,

2023,(24):39-42.

[84] 施九青.市场经济与人的发展[J].改革与战略,2015,(05):11-21.

[85] 孙绍勇.交往理性的主体间性向度解析及当代审思——以哈贝马斯交往范式与交往实践旨趣为论域[J].山东社会科学,2022,(07):57-65+143.

[86] 孙巾雅.对马克思历史决定论的多重误识与检析[J].社会科学动态,2023,(08):5-11.

[87] 孙立会,沈万里.算法风险与智能教育中人的全面发展[J].现代远距离教育,2023,(02):61-69.

[88] 孙望书,孙旭.人工智能将会"抢走"谁的工作?——异质劳动者的就业替代风险[J].河北经贸大学学报,2024,(02):66-76.

[89] 孙伟平,戴益斌.关于人工智能主体地位的哲学思考[J].社会科学战线,2018,(07):16-22.

[90] 孙伟平,李扬.论人工智能发展的伦理原则[J].哲学分析,2022,(01):3-14+196.

[91] 孙伟平.马克思主义唯物史观视域中的"智能社会"[J].哲学分析,2020,(06):4-16+190.

[92] 孙伟平.马克思主义与智能时代[J].人民论坛·学术前沿,2020,(21):118-126.

[93] 孙伟平.人工智能与人的"新异化"[J].中国社会科学,2020,(12):119-137+202-203.

[94] 孙伟平.人工智能与人类命运的哲学思考[J].江海学刊,2019,(04):134-140.

[95] 孙伟平.智能社会:共产主义社会建设的基础和条件[J].马克思主义研究,2021,(01):48-56.

[96] 孙伟平.智能社会与共产主义社会[J].华中科技大学学报(社会科学版),2018,(04):14-16.

[97] 孙伟平.智能系统的"劳动"及其社会后果[J].哲学研究,2021(08):30-40+128.

[98] 万婕,朱惠蓉.试析大学生创造性劳动能力的培养[J].学校党建与思想教育,2022(15):57-59.

[99] 万立明，刘菁菁."数据殖民"的基本特征与主要影响[J].当代世界社会主义问题，2023，(02)：150-160+168.

[100] 王东，张振.人工智能的时代意涵：基于技术变革的风险及规避的视角[J].江海学刊，2020，(04)：122-127.

[101] 王峰明."一个活生生的矛盾"——马克思论资本的文明面及其悖论[J].天津社会科学，2010，(06)：11-20.

[102] 王国成.人工智能与人类社会发展[J].天津社会科学，2019，(01)：54-59.

[103] 王海传，岳丽艳.论马克思人的发展的三个向度[J].山东社会科学，2018，(10)：127-131.

[104] 王南湜.马克思哲学中两种逻辑间的张力及一种可能的解决方式[J].学习与探索，2013，(11)：1-17.

[105] 王水兴，刘勇.智能生产力：一种新质生产力[J].当代经济研究，2024，(01)：36-45.

[106] 王天恩.人类解放的人工智能发展前景[J].马克思主义与现实，2020，(04)：180-187.

[107] 王卫.AI立法的"欧盟视角"《人工智能法案》或对AI产生深远影响[J].法人，2024，(01)：13-15.

[108] 王晓阳，马迅.从单智慧体社会到多智慧体社会：人工智能与人类的共同未来[J].自然辩证法通讯，2023，(11)：26-36.

[109] 王学平，王茜.马克思主义基本问题追问[J].宁夏社会科学，2014，(06)：120-126.

[110] 王亚珅，陈浩，葛悦涛等.2023年人工智能领域科技发展综述[J].战术导弹技术，2024，(01)：20-32+67.

[111] 王晓升.物化批判：马克思历史观中一个不应被忽视的方法论原则[J].苏州大学学报(哲学社会科学版)，2011，(01)：18-25+191.

[112] 肖峰.数字技术资本化与劳动新异化[J].马克思主义研究，2022(05)：121-132+156.

[113] 肖巍.灵活就业、新型劳动关系与提高可雇佣能力[J].复旦学报(社会科学版)，2019，(05)：159-166.

[114] 徐国超.马克思机器观视域下人工智能的困局及其治理原则[J].未来与发展,2022,(08):29-35.

[115] 徐瑾.疑义澄清:“人的本质是一切社会关系的总和”探微[J].马克思主义与现实,2017,(04):80-85.

[116] 许晔.下一代人工智能:引领世界发展的新兴驱动力[J].人民论坛·学术前沿,2017,(20):14-23.

[117] 薛峰,何云峰.马克思主义劳动理论视域下人工智能诠释的三个维度[J].重庆社会科学,2019,(09):61-69.

[118] 谢卓芝,刘秀萍.何以走出人的需要异化之途?——以《1844年经济学哲学手稿》为文本[J].理论视野,2023,(06):5-11.

[119] 徐海红.生态劳动的困境、逻辑及实现路径——基于马克思主义政治经济学视角的分析[J].上海师范大学学报(哲学社会科学版),2021,(01):70-80.

[120] 杨学功,楼俊超.如何理解马克思的三大社会形态理论——兼评学界的几种常见理解[J].教学与研究,2012,(08):49-56.

[121] 杨耕.“人的问题”研究中的五个重大问题[J].江汉论坛,2015,(05):28-39.

[122] 杨金华.物化时代的道德虚无主义及其批判[J].伦理学研究,2014,(04):10-14.

[123] 余乃忠.积极的“异化”:人工智能时代的“人的本质力量”[J].南京社会科学,2018,(05):53-57.

[124] 喻丰.论人工智能与人之为人[J].人民论坛·学术前沿,2020,(01):30-36.

[125] 喻中.自由个性的憧憬——论“贯穿《共产党宣言》的基本思想”[J].理论探索,2018,(04):5-10+21.

[126] 袁中良,王东京.马克思“重建个人所有制”理论研究——再论重建劳动能力个人所有制[J].江汉论坛,1992,(07):36-42.

[127] 张帆.科学认识新时代我国社会主要矛盾的三个维度[J].科学社会主义,2018,(06):32-37.

[128] 张安华.中国传统艺术数智化传播的基本特征、生态嬗变及实践路

径[J].南京社会科学,2023,(08):146-155.

[129] 岳杰勇.论马克思对黑格尔需要思想的超越[J].马克思主义理论学科研究,2019,(03):23-30.

[130] 臧峰宇.迈向理想的共同体:批判中的重建——兼及《德意志意识形态》的政治哲学解读[J].苏州大学学报(哲学社会科学版),2020,(05):1-6+191.

[131] 张诚,代玉启."生活需要"的历史唯物主义探析[J].思想教育研究,2024,(02):68-74.

[132] 张桂芳.数字技术与人的发展[J].学术论坛,2005,(12):5-8.

[133] 张晋铭,徐艳玲.智能革命时代人类命运共同体的构建意蕴[J].东南学术,2021,(03):54-63.

[134] 张晋铭,徐艳玲.智能社会的"劳动"窘境及其化解[J].贵州社会科学,2022,(10):4-13.

[135] 张晋铭.以人工智能开启中国特色社会主义政治经济学研究新视角[J].河南社会科学,2021,(12):78-88.

[136] 张奎良,魏金华.马克思人的需要本性概念的科学意义[J].理论探讨,2015,(04):43-47.

[137] 张乾元.科学社会主义:从理想到现实从理论到实践[J].人民论坛,2023,(01):36-40.

[138] 张宪丽,高奇琦.透明人与空心人:人工智能的发展对人性的改变[J].学术界,2017,(09):81-92+324-325.

[139] 张逊,牛先锋.生态问题的社会根源探析——以马克思异化理论为分析工具[J].理论视野,2020,(05):5-11.

[140] 张云飞.恩格斯《自然辩证法》的整体性贡献和时代性价值[J].世界社会主义研究,2020,(11):32-44+94-95.

[141] 张一兵.马克思:资本是一种社会生产关系——《雇佣劳动与资本》研究[J].东岳论丛,2022,(07):86-94+192.

[142] 张颖."人工智能"问题的马克思主义辨析[J].湖北行政学院学报,2019,(01):23-28.

[143] 赵家祥.全面把握马克思主义的社会形态划分理论[J].中国延安干部学院学报,2016,(03):5-15+42.

[144] 赵家祥.为物质生产的决定作用原理辩护[J].北京大学学报(哲学社会科学版),2004,(02):24-33.

[145] 赵精武.异化的网络评论——再论网络暴力信息的阶段化治理[J].北方法学,2023,(05):21-36.

[146] 赵龙.主体性危机与对策:人工智能时代人类何以自处[J].理论导刊,2023,(05):88-95.

[147] 赵友华.人工智能时代优化民生政治参与的算法逻辑[J].宁夏社会科学,2019,(05):49-57.

[148] 赵志君,庄馨予.中国人工智能高质量发展:现状、问题与方略[J].改革,2023,(09):11-20.

[149] 周绍东.历史自觉、历史自信、历史主动:唯物史观的中国演绎[J].人民论坛,2024,(01):90-93.

[150] 正确理解和大力推进中国式现代化[N].人民日报,2023-02-08.

[151] 郑戈.算法的法律与法律的算法[J].中国法律评论,2018,(02):66-85.

[152] 郑勤华,熊潞颖,胡丹妮.任重道远:人工智能教育应用的困境与突破[J].开放教育研究,2019,(04):10-17.

[153] 中共中央、国务院印发《数字中国建设整体布局规划》[N].人民日报,2023-02-28(001).

[154] 朱巧玲,李敏.人工智能的发展与未来劳动力结构变化趋势——理论、证据及策略[J].改革与战略,2017,(12):172-177.

[155] 朱巧玲,李敏.智能化背景下机器人和人的发展关系探讨[J].改革与战略,2017,(03):12-16.

[156] 朱志勇."人的需要"与需要异化——马克思《巴黎手稿》需要理论探析[J].河北学刊,2008,(06):29-33.

[157] 祝黄河,孙兴.人工智能时代劳动发展的逻辑与实践[J].思想理论教育导刊,2023,(04):56-64.

[158] 周兴会,秦在东.论马克思所有制理论标准的两重性[J].马克思主义与现实,2014,(01):49-54.

[159] 周延云,王佳亮.福克斯的马克思主义数字劳动批判理论探析[J].西

安交通大学学报(社会科学版),2020,(05):125-133.

[160] [英]尼克·库德里(Nick Couldry),[美]乌利塞斯·阿里·梅杰斯(Ulises A.Mejias),宋郁雯.数据殖民主义:大数据与当代主体关系的反思[J].国外社会科学前沿,2023,(02):47-57.

[161] Baker R. S, Hawn A. Algorithmic bias in education [J]. *International Journal of Artificial Intelligence in Education*, 2022, (32): 1052-1092.

[162] Mehrabi N, Morstatter F, et al. A survey on bias and fairness in machine learning [J]. *ACM Computing Surveys* (CSUR), 2022, (06): 1-35.

[163] DJEFFAL C, SIEWERT M B, WURSTER S. Role of the state and responsibility in governing artificial intelligence: A comparative analysis of AI strategies [J]. *Journal of European Public Policy*, 2022, (11): 1799-1821.

[164] WINFIELDA.F, MICHAELK, PITTJ, EVERSV. Machine Ethics: The Design and Governance of Ethical AI and Autonomous Systems [J]. *Proceedings of the IEEE*, 2019, (03): 509-517.

[165] United Nations. International community must urgently confront new reality of generative, artificial intelli-gence, speakers stress as security council debates risks, rewards [EB/OL]. 2023-07-18. https://press.un.org/en/2023/sc15359.doc.htm.

[166] US Department of State. Political declaration on responsible military use of artificial intelligence and autonomy [EB/OL]. 2023-11-09. https://www.state.gov/political declaration on responsible military use of artificial intelligence and autonomy-2/.

[167] UK Government. The Bletchley declaration by countries attending the AI safety summit, 1-2 November 2023 [EB/OL]. 2023-11-01. https://www.gov.uk/government/publications/ai safety summit 2023 the bletchley declaration/the bletchley declaration by countries attending the ai safety summit-1-2-november-2023? ref=nural.cc.

[168] Steve Paulson, B. Grosz et al. *Human cognition and the AI revolution*. Annals of the New York Academy of Sciences 2019, (01): 26-43.

[169] Varghese, Satheesh Raj et al. *Influence of AI in human lives*. arXiv.org (2022).

[170] R. Benedikter.*Artificial Intelligence, New Human Technologies, and the Future of Mankind*. Challenge (2023). 79–100.

[171] N. Carr. *Closing Keynote: Computers, Automation and the Human Future*. CHI Extended Abstracts (2017).

[172] Eric Horvitz. AI, people, and society[J]. *Science* (2017).7.

[173] M. Virvou. "The Emerging Era Of Human–Ai Interaction: Keynote Address." International Conference on Information, Intelligence, Systems and Applications (2022). 1–10.

后　记

《人工智能时代人的发展研究》一书是“马克思主义与人的发展理论研究丛书”之一。本书的撰写工作是在西南大学马克思主义学院“马克思主义基本原理与当代社会问题研究”科研团队负责人何玲玲教授和王丰教授的支持和帮助下完成的。

本书立足时代风云的新变幻和历史方位的新变迁，聚焦人工智能时代人的发展可能面临的新境遇和新变化，运用马克思人的发展理论的基本原理与科学方法展开探究，主要对人工智能时代人的发展是何、有何表现，以及在未来如何实现更好推进等问题进行了探讨，试图为深刻认识和有效解决新科技革命背景下人的发展的现实问题提供思路借鉴和参考，彰显马克思人的发展理论在当代的思想穿透力。

本书的作者长期致力于“马克思主义与人的发展理论研究”的教学和科研工作，研究过程持续、研究视角专注、研究深度递进。在具体的撰写过程中团队进行了分工，其中第一章由郑森木撰写，第二章由吴玉龙撰写，第三章由吴润丰、肖洋、黄豪楠撰写，第四章由吴玉龙撰写，第五章的第一节由郭希未和赵安冉撰写、第二节和第三节由邓春芝撰写，余论章由邓春芝撰写。此外，邓春芝、吴玉龙承担了全书的统稿工作，郭希未、赵安冉还参与了书稿的统稿、校对等工作。

本书得到了西南大学马克思主义学院和西南大学出版社的大力支持，得到了何玲玲教授、钟志凌教授的悉心指导。写作团队从丛书启动到选题酝酿到提纲的确立进行了反复的研讨，每一次的头脑风暴仿佛是对知识海洋的一次深度探索。在每次的讨论和磨合中，写作思路逐渐清晰，主题研究也日益深入。同时，本书在写作过程中还参考了大量学界同仁的研究成果。在此，谨向所有帮助和支持本书出版的个人和机构表示衷心的感谢！

然而，受制于研究时间和个人水平，本书还存在一些疏漏和不足，敬请各位学者和广大读者不吝赐教，提出宝贵意见，以期推动马克思主义与人的发展理论的研究进一步深化。

邓春芝

2024年11月于西南大学文化村办公室